中国传统武德思想研究

徐 锋◎著

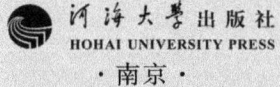
·南京·

图书在版编目(CIP)数据

中国传统武德思想研究 / 徐锋著. -- 南京：河海大学出版社，2025.2. -- ISBN 978-7-5630-9436-3

Ⅰ. G852

中国国家版本馆 CIP 数据核字第 2025K0Q951 号

书　　名	中国传统武德思想研究
书　　号	ISBN 978-7-5630-9436-3
责任编辑	曾雪梅
特约校对	孙　婷
装帧设计	徐娟娟
出版发行	河海大学出版社
地　　址	南京市西康路 1 号(邮编：210098)
网　　址	http://www.hhup.com
电　　话	(025)83737852(总编室)
	(025)83722833(营销部)
	(025)83787103(编辑室)
经　　销	江苏省新华发行集团有限公司
排　　版	南京布克文化发展有限公司
印　　刷	广东虎彩云印刷有限公司
开　　本	718 毫米×1000 毫米　1/16
印　　张	13.25
字　　数	243 千字
版　　次	2025 年 2 月第 1 版
印　　次	2025 年 2 月第 1 次印刷
定　　价	79.00 元

CONTENTS 目录

1 绪论 ··· 001
   1.1 缘由及意义 ·· 003
      1.1.1 缘由 ··· 003
      1.1.2 意义 ··· 008
   1.2 相关文献研究综述 ·· 013
      1.2.1 武德史料研究 ··· 013
      1.2.2 武德现状研究 ··· 015
   1.3 分析思路与研究方法 ··· 022
      1.3.1 分析思路 ··· 022
      1.3.2 研究方法 ··· 024
   1.4 创新及不足之处 ·· 025
      1.4.1 本书的创新之处 ·· 025
      1.4.2 本书的不足之处 ·· 026

2 中国传统武德思想的内涵解读 ··· 027
   2.1 武德概念的缘起 ·· 029
      2.1.1 武德概念的萌芽 ·· 029
      2.1.2 武德概念的形成 ·· 031
      2.1.3 武德概念的分化 ·· 033
   2.2 传统武德的内涵 ·· 037
      2.2.1 "武德"释义 ·· 037
      2.2.2 传统武德的内涵 ·· 041
   2.3 传统武德的思想实质 ··· 043

  2.3.1 武德是一种非强制性的道德自觉 ········· 044
  2.3.2 武德是一种特殊的道德行为规范 ········· 045
  2.3.3 武德是一种独特的精神文化 ············· 047

3 中国传统武德思想的演进历程 ················· 053
 3.1 先秦时期武德思想 ························· 055
  3.1.1 西周时期的"尚礼"思想 ················· 055
  3.1.2 春秋时期的"尚谋"思想 ················· 059
  3.1.3 战国时期的"尚侠"思想 ················· 063
 3.2 盛唐时期武德思想 ························· 067
  3.2.1 "以武壮志"的兴国思想 ················· 067
  3.2.2 "以武立志"的治国思想 ················· 069
  3.2.3 "以武言志"的爱国思想 ················· 070
 3.3 宋元时期武德思想 ························· 072
  3.3.1 "崇文抑武"思想的形成 ················· 072
  3.3.2 民间结社与社约社规的形成 ············· 075
  3.3.3 民间武艺表演的娱乐化趋向 ············· 076
  3.3.4 武艺审美思想的伦理变迁 ··············· 077
 3.4 明清时期武德思想 ························· 079
  3.4.1 兵家思想对武德思想的贡献 ············· 079
  3.4.2 秘密结社与门规戒律的兴起 ············· 081
  3.4.3 武侠小说中侠者形象的塑造 ············· 085
  3.4.4 镖局和镖师们的行走天下 ··············· 087
 3.5 民国之后的武德思想 ······················· 090

4 中国传统武德思想流派及特征：以少林和武当为例 ········· 093
 4.1 修禅悟道——佛教文化与少林武德 ········· 095
  4.1.1 少林功夫与中原文化 ··················· 096
  4.1.2 佛教禅宗与少林戒约 ··················· 097
  4.1.3 禅拳合一的少林武德 ··················· 100
  4.1.4 少林武德思想特征 ····················· 101
 4.2 养生修道——道家文化与武当武德 ········· 104

4.2.1	武当武术与武当文化	104
4.2.2	武当道教与养生	108
4.2.3	道家思想与武当武德	111
4.2.4	武当武德思想特征	115

5 中国传统武德思想的历史价值与转化   119

5.1 中国传统武德思想的历史进步性   122
- 5.1.1 仁爱为本的伦理核心   122
- 5.1.2 贵义轻利的价值导向   124
- 5.1.3 尊师重道的礼教风尚   126
- 5.1.4 忠诚守信的精神气节   129

5.2 中国传统武德思想的历史局限性   131
- 5.2.1 传统武德思想的封闭性   131
- 5.2.2 传统武德思想的神秘性   135
- 5.2.3 传统武德思想的虚幻性   138

5.3 中国传统武德思想的创造性转化   139
- 5.3.1 仁勇结合的武德境界   140
- 5.3.2 内外相应的武德呈现   142
- 5.3.3 古今相继的武德传承   144
- 5.3.4 真善相随的武德追求   145

6 中国传统武德思想对当代思想政治教育的启示   147

6.1 丰富思想政治教育的时代内容   149
- 6.1.1 刚健有为、自强不息的进取精神   150
- 6.1.2 厚德载物、贵和尚中的包容精神   152
- 6.1.3 内外兼修、知行合一的实践精神   153
- 6.1.4 天人合一、和谐共生的合作精神   155

6.2 创新思想政治教育的文化载体   158
- 6.2.1 武舞同源，发挥以舞演武的亲和力   159
- 6.2.2 武书同构，利用以笔论武的影响力   160
- 6.2.3 文以载道，提升以文会武的传播力   162

6.3 发挥思想政治教育的道德优势   163

  6.3.1　健全人格，提高个体修养 …… 164
  6.3.2　注重礼仪，增进社会和谐 …… 165
  6.3.3　传承文明，振奋民族精神 …… 165
 6.4　构筑思想政治教育的融入路径 …… 167
  6.4.1　建立践行传统武德思想的长效机制 …… 168
  6.4.2　营造崇尚传统武德思想的校园环境 …… 168
  6.4.3　创编体现传统武德思想的教材体系 …… 169
  6.4.4　探索融入传统武德思想的课堂实践 …… 169
 6.5　拓宽思想政治教育的国际视野 …… 170
  6.5.1　展示中华优秀文化国际形象 …… 171
  6.5.2　连接国际交往的共享通道 …… 175
  6.5.3　增强中国特色社会主义文化自信 …… 185

结论 …… 191

参考文献 …… 193

后记 …… 205

1 绪论

1.1 缘由及意义

1.1.1 缘由

中国传统武德是中国传统道德的分支,是中华民族在长期发展过程中逐渐凝聚起来的思想道德和民族精神的重要组成部分,也是中华民族传统文化的重要内容,具有中华民族独特的精神标识。对中国传统武德思想、观点和理念进行系统梳理,并在概览和了解各个历史时期武德思想基本特征的基础上,探索中国传统武德思想的演变和发展规律,有利于我们把握规律、以史为鉴,用优秀的中国传统武德思想为现代社会服务。

中国传统武德中富含的哲学底蕴、人文精神、教化思想和道德理念,对青年大学生的思想道德建设具有深刻的启发意义。习近平总书记强调,对我国传统文化,对国外的东西,要坚持古为今用、洋为中用,去粗取精、去伪存真,经过科学的扬弃后使之为我所用。因此,在新时期大力弘扬中华优秀传统文化,加强社会主义核心价值观教育,必须坚持有选择地吸收一切文明的优秀成果。在保持传统的基础上进行自我更新与扬弃,赋予中国传统武德以新的时代价值是本书的主要任务和职责所在。

本书立足全球化背景,依据时代精神,从哲学、社会学、文化学、历史学、教育学、体育学、传播学等多学科的视角出发,梳理、发掘、总结中国古代武德思想的发生发展规律。在此基础上,承担起提高青年学生思想道德素质和弘扬中华优秀传统文化的历史使命。然而,在现实的需要和压力下,弘扬中华优秀传统文化,尤其是中国传统武德思想,面临着时代的机遇和挑战。如何抓住机遇、直面挑战,确保民族独立性和文化自信,充分发挥中国传统武德思想的文化功能和教育价值,是本书研究的主要缘由。

第一,缘于弘扬中华优秀传统文化的时代需要。习近平总书记深刻指出,"中华优秀传统文化是中华民族的突出优势,是我们最深厚的文化软实力"[1]。中华优秀传统文化是中国最深厚的文化基因,也是中国特色社会主义植根的文化沃土。党的十九大报告指出,发展中国特色社会主义文化,就是以马克思主义为指导,坚守中华文化立场,立足当代中国现实,结合当今时代条件,发展面向现代化、面向世界、面向未来的,民族的科学的大众的社会主义文化,不断铸就中华

---

[1] 习近平.习近平谈治国理政:第一卷[M].2版.北京:外文出版社,2018:155.

文化新辉煌。要实现社会主义文化强国的目标,必须立足于中华民族五千多年文明历史所孕育的中华优秀传统文化,熔铸于党领导人民在革命、建设、改革中创造的革命文化和社会主义先进文化,植根于中国特色社会主义伟大实践。① 中华优秀传统文化思想深邃、内容丰富,是中华民族最坚定的精神命脉和最独特的文化基因。

2013年12月30日,习近平在中共中央政治局第十二次集体学习时强调,提高国家文化软实力,要努力展示中华文化独特魅力。在5 000多年文明发展进程中,中华民族创造了博大精深的灿烂文化,要使中华民族最基本的文化基因与当代文化相适应、与现代社会相协调,以人们喜闻乐见、具有广泛参与性的方式推广开来,把跨越时空、超越国度、富有永恒魅力、具有当代价值的文化精神弘扬起来,把继承传统优秀文化又弘扬时代精神、立足本国又面向世界的当代中国文化创新成果传播出去。②

2014年中共中央政治局第十三次集体学习时,习近平再次强调:要认真汲取中华优秀传统文化的思想精华和道德精髓,大力弘扬以爱国主义为核心的民族精神和以改革创新为核心的时代精神,深入挖掘和阐发中华优秀传统文化讲仁爱、重民本、守诚信、崇正义、尚和合、求大同的时代价值,使中华优秀传统文化成为涵养社会主义核心价值观的重要源泉。③

传统武德所倡导的教化思想和道德理念正体现了这些传统文化价值。在中国传统社会,"武德"被列为习武的先决条件。武谚曰,"未曾学艺先学礼,未曾习武先习德""练武先练德,教人先教心""欲练武,先修德"。我国著名画家和太极拳家梅墨生认为,"武之为道,品为上,德为先"。现代太极拳名师王培生也提到"身正则艺正,艺无德不立"④。为师择徒最看重的就是"德",所谓"师不正不投,徒不诚不收""短德者不可与之学,丧理者不可与之教""为师者以严为明,教徒必成;为徒者敬师如父,既学必成"。有些武术拳种为此还定了门规戒律,如心意门"四不传"(即"忤逆不孝者不传,贪财如命者不传,逞能欺人者不传,酒色之徒不传"),少林"八不打",等等。

加强武德素养已成为武术界的伦理共识。武德既能规范习武之人的日常举

---

① 习近平.决胜全面建成小康社会 夺取新时代中国特色社会主义伟大胜利——在中国共产党第十九次全国代表大会上的报告[M].北京:人民出版社,2017:41.

② 习近平.建设社会主义文化强国 着力提高国家文化软实力[N].人民日报,2014-01-01(1).

③ 习近平在中共中央政治局第十三次集体学习时强调 把培育和弘扬社会主义核心价值观作为凝魂聚气强基固本的基础工程[N].人民日报,2014-02-26(1).

④ 刘俊骧.武术文化与修身[M].北京:中央编译出版社,2008:49.

止和行为习惯,提升习武之人的道德品质,又能对社会起到精神影响和风尚引领的作用。"武德比山重,名利草芥轻","拳以德立,德为艺先,止戈为武,尚武崇德"。从价值论出发,武德是衡量习武者做人的价值尺度或标准。① 作为中国传统伦理道德的重要内容,武德的价值不仅仅是为习武之人确定应遵守的道德观念和行为规范,其所蕴含的尊师重道、重义守信、立身正直、谦和仁爱等思想,也为社会主义核心价值观的构建提供了思想资源。

第二,缘于多元文化对中国传统文化的挑战。历史表明,文化之间的碰撞与融合能够促进社会的发展。中国文化百花齐放、百家争鸣,世界文化发展也是如此,故步自封只能导致历史的倒退。然而,交流的前提是坚持自己的文化主体意识。没有主体意识的文化交流,只会丧失自我,丧失独立性,最终丧失自己的民族精神和民族文化。正是出于这方面的考虑,各国都很重视自己的民族精神和民族文化。可以说,当今世界上最大的战争就是文化软实力的竞争,各个国家和民族在极力保护自己民族文化的同时,也把别国的民族文化作为同化或掠夺的对象。②

因此,文化交流和传播必须坚持自己的特色。2013年8月,习近平在全国宣传思想工作会议上指出,中国特色就是说中国的发展道路必然要有自己的特色;中华文化积淀着中华民族最深沉的精神追求,是中华民族生生不息、发展壮大的丰厚滋养;中华优秀传统文化是中华民族的突出优势,是我们最深厚的文化软实力;中国特色社会主义植根于中华文化沃土、反映中国人民意愿、适应中国和时代发展进步要求,有着深厚历史渊源和广泛现实基础。

中国传统武德思想是中华民族传统文化中别具特色和标识的文化内容。对于本民族而言,我们一定要有足够的民族自信和民族认同,绝不能丢弃自身的传统而跟在别人后面亦步亦趋。对于文化不认同的担忧也是一直存在的,曾有武术家说过:若干年后,太极拳的中心会在日本,而不是在中国。③ 日本快速发展太极拳,积极向国外派出太极拳教练。外来文化的来势汹汹和本土文化的悄然流失,应该引起我们每一个中国人的警觉与反思。是坚持自己的传统文化还是全盘吸收外来文化? 在这样一个既要传承中华优秀传统文化又要面对西方"文化霸权"的历史时刻,中华民族需要时刻保持高度的"文化自觉"和"文化自信"。

当今时代,文化碰撞、价值多元是历史发展的必然趋势。西方文化和意识形态时时刻刻都在意图向中国渗透,我们每一个中国人都应该关注中国传统文化

---

① 李龙.历史学视野下的中国武术教育[M].北京:北京体育大学出版社,2011:74.
② 徐锋,徐俊.中国传统武德文化的当代价值[J].体育文化导刊,2017(11):14-18.
③ 邱丕相.中国武术文化散论[M].上海:上海人民出版社,2007:116.

的命运,包括关注蕴含中国传统文化丰富内涵的中国传统武德思想。然而事实是:有些中国人,尤其是青少年,对传统武术还存在一些偏见。在外国人眼里,中国人似乎都应该爱好传统武术或者都会传统武术,而实际情况并非如此。近年来,在党和国家的关心重视下,经过几代武术人的共同努力,武术运动已从过去主要在底层流传的民间传统项目逐渐成为一项走向世界的体育项目,武术及武术文化的推广和普及取得了一定的成绩。然而,近年来,韩国跆拳道、日本空手道和剑道等在中国日渐风靡,成为一些年轻人首选的运动项目。这些来自国外的武技项目给中国武术市场带来竞争,一定程度上占领中国武术文化领域,令中国武术界和文化界异常尴尬和无奈。

众所周知,文化的输出必定会带来思想的输出,跆拳道等外来武技文化的输入不是简单的对生活方式的影响,而是文化价值观念、思维方式的教化和渗透,其长期作用,将会影响中华民族的民族意识和国家观念。面对这种困境,重振中华传统武术,弘扬中华传统武术文化和武德精神,已成为迫在眉睫的一场文化大战。传承、保护和弘扬自己的民族文化是时代赋予我们每个人的神圣使命。捍卫和保护民族的传统文化,建立深厚的文化自信,提高文化自觉,才能抵抗多元文化的冲击和西方文化霸权的侵袭。关于文化自觉,楼宇烈认为,"狭隘的民族主义或民粹主义会导致文化冲突。民粹主义的根本特点是排斥、抵制、拒绝接受其他文化中可以被吸收的东西。就现在的情况来看,担忧民族主义或民粹主义有些为时过早。大家不是只要自己的文化而排斥其他国家的文化,而是对自己的传统文化太缺乏了解、尊重和自信"①。面对如此境遇,我们需要建立一种自觉的文化主体意识,主动学习和弘扬传统文化,进而尊重传统文化,认同传统文化,最终提升文化自信。唯有如此,才能做到与其他文化的交流、交锋和互鉴。

第三,缘于青少年对传统文化的忽视。习近平在中央党校建校 80 周年庆祝大会暨 2013 年春季学期开学典礼上的讲话中提到,中国传统文化博大精深,学习和掌握其中的各种思想精华,对树立正确的世界观、人生观、价值观很有益处。古人所说的"先天下之忧而忧,后天下之乐而乐"的政治抱负,"位卑未敢忘忧国""苟利国家生死以,岂因祸福避趋之"的报国情怀,"富贵不能淫,贫贱不能移,威武不能屈"的浩然正气,"人生自古谁无死,留取丹心照汗青""鞠躬尽瘁,死而后已"的献身精神等,都体现了中华民族的优秀传统文化和民族精神,我们都应该继承和发扬。② 这些优秀的传统文化蕴含着深邃的哲学思想和人文精神,应该

---

① 楼宇烈. 中国文化的根本精神[M]. 北京:中华书局,2016:166.
② 习近平. 在中央党校建校 80 周年庆祝大会暨 2013 年春季学期开学典礼上的讲话[EB/OL]. (2013-03-03)[2017-10-15]. http://cpc.people.com.cn/n/2013/0303/c64094-20656845.html.

成为青少年思想道德教育的重要资源。

　　青少年正处在世界观、人生观、价值观形成的关键时期,加强青少年思想政治教育是思政工作的重点,中国传统文化中蕴含着丰富的思想政治教育资源,传统文化教育是青少年思想道德教育的一个主要阵地。然而,中国在20世纪受到三次反传统思潮的影响,传统文化遭到十分惨重的破坏,其各方面的功能亦受到严重削弱,加之我国思想政治教育自身对传统文化的忽视,其内在蕴含着的丰富的思想道德教育资源很少被拿来使用。[①] 除了客观原因外,主观上不重视或不了解也是造成传统文化与现实社会脱节的重要原因。从有关大学生对中国传统文化的认知和接受程度的调查了解到,青年大学生对传统文化的认知和认可度还有待提高。朱艳红等针对山东4所高校的大学生开展的传统文化认知状况调查显示,12%的大学生对中华优秀传统文化不感兴趣,20%的大学生认为当前高校缺乏中华优秀传统文化教育的氛围和环境,12%的大学生对中华优秀传统文化的未来表示很不乐观;关于当前人们对中华优秀传统文化淡漠的主要原因,67%的大学生认为是西方欧美文化的强势传播,57%的大学生认为是社会节奏太快而无暇顾及,还有54%的大学生认为是现在的传统文化过于死板。[②] 沈自友对北京7所高校大学生的国学认知程度的随机调查结果表明,19.9%的同学对国学不感兴趣;50%以上的同学虽然对国学价值和意义有一定的认知,但对国学的认识和推广尚缺少行动力,表现为知行不能合一。[③] 另据林毅等对"90后"青年大学生的中国传统文化态度调查,尚有7%的同学认为传统文化对他们无任何影响;14%的同学认为在大学里开设传统文化相关课程可有可无,而有2%的同学认为没有必要开设中国传统文化课程;21%的同学表示不愿意花时间去了解、学习传统文化。[④] 这些数据直观地反映了当代青年大学生对传统文化的态度。

　　中国古代先贤们对传统文化有着深厚的情感,而现代人相较而言缺乏这些传统的根基,在认识上存在先天不足和后天教育失调的问题,这在青少年中表现得尤为明显。人们在接触西方文化的过程中,看到的和学到的往往是表面现象,很难把握和体会其中深层次的、本质的东西。加之国人对中国传统文化中的精髓知之甚少,对本民族文化不自信,容易被西方文化表象所迷惑。尤其是在青少

---

　　① 徐永春.中国传统文化与思想政治教育[M].北京:光明日报出版社,2016:62.
　　② 朱艳红,王雁.高校师生对中华优秀传统文化认知状况的调查与分析[J].领导科学论坛,2018(11):63-65.
　　③ 沈自友.大学生的国学认知及融入高校思想政治工作的策略[J].当代青年研究,2018(1):48-53.
　　④ 林毅,王哲,陈晓曼."90后"大学生对中国传统文化的认知研究[J].高教学刊,2018(17):63-65.

年群体中,存在对"爱国主义""民族主义""集体主义"等理想信念的追求逐渐被个人主义、自由主义、享乐主义、拜金主义及虚无主义所代替的现象。由于缺乏中华优秀传统文化的熏陶以及世界观、价值观和人生观尚未稳固,这些缺乏理想信仰追求的青少年容易受到急功近利、崇洋媚外等不良价值观念的影响,极容易在多元价值观面前迷失自我而找不到人生的方向。

青少年是国家的未来和中华民族伟大复兴的希望,加强青少年思想政治教育关乎民族的繁荣昌盛和国家的兴旺发达。当前,青少年对我国传统文化轻视和受西方文化侵袭的趋势日益明显,加强中国传统文化教育,树立青少年的民族自尊,提高其文化自信刻不容缓。中国传统武德思想作为中国传统文化的重要组成部分,其中有关门规门约、拳理拳义和礼仪规范等思想内涵是传统道德文化的精华。因此,大力弘扬中华优秀传统文化和中华民族精神应该充分发挥武德文化的优势,让更多的青少年爱上中国传统武术和武术文化,让中国武德思想中的精华成为青少年爱国主义、民族主义、集体主义教育的重要精神和文化养料。

随着中国成为世界第二大经济体和对外开放政策的不断深化,国家越来越重视弘扬中国传统文化,虽然学界已从不同角度展开对传统体育或体育文化的研究,但对传统武德思想文化内涵的深度挖掘与价值重估还没有引起足够的重视。鉴于此,以传统武术为载体,重新审视中国传统文化的价值,努力挖掘其中蕴含的丰富的思想政治教育资源和价值是编写本书的主要缘由和最终目的。

1.1.2 意义

中国传统武德思想是中华民族传统文化的重要内容之一,其包含的自强不息、厚德载物、贵和尚中等传统观念蕴含了丰富的生存智慧和思想价值。在今天,其对建设中国特色社会主义,实现中华民族伟大复兴中国梦,仍具有十分重要的时代价值和现实意义。

(1) 有助于加强学生的思想政治教育

思想政治教育是中国共产党最先明确提出,并且在长期的革命与社会主义建设实践中逐步理论化和系统化的教育方法和工作模式,是中国共产党的优秀传统和政治优势之一,具有鲜明的阶级性和政治性,是宣传和贯彻中国共产党的路线、方针、政策,培养社会主义建设事业所需人才的思想保证,是一种育人的实践活动。[①] 作为一种育人的文化活动,思想政治教育离不开育人的文化环境和文化载体。中国传统武德思想丰富的文化内涵可以作为思想政治教育的重要载

---

① 徐永春.中国传统文化与思想政治教育[M].北京:光明日报出版社,2016:2.

体和资料来源,一定程度上可以避免思想政治教育过程中出现过于政治性的空洞说教而缺少文化性的实践教育魅力的情况。

具体来讲,武德教育是思想政治教育中道德教育的一部分。实施武德教育,一方面可以培养学生仁、义、礼、信、敬、勇的武德修养,促进传统教育和素质教育的有机结合;另一方面可以培养学生良好的生活作风,发挥武德教育在大学生思想政治教育中的载体作用。① 大学生思想政治教育一般是通过说教的方式进行,比较枯燥乏味,提不起学生的兴趣。充分利用武德文化中的道德资源和文化内涵,丰富思想政治教育形式,能够提高思想政治教育的实效性。如:武德中强调的仁爱精神,能促使学生认识到人与人之间要互相尊重、团结友爱;武德中提倡的重义轻利观,有助于学生树立国家和人民利益至高无上的观念;武德中倡导的尊师重道、诚信敬业,能培养学生爱岗敬业、诚实守信的良好品质;武德中表现出来的自强不息的勇武精神,能激励学生奋发向上、努力进取。因此,武德思想对大学生思想品德和行为规范的塑造具有重要指导意义。

(2) 有助于培育和践行社会主义核心价值观

传统武德注重礼仪、追求和谐,这些思想不仅能对练习者起到积极教育的作用,而且对现代社会价值观念和基本精神的形成具有重要意义,尤其对社会主义核心价值观的培育和弘扬具有重要的推动作用。2014 年 5 月,习近平在北京大学师生座谈会上号召青年要自觉践行社会主义核心价值观,并强调中华文明绵延数千年,有其独特的价值体系。

中华优秀传统文化已经成为中华民族的基因,植根在中国人内心,潜移默化影响着中国人的思想方式和行为方式。今天,我们提倡和弘扬社会主义核心价值观,必须从中汲取丰富营养,否则就不会有生命力和影响力。② 每个时代都有自己的时代精神和时代价值观念。国有四维,礼义廉耻,"四维不张,国乃灭亡",就是中国先人对当时核心价值观的认识。③ 事实上,新时期中国特色社会主义核心价值观与先哲们的思想文化是一脉相承的。如《大学》的"格物致知、诚意正心、修身齐家、治国平天下"是中国传统文化中的主要德目,涵盖了古代对个人、社会和国家层面的价值要求,即:在个人层面上,要求格物致知、诚意正心和修身养性;在社会层面上,要齐家;在国家层面上,要治国平天下。"一个社会核心价值观的凝练、提出和弘扬,不但要切实继承本民族优秀传统文化的思想精髓,而

---

① 王少宁.武德教育与大学生思想政治教育的融合性研究[J].中华武术(研究),2016,5(12):41-45.
② 习近平.习近平谈治国理政:第一卷[M].2 版.北京:外文出版社,2018:170.
③ 钱耕森.王阳明的"人伦"道德教育与社会主义核心价值观的培育和践行[J].周口师范学院学报,2018,35(1):10.

且要正确审视该国经济社会发展的现状,同时还要着眼于社会未来的发展方向和愿景。"①当代社会主义核心价值观,也在国家层面,提出富强、民主、文明、和谐;在社会层面,追求自由、平等、公正、法治;在个人层面,重视爱国、敬业、诚信、友善。高度凝练的表达和简简单单的字词,却传承着中华优秀传统文化的基因,寄托着近代以来中国人民崇高的理想信念和对未来的美好愿景。中国传统文化中一些观点也蕴含了丰富的思想内容,如:"天人合一",强调人与自然和谐统一;"和而不同",突出文化交流互相借鉴,共同进步;"天行健,君子以自强不息",要求人们自强自立;"天下兴亡,匹夫有责",强调对祖国的深厚感情和报效祖国的决心;"君子喻于义""君子坦荡荡""君子义以为质",都在强调君子型人格应该具备的一些品质;"言必信,行必果""仁者爱人""与人为善",表明在做人和做事方面应该具备的品质和智慧;"己所不欲,勿施于人""扶贫济困"等思想理念,曾在国家治理和社会管理等方面发挥重要的作用。在当今时代,这些具有民族特色的思想内容也是中国武德思想的核心价值理念,仍具有重要的时代价值,应加以培育和践行。

中国传统武德思想内容丰富、寓意深刻,不仅蕴含着丰富的哲学思想和人文精神,还包含着教化思想、道德理念等。这些思想和理念不仅为人们认识和改造世界提供启迪,还从国家、社会和个人层面为人们提供重要的思想武器。在国家层面,提倡民族精神,为民族复兴提供凝聚力;在社会层面,倡导侠义之举,为社会发展提供精神动力;在个人层面,主张武德伦理,为个人修身养性提供动力源泉。武德思想中表现出来的自强不息、厚德载物等精神境界,重义轻利、舍生取义、明辨是非等侠义精神和价值观念,以及以礼相待、自我克制、自我约束等行为品德,与新时期社会主义核心价值观中的爱国、敬业、诚信、友善等理念密切相关。

(3) 有助于培养个体和谐思维意识

中国传统武德历史悠久,内容丰富。古代儒、墨、道、佛、阴阳等学说和思想,都是传统武德的主要思想来源和哲学基础。其中尚中、尚和、尚同、非攻等思想无不体现中国文化兼容并蓄的中和哲理,具有典型的中国传统文化特质。日常实践提倡的以和为贵、和衷共济、求同存异、同甘共苦、荣辱与共等都是中华民族和谐思维观的具体表现,体现着中国传统文化的道德理念和价值追求。习近平总书记特别重视并善于运用中华优秀传统文化,尤其是"和合"文化,提倡向世界

---

① 王永贵.弘扬社会主义核心价值观的战略定位、精神实质及着力点:学习习近平总书记关于社会主义核心价值观的重要论述[J].黑龙江高教研究,2015(6):3.

各国阐释和推广中国主张和智慧。实际上,和谐思维本质上是一种辩证思维,太极八卦、阴阳五行讲究相生相克、互为转化的智慧,本质上是一种对立统一的整体思维观,这些在传统武德中皆有体现。

传统武德思想倡导道法自然、天人合一,崇尚武术的和谐美,对习武之人也提出要追求自身与自然、与他人、与社会的和谐。毫无疑问,儒家的中和思想倡导习武的目的在于享受身心和谐,而不在于杀伐与格斗,和谐思维意识和观念理应成为武术人追求的一种生活理念。可以说,东方文化形态下的武术不应该是杀戮决斗和竞争报复,而应当是高度和谐的。中国传统武德倡导人与自然、人与人、人与社会和谐相处,这种和谐的思维方式和相处之道,不仅可以培养民族谦和善良、温柔敦厚的性格,而且可以培养个体的和谐思维观,为构建社会主义和谐社会打下坚实基础。

(4) 有助于提升中华文化影响力

中国是有五千年悠久历史的文明古国,中国文化独自创发,慢慢形成,非从他受。历史上唯中国能以其自创之文化绵永其独立之民族生命,至于今日岿然独存。[①]"以德服人、以文化人"一直是中国内求发展、外塑形象的不懈追求。胡锦涛同志曾提出,我们必须以高度的文化自觉和文化自信,着眼于提高民族素质和塑造高尚人格,要建设中华民族共有精神家园,要着眼于推动中华文化走向世界,形成与我国国际地位相对称的文化软实力,提高中华文化国际影响力。[②] 从古至今,中华传统文化都对周边诸国产生极大的影响。尤其是随着中国经济的快速发展,当今中国受到世界前所未有的瞩目和关注。然而,比起中国在世界经济方面的影响力,中国文化的影响力还比较滞后。和西方文化在中国的传播和影响相比,中华文化在全球竞争中的优势还不够明显。如何向世界更好地展示中国、让世界更全面地了解中国,我们任重而道远。要想成为真正的世界强国,必须提升中华文化的国际影响力。重视和传播中国传统武德思想,有助于聚焦世界目光,使中华传统文化再次焕发生机和活力。

中国武术萌芽于人类懵懂的远古时代,经过几千年的绵延发展,因其始终散发着古老而神秘的东方魅力而在国外有了一个家喻户晓的名字,谓之中国功夫。在外国人眼里,武术是中华民族的象征,是中国独特的文化现象。作为中国传统文化的全息载体,中国武术因其独特的传统文化特色而广受世界人民的喜爱,它可以作为中外跨文化交流的重要桥梁,成为提升中国文化软实力的有力代表。

---

① 梁漱溟. 中国文化要义[M]. 上海:上海人民出版社,2005:7.
② 胡锦涛. 在庆祝中国共产党成立90周年大会上的讲话[N]. 人民日报,2011-07-02(3).

在国外,武术并不单纯地被看作一种体育运动,而是作为中国特有文化的一种体现。中国太极拳对世界体育和世界文化作出的卓越贡献有目共睹。在日本,不少太极拳爱好者把太极拳视为一种人生智慧的"道"来认识,美国、澳大利亚等国家还专门成立武术学校,目的在于认识和吸收中国武术的传统、文化、智慧和精神。太极拳运动中蕴含的以柔克刚、以静制动、避实击虚等理念,使世界人民对中国文化产生了浓厚的兴趣,纷纷前来探寻中国传统武术的魅力以及中国文化博大精深的奥秘。随着中国武侠电影和功夫影星在国际影坛上频频获奖,以及中国武术在国际舞台上频频亮相,世界人民更加深刻地感受到了中华文化的独特魅力。中国传统武德依托中国武术强劲的生命力和吸引力,万泉竞流,生生不息,其浓厚的思想文化内蕴越来越为世界人民所接受,为提升中华文化的国际形象作出了积极贡献。[①]

传统武德也是实现中华民族伟大复兴中国梦的有力思想文化武器。民族复兴是近代以来中华民族最伟大的梦想。民族复兴离不开文化复兴。"文化中国之梦"蕴含着一个在经济上日益现代化的中国向世界展示自己博大浩瀚的文化蕴涵、开放进取的文化品格、崇尚和平的文化理想的由衷愿望。[②] 民族的强盛需要文化复兴来支撑,而文化的复兴需要继承和发扬中华几千年来遗留下来的宝贵精神财富并挖掘其当代价值。由此,一个开放的"文化中国"不仅要向国人宣扬优秀的传统文化,还要向全世界展示中国最具特色的国家形象和精神气质。其中传统武德所展示出来的东方武术思维和东方体育文化,就是可以向全世界传播的独特的中国符号和中国元素。

总之,在全球化的发展趋势下,人们接触到越来越多的思想观点、道德评价和价值取向,其中不乏一些冲突的观点和理念,影响人们作出正确的选择。此时,就要运用马克思主义辩证法。对待中国传统武德思想亦是如此。只有运用马克思主义的辩证的思维方式,在分析批判的基础上对中国传统武德思想进行超越和创新,使传统武德思想的文化基因与当代文化相适应、与现代社会相协调,才能使传统武德思想不断实现自我更新,更好地适应时代的需要,为社会服务,从而焕发出强劲的生命力和活力。

基于以上考虑,对中国传统武德思想进行历史挖掘与价值重估,成为时代赋予每一个思想政治教育工作者的神圣使命与历史责任。中国传统武德思想中的精髓,对于振奋民族精神,增强民族自尊心、自信心、自豪感和凝聚力,加强人们

---

① 徐锋,徐俊. 中国传统武德文化的当代价值[J]. 体育文化导刊,2017(11):14-18.
② 金元浦,等. 文化复兴:传统文化的现代价值[M]. 北京:中国人民大学出版社,2014:13.

对社会主义、集体主义和爱国主义的认同,促进社会主义精神文明建设,形成具有传统特色和时代价值双重魅力的社会主义伦理观、价值观和道德观,特别是对加强当代青年大学生的思想道德建设,具有深远的历史价值和现实意义。

1.2 相关文献研究综述

1.2.1 武德史料研究

近30年来,有关武德思想的研究备受学者们的关注,主要集中在以军事伦理为视角的武德史料研究和以武术史为研究脉络的武德研究。军事武德与民间武德或武术武德可谓同源异流,在厘清军事武德与武术武德的区别与关联后,重点梳理武术领域及武术文化中的道德伦理思想,进一步挖掘传统武德思想的现代价值,能够为弘扬中华优秀传统文化、提高大学生思想道德素质提供理论支撑。

(1) 以军事伦理为视角的"武德"思想研究

第一类:通史类著述。王联斌先生的《中华武德通史》一书,率先将武德列入军事伦理研究视域,该书也是这一研究领域通史类著述的首创之作。这本书所涉研究的时间跨度从先秦至清末民初,作者选取各个阶段具有突出代表性的典籍和人物,并对这些人物和事件进行归纳总结,将中华武德的形成、发展、演变过程划分为初萌与奠基、争鸣盛世、在融合中发展、由衰微走向复兴四个阶段。

第二类:对武德史料的汇集和分类研究。刘芳、徐德清主编的《中华武德镜鉴》,对历史上著名的武德人物和相关事件进行分类汇总。全书分为风范篇和鉴戒篇两部分。其中,风范篇包括精忠报国、爱民保民、和军爱卒、智勇兼备、任贤使能、赏信罚必、善俘安降、将帅修养等精神,鉴戒篇包括失智之鉴、失信之鉴、失仁之鉴、失勇之鉴、失忠之鉴、失和之鉴、失严之鉴等内容。朱少华主编的《中华武德名论》一书,对从殷周至清末这一时期古籍文献中有关武德的论述进行整理说明,并详细介绍了贵仁尚义、忠国利民、尚武精艺、尚勇治气、崇智善谋、严纪守律、和军一心、重将尚贤、贵教重养等方面的内容和思想。

第三类:论文论著类研究。陈明的《先秦散文"武德"思想研究》从古典文学与文化角度切入,突破伦理学研究视域,立足于文献本身,通过梳理古典文献中有关先秦武德思想的散文,对先秦武德思想的概念与内涵、产生与发展,尤其是不同历史时期的主要特征进行考察。该文章在分析先秦武德思想演变规律和特征的基础上,得出先秦武德思想先后经历了尚武、尚礼与尚谋三个主要阶段,为本书研究武德发展历史分期与特征提供重要的文献线索与依据。张立的《中华传统武德的历史考辨与复兴传承》从复兴中华传统武德文化、挖掘中华传统武德价值的角度，分析得出：中华传统武德中包含的民族认同感、民族品格和思想宝藏是中华传统武德的主要文化价值体现，其现代价值意蕴主要表现为"仁义之战"的守正创新、"谋略全胜"的披坚执锐、"攻心夺气"的精神武器。

（2）以武术史为研究脉络的武德思想研究

由季羡林等人主编的"神州文化集成丛书"，尤其是其中刘峻骧的《中国武术文化与艺术》从中国文化角度诠释了武术文化的内涵和价值，为本书挖掘传统武德思想的文化价值提供了依据。刘俊骧于 2008 年编著的《武术文化与修身》同样立足于深厚的中国传统文化，对中国武术与文化的历史渊源及现状进行了全面介绍，并详细阐述了武术的修身常识。周伟良编著的《中国武术史》作为早期高等学校教材，系统地阐述了中国武术发展的历史脉络，该书对武术与军事武艺之间的关系进行了梳理，并对各个历史时期的武术发展特征进行了概括，为本书梳理各个历史时期的武德思想特征提供了文化背景。该书还对习武之德的要求和武术的价值体系进行了基本概括。

于志钧的《中国传统武术史》是一部有别于以往"现代武术相关因素回溯史"的中国传统武术变迁史。该书立足于武术的传统性，分析了武术产生的根源和理论渊源，梳理了作为中国古代民间技击术的武术的演化和变迁过程，考察了拳术和器械的技术特征和相互关系等，从中挖掘中华传统武术的文化内涵。华博的《中国世界武术文化》立足于武术文化，详细梳理总结了中华数千年各种武术流派的起源、发展及特征，通过与世界武术的比较，指出中华武术在世界武术中的地位。该书是了解中华武术和世界武术文化的重要资料之一。正如书中所言，武术以实战为直接目的，而以传统文化为最终落点，武术不仅是一项体育运动，更是一种文化现象，有着深厚的文化内涵。武德吸收了中国古典哲学、伦理学、美学、医学、兵学等中国传统文化的各种成分和要素，汲取了中国传统文化的精髓，是中华文化的一个重要组成部分。在大力创建和谐社会的今天，武术文化需要深入挖掘，武术精神更需要大力弘扬。

温力的《武术与武术文化》通过解读与阐释"武术文化"概念，辨析"传统武术"与"武术传统"的区别与联系，并得出"传统武术"是以武术技艺为核心的武术文化的组成部分，而"武术传统"是武术文化所反映的民族文化精神，"武术传统"最核心的内容是"尚武精神"。"尚武精神"既是一种传统武德，更是一种社会公德。提倡"尚武精神"，对加强青少年的思想道德建设非常必要。任海的《中国古代武术》对古代武术的演变和内容进行了梳理和阐述，并专门以"武德"为一章节阐述了古代武术的道德要求,指出古代武术技击"尚德不尚力",习武者不能伤害对手,而且习武者必须遵循"见义勇为、尊重对手"等道德要求和标准。

李龙的《历史学视野下的中国武术教育》虽然是一部着眼于武术教育的著作,但作者以时间为轴,从尚武和尚文的视角,将中国武术教育历史分为源起期的武术教育、夏朝至唐朝尚武背景下的武术教育、宋朝至清朝质文背景下的武术教育、近代中西体育文化冲突与交融背景下的武术教育和现代武术教育五个时期,为本书划分武德思想演进历史提供参考。同时,该书作者对五个时期武术教育思想的提炼为本书武德思想的研究提供重要思路。戴国斌的《中国武术的文化生产》在历史发展中探寻武术文化生产的基本特性,并以"文化转换"为线索,对武术文化及武术的发展进行了一次文化意义上的重组和社会谱系意义上的重组。应该说,该书以史为鉴,古为今用,推陈出新,是在历史中寻求突破和发展的武术文化研究。

以上国内武术史研究专家与学者,都对武术的起源以及各个时期特别是古代武术的发展和演变过程进行了详细的梳理,并对传统武术与中国传统哲学的关系进行了具体的阐述,为本书梳理分析各个历史时期武德思想的形成和发展奠定了良好的文化和哲学基础。

1.2.2 武德现状研究

(1) 传统武德内涵研究

截至 2020 年 1 月 26 日,在中国知网以"武德"为关键词检索到的文献有 843 篇,从发文的总体趋势来看,从 1980 年开始,学者对武德的关注度持续提升,到 2012 年有所回落,但从 2014 年开始,有关武德的研究热潮又有所回升,具体变化见图 1-1。其中以"传统武德"为主题的有 111 篇。李俊峰在《传统武德的现代内涵》一文中对传统武德进行梳理,并在此基础上,阐述了传统武德的主要内涵有重节爱国、尊师重道、仁爱谦和、重诺守信、侠义勇敢、坚毅恒勤,并进一步阐释了传统武德的现代内涵为爱国敬业、尊师重道、谦和豁达、明礼诚信、正直勇敢、顽强勤奋,以期通过对传统武德现代内涵的阐释,更好地发挥武术在当代和谐社会中的教化功能。[①] 冯鑫、尹碧昌的《传统武德的人性基础及其伦理意蕴》一文认为,传统武德的生成与发展遵循着儒家人性论的内在逻辑,人性善恶是传统武德的思想基础,仁者爱人是传统武德的现实追求,而道德自律是传统武德的践行模式,进而得出"致中和"是传统武德的精神境界。[②] 王占涛在《承继与

[①] 李俊峰.传统武德的现代内涵[J].吉林体育学院学报,2009,25(2):123-124.
[②] 冯鑫,尹碧昌.传统武德的人性基础及其伦理意蕴[J].武汉体育学院学报,2013,47(9):50-53.

规训:论传统武德的二元构架》中提出,武德从构架上应分为承继中华传统道德体系的共性部分和根据其自身暴力性特点而形成的规训性部分即个性部分。其中共性部分即为传统武德的健行精神和厚德思想,而个性部分又分为个人行为规训与社会行为规训两个部分。在秉承中华道德体系优良的道德元素的同时,武德形成了独特的道德个性,在上表现为承继,在下表现为规训,这二者共同构架了传统武德的基本形态。① 李庆新、张国栋在《传统武德的现代教育价值》一文中,提出新时期传统武德的内涵应包含以下四个方面:一是为国为民的爱国主义精神;二是尊师重道、团结同门的师徒和同门情谊;三是见义勇为、正直勇敢的侠义精神;四是"一言既出,驷马难追"的重诺守信精神。② 徐锋在《中国传统武德文化融入高校思政教育的价值意蕴与实现路径》一文中指出,中国传统武德文化的精神实质包括舍生忘死、精忠报国的爱国精神,刚健有为、自强不息的进取精神,厚德载物、贵和尚中的包容精神,内外兼修、知行合一的实践精神和天人合一、和谐共生的合作精神。③ 这些文献从不同角度论述了传统武德的现代内涵及伦理意蕴,突出了传统武德的思想性和现代道德教育意义。

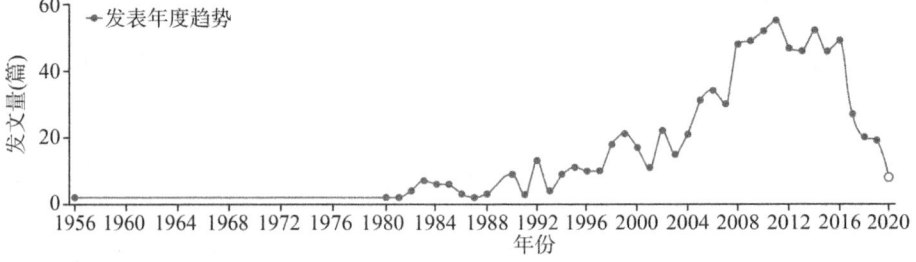

图1-1 以"武德"为关键词的文献发表总体趋势

(2) 传统武德及其哲学思想研究

乔凤杰的《武术哲学》在中国传统文化的视域下对武术进行了哲学思考,该书重点对传统武术道德等概念进行了界定与辨析,并对自强不息、厚德载物、无执无痕与无为无待等传统武术道德观念进行了哲学思考,以期为解决武术领域内事关武术生存发展的重大问题提供方法论。在此基础上,乔凤杰于2014年出版了另一部著作《文化符号:武术》。该书在讨论武术起源的基础上,梳理了武术

---

① 王占涛.承继与规训:论传统武德的二元构架[J].管子学刊,2016(1):75-80.
② 李庆新,张国栋.传统武德的现代教育价值[J].中华武术(研究),2016,5(10):70-72.
③ 徐锋.中国传统武德文化融入高校思政教育的价值意蕴与实现路径[J].体育文化导刊,2019(12):13-19.

从原始时期到现代中国各个历史时期的发展及文化特征,分析了中华传统兵家、道家、佛家、儒家思想在武术方面的发展,再一次呈现了作者对作为文化载体的武术的思考、洞见和揭示。正如作者所言,武术最具特色的价值并不是其技击、健身、表演等工具性价值,而是其代表中国传统文化的文化符号价值。作者所言的文化符号价值,不论在任何时期都承载着思想教育意义。

龚正伟、石华毕的《中华武术武德的源起及基本精神》一文,从伦理学的角度对中华武德的源起及军事武德和武术武德的关系进行了梳理,从传统军事武德与武术武德之间的关联入手,探析武术伦理的源起和历史演进,从中华武德所蕴含的基本精神角度阐释儒家思想、墨家思想、法家思想、佛家思想、道家思想与中华武德形成与演化的深刻关联。[①] 蔡宝忠的《武术与文化:中国武术文化基因的构成》是中国武术文化研究系列丛书之一,该书对源远流长的中国传统武术进行了全面的解读和文化学的梳理,并通过对武术文化内涵的阐释,从儒、释、道三个方面对博大精深的武术文化及武德传统进行了哲学意义上的文化定位。尹碧昌、郑锋在《论儒家思想对传统武德的影响》一文中,认为儒家文化中的中和、仁爱、修身和义利思想体现了中国古人对社会伦理道德的肯定和重视,促进了传统武德思想观念的完善与发展。[②]

(3) 武术文化及其道德精神研究

李印东在《武术释义:武术本质及功能价值体系阐释》一书中阐明了武术文化是武术价值的核心,是民族传统文化继承与传播的纽带,作为武术文化的有机组成部分,武德本身有自成一体的道德教育体系,具有德育功能。[③] 传统武德特别提倡忠、义、信、刚、毅、勇、诚的精神信念和仁、宽、恕、礼、让的行为准则,这些行为准则在现代思想政治教育中仍具有极高的教育价值。武术中蕴含的诚信守义、厚德载物、自强不息、爱国保家、勤劳勇敢的武术精神正是现今中华民族精神的集中体现。邱丕相的《中国武术文化散论》一书汇集了作者20年间发表的关于武术文化的论文、随笔等。该书是在武术教育与实践中凝练而成的,饱含着作者对武术文化的深厚感情和领悟。《武术文化传承与教育研究》是邱丕相等学者对作为文化的武术的系统阐释,书中通过对武术文化内涵的阐释,重点论述了全球化背景下武术作为一种文化资源所肩负的历史使命,武术文化中的武德思想对于弘扬民族精神、塑造人格精神、培养进取精神等都具有十分重要的价值。栗胜夫的《中华武术演进论》用十二个专题论述了武术内外兼修、德艺相融的文化

[①] 龚正伟,石华毕.中华武术武德的源起及基本精神[J].伦理学研究,2013(6):120-124.
[②] 尹碧昌,郑锋.论儒家思想对传统武德的影响[J].河北体育学院学报,2012,26(6):82-85.
[③] 李印东.武术释义:武术本质及功能价值体系阐释[M].北京:北京体育大学出版社,2006:15.

特质。

钟海明等人的《中华武道概论》强调中华武道不仅仅是纯粹的技术或技巧，更是武道文化的象征，中华武道文化特别重视"拳道合一""禅拳合一""三才合一"，这是武术的一种境界，也是习武之人修身悟道的最高境界。该书倡导的"以武修道"也为学习中国传统文化开辟了一条路径。该书还提出"文武并举"、"体用兼备"及"由艺入道"等思想，提醒习武者不仅要在武术技法上有所成就，更要重视武术文化内涵，提升自身的武道修行。[①] 刘明亮、高静主编的《武道纵横》围绕武术的"纵"与"横"，从"道""侠""谋""术""派""兵""艺""传"八个方面分别论述了武者的处世原则、武者精神、行为策略、技击手段、争鸣百家、刀枪剑戟、武韵美感等内容。该书将武术文化"纵"之"千古"与"横"之"八方"逐层剖析，向世人揭开了武术文化的神秘面纱。

陆小黑的《中国武术精神要义研究》主要从文化学研究视角，运用中国传统哲学、中国传统审美学等学科的基本理论与核心思想，对"中国武术精神"的特征、内涵、价值和功能进行了系统概括和分析。徐光兴的《国术魂：中国武术的精神世界》从心理学的角度分析了作为"国术"的"武学"渊源，重点阐释了反映武术精神世界的"武魂"，期待通过提倡"国术"精神，重振民族精神体魄，早日实现民族复兴。

吴松的《中国武术艺术论纲》结合审美理论对中国武术文化的艺术属性和教育功能进行了诠释和挖掘，其中对武术艺术审美功能的剖析，与武德文化所展示的德育功能可谓不谋而合。该书指出武术具有能满足人的精神需求、培养人的审美能力、完善人的道德情操、实现人的"真、善、美"的人生信念等功能。马文友的《中国武术审美文化》从社会学、美学、文化学的视角，对中国武术的审美文化进行了研究与诠释，揭示了中国传统文化思维和民族审美心理对中国武术的影响，从审美文化中品味与体悟到"形神兼备""仁礼教化"等价值范式。

王林的《武术传播论纲》从传播学的视角，根据武术的当代传播现状及特征，提出武术传播的现实基础、跨文化传播障碍及现代传播策略等。郭玉成撰写的《中国武术传播论》和《中国武术与国家形象》，对21世纪武术的传播，特别是武术文化作为一种国家形象的传播，进行了尝试性的探索。

（4）武术文化流派及其武德思想研究

吕宏军、滕磊的《少林功夫》将少林功夫的发展历史、思想背景及少林功夫与中国传统文化的关系等进行了详细论述。少林功夫作为中国传统佛教文化最为

---

① 钟海明,马若愚.中华武道概论[M].北京:中国民主法制出版社,2009.

通俗的表现形式,已为全世界不同文化背景的人们所理解,并成为人们相互沟通的桥梁。作为中国武术文化的象征,少林功夫中蕴含着极其丰富的武德思想,已成为中国传统文化的重要组成部分。① 关永礼在《中国功夫》中提到,明清之际中国传统武术流派林立,拳种纷呈,出现了"南拳北腿"和带有佛道色彩的以"少林""武当"为代表的内外两家。清初,大儒黄宗羲首倡"内家""外家"之说。他认为,凡以静制动、后发制人的都是内家拳,凡先发制人、主动攻击的都是外家拳。内家拳以柔和为主,侧重健身与防卫;外家拳以刚猛为主,侧重对抗与进取。后来,武术界把太极拳、形意拳、八卦拳统称为内家拳,把少林拳等凌厉刚劲、蹿跳闪躲灵活的拳种统称为外家拳。② 龙行年的《神秘与科学:武当武术的文化探源与展望》以武当武术文化为研究对象,通过考察武当武术的文化生态和武当武术形成与发展的轨迹,梳理和提炼武当武术文化的主要内容、基本精神、发展演变、特点及其影响。武当武术文化源远流长,博大精深,流派众多,特征明显。武当武术文化精神可以归纳为拳法自然、由拳悟道、由内而外、由术入道,崇祖尊师、循宗问道三个方面的内容。③ 此外,由于武术在中日文化交流过程中发挥着重要的作用,日本武道作为武术文化的一个重要流派,对中国武术的发展也起到了重要的作用。很多学者对中国武术与日本武道进行对比研究,指出日本武道以技法分化与双人对练为主体,注重程式与礼仪。④ 一些书籍中对具体武道项目,如柔道、剑道、空手道等进行介绍,但主要集中于对其技术的介绍。⑤⑥ 杨秋香从日本武士道的传统着手,对日本尚武精神进行了系统的研究。⑦ 王志解读了日本的尚武精神,指出近代日本始终将尚武视为执政者和有教养者的显著标志。⑧ 这些研究还指出日本的尚武精神对日本民族性格的影响。以上这些武术流派及思想为本书武德思想流派的梳理提供了可资借鉴的理论依据。

(5) 武术武德及其现代价值研究

杜舒书的《武术人文精神论绎:中国当代武德的失范与构建研究》一文,对中国当代武德失范现象进行了归纳与反思,分析造成武德失范的主要原因,提出构建中国当代武德规范体系的设想,构建了一套由武德核心、武德理想、武德原则、

---

① 吕宏军,滕磊.少林功夫[M].杭州:浙江人民出版社,2005:3.
② 关永礼.中国功夫[M].南昌:百花洲文艺出版社,2012:51.
③ 龙行年.神秘与科学:武当武术的文化探源与展望[M].北京:北京体育大学出版社,2017:140.
④ 郑旭旭,袁镇澜.从术至道:近现代日本武术发展轨迹[M].厦门:厦门大学出版社,2011.
⑤ 滕军.中日文化交流史[M].北京:北京大学出版社,2011.
⑥ 杜杰.中国武术与日本武道之比较研究——兼论中国武术之发展[D].北京:北京体育大学,2013.
⑦ 杨秋香.大和民族魂:日本武士道及其传统[J].哈尔滨师专学报(社会科学版),1999(1):109-110.
⑧ 王志.日本近世儒学中的尚武思想[J].大连大学学报,2012,33(5):36-42.

武德规则组成的由高到低的武德规范层次体系,并对武德运行的教育养成、舆论引导、风习熏陶、行政奖惩和法律规范五种社会机制进行了具体探讨。赵钟晖的《武术文化中武德的继承和发展》一文对武德的内容和作用进行研究,提出"尊师重道、保家卫国""重义守信、急人所急""立身正直、谦和仁爱"是武德的重要内容,并指出武德发展不能止步不前,必须立足现代文化进程,与新时期社会道德建设、社会主义核心价值观宣传相结合,重视新时期武礼的构建。

李龙和虞定海在《全球化时代中国武术教育发展的思考》一文中除了对各个历史时期的武术教育进行梳理归纳,还提倡21世纪中国武术教育应该坚持国际化和民族化"两条腿"走路,应站在武术教育民族化的基础上,传承民族优秀武术文化,同时迈出国际化步伐,使武术文化借助全球化的"东风",在全球得到弘扬。① 李龙在《深层断裂与视域融合:中国传统武术进入现代视域的文化阐释》一书中,进一步探索传统武术的现代转型之路。这些研究有助于本书对武德培养和传播途径进行思考。

张煜的《武德的发展与演变》是从武术领域对武德进行的专门研究。作者通过梳理武德发展演变的基本规律,对我国不同历史时期的武德状况进行抽象分析,指出原始社会时期的武德体现出原始集体主义的核心原则,奴隶社会时期的武德以"承天命、顺民意"为核心,这一时期是中国传统武德的起源和发展阶段。通过史料分析,作者认为封建社会武德的发展经历了春秋战国和明清两个突出发展时期以及宋元这一衰落时期。最后得出中国传统武德以"仁"为核心,"忠、信、智、义、勇"等精神品质受到"仁"统领的结论,并要求将传统武德中涉及封建等级宗法思想的内容视为糟粕来加以批判。

还有的学者另辟蹊径,分析现代武术界一些道德失范的现象,指出新时期武术界还要重视武德教育,充分发挥传统武德的时代使命。毋庸置疑,武德是武术文化精神层面的核心,是武术文化的精神凝聚力,正是由于武德的存在,中国武术才具有强大的生命力。新时期,武德教育应该充分挖掘传统武德精神的内核,积极发挥传统美德的作用。武德的价值不局限于自身,还可以衍生出丰富的价值体系。我们应立足当前政治和经济环境特征,围绕学校、民间和军事三位一体,积极构建新的武德教育形式。

万瑜在《对传统武德的批判与创新》一文中提到,传统武德发展到今天必须摒弃门户之见、宗派之争等封建思想,继承厚德载物、忠孝仁义等道德品质,并提出新武德的构建应包括武德高尚、武旨明确、武纪严明、武风正派、武礼谦逊、武

---

① 李龙,虞定海.全球化时代中国武术教育发展的思考[J].上海体育学院学报,2009,33(4):82.

志坚强、武学勤奋、武技精湛、武仪端庄、武境优美等几个方面,综合考察了传统武德的现代价值。陈晓兵、李伟在《中华传统武德文化及其现代价值》一文中指出,以"仁"为核心,以"义战"与"人和"为主线发展起来的中国传统武德文化,对伟大民族品格的塑造、中华民族伟大复兴的"中国梦"的实现、尚武精神的强化、中国特色社会主义文化的繁荣和发展具有十分重大的现代价值。

王占涛等人在《传统文化语境中的"武""武德""武术"》一文中详细介绍了学界有关"武""武德""武术"概念的论争,通过文史资料论证,澄清"武"的含义,还原武术、武德的原始内涵。"武术"在传统文化语境中的原始内涵区别于当前的武术概念,其泛指各类武事活动,即"武"的具体实施方式,是安定国家、平定叛乱和安抚民心的重要途径,用"武"要讲究武德、注重仁义,这样才能真正展示"武"的深意。谢刚的《中国武术中的"武德"培养与提升》一文重点探析了武德的培养,提出武德的培养应主要从自我培养、媒体传播、文学传承、武术比赛几个方面入手。为更好地发挥武术在现代社会的教化功能,李庆新等人在《传统武德的现代教育价值》中对传统武德内容进行了梳理,并对其蕴含的爱国主义、尊师重道、见义勇为等现代内涵进行了进一步的解读。漆振光等人通过访谈的研究方法,认为武德传承是现代学校武术教育中不可或缺的内容,并指出仁、义、信、勇是学校武德传承的主要内容。[①] 吴鲁梁等人认为现代性带来了武德弘扬的工具理性之困和自我中心之困,并提出教育、制度、觉醒是明晰现代性语境下武德弘扬的时代价值和武德复魅的现实路径。[②]

以上研究主要是从不同视角围绕武术文化中的道德思想和当代价值展开。这些研究大多站在现代武术的角度研究武术道德或武术精神,是一种体育化的现代武德思想研究,而非传统武德思想研究。还有一些学者从思想教育的视角鼓励继承和发扬武德,发挥武德对当代大学生德育的积极作用。武德思想是武术文化内容之一,优秀的中国传统武德思想对中国人民特别是青年大学生的思想道德教育和社会主义核心价值观培育都有着十分积极的影响,应充分利用和吸收优秀的传统武德思想,为中国特色社会主义文化建设服务。

(6) 国外对于中国传统武德的相关研究

Marc Theeboom 等学者在"An Analysis of the development of Wushu"一文中指出,武术是中国最著名的传统体育项目之一,许多其他亚洲武术如柔道、

[①] 漆振光,赵光圣,郭玉成,等.学校武术教育中的武德传承内容及对策:基于武术家口述史的研究[J].西安体育学院学报,2019,36(6):718-723.

[②] 吴鲁梁,马学智,谢军,等.现代性语境下武德弘扬的二律背反与克服[J].天津体育学院学报,2019,34(4):358-363.

空手道等都起源于此。除了各种战斗技巧,武术还包含许多中国古代哲学概念和宗教元素。文中还指出,随着中国历史的发展,武术在内容、形式和功能上已发生了重大变化,武术的发展随着中国社会的巨大变化而变化。几个历史时期以来,中国政府一直将武术作为维护公共秩序、发展运动能力、保持人民健康、推动中国统一以及加强主流意识形态的重要工具。总之,该文章突出了武术的社会、政治和文化功能。

　　一些外国学者对中国武术的礼仪文化、太极对人体健康的作用、道教哲学与武术精神的内在关联等进行了系列研究。也有学者从武术活动对增强家庭活力、促进友谊、提升自信和道德等作用的角度进行实验对照研究。早在20世纪90年代,一些中国学者通过国际会议或国际期刊发表了关于中国儒家思想与气功关系的文章,对中国武术与传统哲学的关系进行了探讨与研究,并阐明了道德在两者之间的作用及与两者的关联。国外学者对亚洲武术特别是中国传统武术的关注,以及国内学者对中华传统武术文化研究的国际展示,使博大精深的中华武术文化和内涵深刻的武术道德逐渐为世界所关注。

　　关于武德思想研究所涉及的相关文献资料,远不止以上所述,但鉴于本书研究的需要,仅对本研究所涉及内容的代表性观点进行介绍与梳理。总体来说,学者们根据不同的理论学说,选取不同的研究视角,采用不同的研究方法,对传统武德思想展开了一系列研究,并取得丰硕的研究成果。但多数学者是从武术文化的角度对传统武术基本精神的内容、特征及价值等进行了较为系统的研究与介绍,这些研究成果对认识和了解传统武德的内涵、思想实质及当代价值具有较好的指导意义,不足之处在于这些研究大多以武术及武术文化为研究对象,与本书所选取的武德思想研究存在学科的差别以及分析重点的不同。本书旨在通过传统武术及承载武术文化流派的有形文化形式,重点挖掘和分析传统武术中无形而丰富的思想道德资源,最终以新时代传统武德思想服务于新时期的思想政治教育。

1.3　分析思路与研究方法

1.3.1　分析思路

　　本书结合理论和案例对传统武德思想进行系统的解读和概括,从中汲取有价值的资源,为当代思想政治教育提供养分。本书第二章主要对传统武德的概念、内涵和思想实质进行论述和分析,超越传统武术文化研究的局限,注重研究和挖掘传统武德的思想特质和精神价值。第三章主要对中国传统武德思想的历史渊源进行梳理分析，这是全书研究的基础和核心内容之一。第四章从传统文化视角出发，对少林和武当文化特征进行总结，以进一步分析和认识传统武德思想流派和特征，这是全书的重点，也是难点。任何一种文化，都必须随着时代的进步而发展，这就意味着文化需在继承传统的基础上进行自我更新、自我扬弃，中国传统武德也不例外。中国封建社会流传下来的传统武德思想，有些已不符合我国现代社会发展的需要，我们必须对其进行取舍，以实现创造性转化与创新性发展。因此，第五章对传统武德思想进行批判、继承、超越与发展，这既是时代的要求，也是文化的选择，如何创新和发展传统武德思想将是本书研究的灵魂。第六章是全书的落脚点和最终归宿，充分挖掘中国传统武德的精神内涵和时代价值，让中国传统武德思想仍能指导当代的精神文明建设，尤其是在新时期大学生的思想政治教育中发挥重要作用，并希望通过走出去和构建国际化的传播与共享模式，使中国特色、中国符号、中国功夫、中国精神走向世界，增强中国文化的国际话语权，这也是本书最终的目的。

本书主要从以下几个方面开展研究。

（1）绪论。此部分主要论述本书研究缘起、研究意义、研究现状、研究方法和创新点等。弘扬中华优秀传统文化，汲取中国传统武德思想文化精髓，进一步提高青年大学生的思想道德素质，是本书研究的最初动因。

（2）中国传统武德思想的内涵解读。本书主要对武德概念的萌芽、形成和分化进行解读，对武德进行释义，对传统武德内涵进行界定，认为传统武德实质上是一种非强制性的道德自觉、特殊的道德行为规范以及独特的精神文化。

（3）中国传统武德思想的历史源流。根据学界对古代传统伦理和武术文化发展的历史分期，本书将传统武德思想发展主要分为先秦、盛唐、宋元、明清四个分期，并分析各个时期武德思想发展的规律和特征。

（4）少林功夫和武当武术的武德思想特征。本书在梳理武德思想历史演变和发展规律的基础上，从传统文化视角重点对少林功夫和武当武术两个主要武术文化流派的武德思想特征进行分析，以期对传统武德思想发展规律和特征进行更清晰的解读。

（5）中国传统武德思想的历史价值与转化。本书通过各个历史时期武德思想发展规律、特征及两个主要武术文化流派思想特征的梳理分析，总结归纳传统武德思想的历史进步性及历史局限性。新时代，传统武德必须跟随时代的步伐进行创造性转化，只有坚持仁勇结合、内外相应、古今相继、真善相随的发展原则，传统武德思想才能焕发出时代生命力。

(6) 中国传统武德思想对当代高校思想政治教育的启示。在新时代大力弘扬中华优秀传统文化的背景下,我们应重估中国传统武德思想的时代价值,重点挖掘其在高校思想政治教育方面的资源优势,发挥其教育价值。

1.3.2 研究方法

中国传统武德思想的研究必须以辩证唯物主义和历史唯物主义的世界观和方法论为指导。理论联系实际是马克思主义的根本特点,也是本研究的根本理念。首先,应认真学习伦理学理论,包括马列主义、毛泽东思想、邓小平理论、三个代表重要思想、科学发展观和习近平新时代中国特色社会主义思想中关于精神文明和思想道德建设的重要决定,以及马列经典作家的伦理思想等。其次,要实事求是地研究武德实践过程中遇到的各种实际问题,用马克思主义伦理学的理论、原则去分析、判断历史上和现实中存在的各种武德现象,从中找出武德思想的发展演变规律,从而去认识和解决现实生活中的武德问题。最后,要把武德思想研究与提高广大高校青年学生的文化和思想道德修养、培养新世纪的合格人才结合起来。广大思想政治教育工作者应把武德研究中梳理的武德思想、原则、规范应用到学习、工作和生活中去,以理论指导自己的工作实践,在实践中体验和掌握武德文化的内涵,并内化为自身的道德品质,同时用自己的言行去影响他人,从而提高社会整体的思想文化水平和道德素养。在此理念和价值指引下,本书主要采用以下研究方法。

(1) 历史分析法

中国传统武德是武术领域中的道德文化现象,本书重点研究武术文化领域。这种武术道德现象属于社会上层建筑和社会意识形态范畴,是由经济基础决定的,是经济基础的现实反映。因此,研究传统武德,要坚持历史分析方法,将传统武德现象放到相应的历史阶段去考察。只有把武德现象和武德问题与当时的社会历史条件,特别是当时的经济、政治、社会环境联系起来进行研究,才能透过现象看本质,明辨其中的精华与糟粕,提出适应时代规律、促进社会进步的规则和规范。

(2) 文献诠释法

对文献进行查阅、整理并对文本进行分析、诠释,从而找出事物的本质属性是本书采用的一个重要研究方法。要研究一种特定的思想和精神文化,梳理和分析不同历史时期的文献资料至关重要。目前,学者们对传统武德的文献研究主要集中在史记史料、著作论文和传记评说方面,本书根据需要对相关资料进行甄别研读并总结分析。

（3）系统分析法

人类社会是一个庞杂的大系统，武德是道德这个文化系统中的子系统之一，只有从社会系统的总体出发，全面地、联系地、发展地研究武德现象和武德规范，才能深刻洞察其来龙去脉，科学地得出研究结论。孤立地就事论事，抽象地从理论到理论，是不可能对传统武德形成科学的认识和理解的。武德文化反映社会现象，它与社会经济、政治、文化、科学、宗教、艺术等都有着千丝万缕的联系，是社会道德关系大系统网络中的一个关节点。研究武德文化必须分析它们之间的各种联系，从层次上的广泛性和特殊性、内容上的根本性和具体性，到时间上的古今关系、空间上的中外关系等，都应运用系统理论进行深入的研究和分析。

（4）矛盾分析法

正如人是一个矛盾体，社会更是一个综合矛盾体，武德领域也是矛盾重重。武德思想也是善恶并存，正邪交织，鱼龙混杂。对于矛盾，首先要正视它，这样才能摆脱抽象思辨和空洞说教的桎梏，真正站在社会现实的前沿，体悟它的价值和意义。其次要善于分析矛盾成因和产生变化的条件，去粗取精，去伪存真，由表及里，找出内在联系并分析相互关系，把握本质和规律。

1.4 创新及不足之处

1.4.1 本书的创新之处

本书的创新之处体现在以下四个方面。

首先，研究视角的创新。本书选取的研究目标主要是传统武德，研究视角侧重于武德的思想和精神价值，其来自武术道德而宽于武术道德，有别于一般对武术思想领域的道德研究。本书侧重于通过对传统武术及承载武术文化流派的有形文化的梳理，重点分析传统武术中无形而丰富的思想道德资源，并对这些思想资源进行深度挖掘与价值重估，以新时代传统武德思想服务于新时期思想政治教育。

其次，研究方法的创新。本书运用文化学和思想史研究的方法，将中国传统文化中儒、释、道、墨等各家的文化精髓与传统武术文化流派有机融合，引古喻今，为传统武德思想的挖掘、提炼提供哲学基础和文化保障。中国传统武德思想是中国传统文化的有机组成部分，在传统武德思想发生、发展和演变的过程中，儒家仁爱、道家阴阳、佛家禅定、墨家侠义等思想都有深刻的反映。受到中国传统文化滋养、具有明显地域文化特性的中国传统武术，在成长发展的过程中，形成了风格迥异、各具特色的传统武术文化流派及其思想特征。本书在中国传统文化视域下,以少林和武当两个文化流派作为案例,分析传统武德思想的内容及特征,在研究方法上进行了创新。

再次,理论思想的创新。本书通过梳理和分析传统武德思想起源、各个历史时期武德思想的发展,揭示传统武德思想的典型特征,并结合时代要求对传统武德思想进行科学的扬弃。本书以武德文化特征明显、武德思想鲜明为分期理念,把传统武德思想的发展分为四个主要时期,并揭示出不同历史时期武德的思想内容和文化特征。以中国文化为理论基础的中国传统武德思想,形成了一套对现代社会仍然具有积极影响的价值体系和行为规范。仁爱为本的伦理核心、贵义轻利的价值导向、尊师重道的礼教风尚、忠诚守信的精神气节等,体现了中国传统武德思想的历史进步性。要使中国传统武德思想发挥时代价值,必须要对传统武德思想进行创造性转化。

最后,回应现实的创新,即实践的创新。本书在总结前人研究成果和理论研究的基础上,对中国传统武德思想的时代价值进行挖掘,重点揭示传统武德思想对高校思想政治教育的启示。在当前国家重视文化发展和积极提升文化软实力的背景下,进一步深化优秀传统文化与思想政治教育研究,将优秀传统武德思想与新时代思想政治教育相结合,是本书的主要创新点。如:以传统武德思想中的优秀思想道德资源丰富思想政治教育的时代内容;在舞蹈、书法及文艺作品等武德思想的外在表现形式中充分挖掘思想政治教育内容,创新思想政治教育的文化载体;等等。应充分发挥武德思想在思想政治教育中的内容优势、道德优势和传播优势,充分利用各环节,有效实现传统武德思想融入高校思想政治教育全过程。

1.4.2　本书的不足之处

本书从全球化和传统文化的视角出发,将中国传统武德思想作为研究对象,以期通过史料的梳理和现实的观照,把握规律,以史为鉴,积极汲取传统武德中的思想道德精髓,为中国特色社会主义精神文明建设服务。然而,由于本人知识面有限、精力不足以及对传统哲学问题思考的广度和深度不够,本书在写作过程中还存在着一些不足。首先,武术文化与传统哲学之间的关系错综复杂,本书对一些理论问题分析的深度还不够;其次,本书所使用的数据来自前人的调查统计,在实证研究方面有所欠缺;最后,仅以少林功夫和武当武术为例,总结归纳传统武德内容及特征,可能会失之偏颇。这些不足为本人今后的研究提供了思路,本人将在后续的研究中加以改进和完善。

2 中国传统武德思想的内涵解读

2.1 武德概念的缘起

武德概念的形成与发展,取决于整个社会的发展和社会道德的形成与发展。武德概念的产生,除了缘于我们的远祖具有强悍好勇的本性以外,还与当时的生存环境、部落之间的战争、国与国之间的争霸密切相关。

2.1.1 武德概念的萌芽

武德概念,不是某个先贤受到智慧的启迪创造发明的,而是随着古代人类生产、生存的需要而萌芽,并随着阶级社会的产生而逐渐形成的。

"物竞天择,适者生存",中华民族在漫长的史前时代形成了独特的生活方式。原始社会时期,人类生存主要靠团队合作,如狩猎就是成年男子共同获得生活资料的一种方式,这也就意味着原始人要时常同鸷禽猛兽作斗争,人与兽斗也是人类萌生搏杀技能的主要原因。可以说,正是在与严酷的生存环境的长期抗争中,人们总结出许多强健体魄、锻炼生存意志的技能和方法。随着生产力的发展,为了保护自己的猎物等劳动产品不被抢走,人与人之间出现了搏杀格斗。《吕氏春秋·荡兵》记载,"兵所自来者久矣……未有蚩尤之时,民固剥林木以战矣,胜者为长。……争斗之所自来者久矣,不可禁,不可止。故古之贤王有义兵而无有偃兵"。即战争的由来相当久远,在蚩尤之前人类已经砍削林木作为武器进行斗争了,胜利者为王。争斗不可禁止,不可平息。所以古代贤王都主张正义的战争而从未废止战争。由此可见,早在原始部落发生大规模战争之前,就已经出现人与人之间为抢夺食物、领地等而进行的争斗。[①] 因此可以说,真正意义上的武德概念萌芽于人与人之间为了生存而进行的争斗之中。随着私有制的出现和阶级的产生,家族、氏族间为争夺生产资料而发起的战争由此出现。原始社会末期,随着这种氏族间的战争规模的扩大,原始武德加速形成。《兵迹》中指出:"民物相攫而有武矣。"《司马法·仁本》中也表明:"以战止战,虽战可也。"即用战争的手段来制止战争,纵然打仗,也是可以的。因此,从人类原始生存的实际情况来看,"用武"也是"仁德"的一种表现。

从来源上讲,道德产生于人的需要,首先是物质的需要,其次是精神的需要。[②] 道德的产生总是离不开人类的需要,对道德的需要是人类的基本需要之

[①] 华博.中国世界武术文化[M].北京:时事出版社,2007:4.
[②] 张康之.行政伦理学[M].北京:中央广播电视大学出版社,2004:231.

一。人的任何活动都要由需要来激发,道德自然不能例外。然而,"已经得到满足的第一个需要本身、满足需要的活动和已经获得的为满足需要而用的工具又引起新的需要"①。在原始社会早期,由于自然生存条件极其恶劣,个体生存能力极其脆弱,个体欲求生存,必须依赖于集体,参与到集体的共同生产和生活中去,个人必须以群体的方式才能寻求到满足需要的现实途径。这时,人的需要开始具有社会的属性,成为一种社会需要,并直接诱发了原始道德的产生,诸如食物禁忌、性禁忌、血亲复仇等。②人类对道德的需要主要是为维系群体生存和发展所依赖的原始生活方式和社会习俗,人们在生产劳动和日常生活中所产生的禁忌或风俗习惯等,应该是人类最早的道德规范和准则。正是人类的需要所产生的道德,反映了人类在伦理思想上从他律到自律,从被动到主动的过程。③ 作为一种规范和准则,道德应是社会控制系统的一个重要组成部分,而武德应是社会控制系统中道德领域的一个子系统,最初的武德规范和准则包含在这些道德规范和准则之中。

  人类对道德的自觉需要,实际来源于人类维护共同秩序的需要。随着生产力的发展和社会分工的出现,人们之间的社会关系及相互交往变得日益复杂化,出现了个人与个人、个人与集体间利益的矛盾,由此便产生了调解这些矛盾的意识和要求,即道德。而随着社会出现阶级差异和社会分工,各个阶级和各个行业便产生了各自特殊的道德要求,为了维持原始社会人与人之间的相互关系,并对人类生产活动和军事活动加以约束,相应的规矩和行为随之产生,原始意义的武德规范和准则也由此萌发。

  在这一时期,人类对维护安全、保护利益、维持秩序的需要,即道德的需要,主要是通过暴力手段来实现的。这就意味着在发生矛盾或利益冲突时,人们通常是用武力来解决的,这也是解决矛盾的最后形式。因此,这也就意味着如果不对"武力"拥有者进行规范和约束,就有可能导致武力泛滥或"以武犯禁"的现象,影响正常的生活和社会秩序,严重的甚至会引起战火,导致生灵涂炭。由此,对"武力"约束的必要性就催生了原始的武德。换言之,对规范和约束"暴力持有者"行为的需要催生了最早的武德。

  由上述内容可知,武德的产生源于维持正常生活秩序的需要,它既是维持个体生存和发展的需要,也是争夺部落或氏族利益的需要。这一时期的武德主要表现为个体间的武德,随着军事集团的发展或军队的建立,军事集团间的军事武

---

① 马克思恩格斯文集:第一卷[M].北京:人民出版社,2009:531.
② 张康之.行政伦理学[M].北京:中央广播电视大学出版社,2004:231-232.
③ 余仕麟.伦理学要义[M].成都:巴蜀书社,2010:36.

德产生,武德概念逐步形成。

2.1.2 武德概念的形成

武德概念随着部落的产生而萌芽,并随着军队的建立和朝代的更替而逐步形成。大约五六千年前,中华大地特别是黄河流域上先后存在众多部落和部落联盟。在战争的作用下,诸部族之间不断进行新的组合归并,最终建立起两个大部落,即炎帝部落和黄帝部落。由于黄河流域优良的天然条件,这两个部落最终形成强大的华夏集团,为华夏民族的崛起奠定了根基。炎黄二帝时,社会发展正式进入崇尚武力的时代。黄帝"内行刀锯,外用甲兵",这是中国军事征伐的开端。据《史记·五帝本纪》记载:"轩辕之时,神农氏世衰。诸侯相侵伐,暴虐百姓,而神农氏弗能征。于是轩辕乃习用干戈,以征不享,诸侯咸来宾从。而蚩尤最为暴,莫能伐。"[1]当轩辕还是诸侯时,神农氏的统治逐渐衰弱,诸侯之间互相侵伐,而神农氏无力讨伐。吸取这样的教训,轩辕很重视武功,而且崇尚保民爱民之德。由于轩辕非常重视武德,也很爱护人民,他被诸侯尊为"天子""黄帝"。又有传说在黄帝征伐蚩尤后,天下一片混乱,于是黄帝把蚩尤的形象画出来,以震慑天下。传说中的蚩尤"铜头铁额",勇猛威武,其死后被黄帝尊称为"兵主",即战争之神。在此传说中,黄帝以大局为重,不顾蚩尤曾是自己的手下败将,复原蚩尤形象,此等德性修为得到天下人的肯定。

因为战争,部落不断分裂与归并,为武德意识的产生奠定了基础。到尧、舜、禹时代,武德得到很大的发展,由过去非理性的武德逐渐向自觉而理性的武德转化。这一时期,不仅重视武术,而且重视武德,武德甚至被置于第一位,强调以"厚德"为前提,以"行武"为手段,把先德后武、厚德而后武视为旗开得胜的重要法宝。

夏、商、周王朝的更替导致了军事伦理思想的勃发,即武德思想的勃发。从第一个国家——夏王朝建立起,武德精神便成为军人的精神支柱,对军人的战斗力产生重要影响。如在夏启伐有扈氏的战前誓师动员令《甘誓》中"有扈氏威侮五行,怠弃三正,天用剿绝其命,今予惟恭行天之罚。左不攻于左,汝不恭命;右不攻于右,汝不恭命;御非其马之正,汝不恭命。用命,赏于祖;弗用命,戮于社,予则孥戮汝"[2]就列举了有扈氏蔑视五行,冒天下之大不韪,遗弃天、地、人三者正道的罪行,因此,上天要灭他们的享国大命。夏启讨伐他,是奉行上天的指令,

---

[1] 司马迁.史记·五帝本纪[M].韩兆琦,主译.北京:中华书局,2008:2.
[2] 李民,王健.尚书译注[M].上海:上海古籍出版社,2016:92.

是合理的正义之战。军卒们要服从并执行命令,服从命令的可以得到奖赏,不服从命令的会受到惩罚。夏启发布动员令的目的就是要用武德精神激励和引导军卒们以命奋战,其实质是将军事命令道德化,即引导士兵把外在的军士命令内化为内在的道德自觉,从而激发士兵积极奋战的热情。

夏王朝延续了近500年后,商汤王凭着"十一征而无敌于天下"的奇迹登上了亡夏兴商的王坛宝座,奏响了"仁者无敌"的颂歌。而"十一征"就是著名的仁者伐不仁者的战争。商汤时代,敬神、敬祖、顺天、爱民是"仁"的主要内涵。其中,爱民是仁的核心,起着关键作用。夏王朝后期的暴政,导致民怨不断,并最终激起民众反抗。商汤顺势而为,征伐夏桀并取得胜利。在这场战争中,商汤能取得胜利的原因就在于顺应民意,了解民众悲苦,救民于水深火热,进而赢得人民的拥护和支持。商汤顺应民心而伐夏诛桀,是一场古朴的军事民本主义革命。民本主义寓于暴力革命之中,商汤时代的军事民本主义思想实现了目的与手段的统一,将武德发展推到一个新阶段。

商汤革命所体现的武德思想比较集中反映在《汤誓》中。《汤誓》是汤灭夏时的战争动员令。据说商汤起兵伐桀时,为激励士卒奋战以及争取部落及天下人民的支持,特意举行誓师大会。从内容上看,商汤的《汤誓》比夏启伐有扈氏的《甘誓》更为丰富。誓词中体现的武德思想主要有顺天承命的战争观、以爱民为核心的民本主义、信民为先的用兵观念和忠实于誓言的军事纪律等。如誓词中称"有夏多罪,天命殛之","予畏上帝,不敢不正",就是说,由于夏桀罪大恶极,天不能容,我商汤兴兵征夏,是上天的意旨,我不敢违背,只好奉天命而"致天之罚"。[1] 正如誓词中所说,"夏王率遏众力,率割夏邑,有众率怠弗协"[2],夏王桀这种耗尽民力、搜刮倾国之财以供一人之淫乱的罪恶激起了夏民的愤慨。《汤誓》用来自民愤的力量激励和取信民众,充分发挥民众自我教育的力量,体现了使民与爱民思想的统一。这虽然是出于征战的需要,但也催生了民本主义思想的产生和发展。从以上分析可知,商汤的武德观念、武德思想较夏启已有很大的发展,特别是先修德后用兵的观念,已经成为比较自觉的、成熟的战争伦理观。这是战争实践的产物,同时也被汤胜桀亡的史实所证明。正如太史公所言:"帝桀之时,自孔甲以来而诸侯多畔夏,桀不务德而武伤百姓,百姓弗堪。……汤修德,诸侯皆归汤,汤遂率兵以伐夏桀。桀走鸣条,遂放而死。"[3] 又如《孔传古文尚书》中,商代大臣仲虺所作的诰文中所言:"夏王有罪……帝用不臧……民之戴商,厥

---

[1] 王联斌. 华夏民族的崛起与中华武德的初萌[J]. 军事历史研究,1997(1):167.
[2] 李民,王健. 尚书译注[M]. 上海:上海古籍出版社,2016:110.
[3] 司马迁. 史记·夏本纪[M]. 韩兆琦,主译. 北京:中华书局,2008:38.

惟旧哉！佑贤辅德，显忠遂良；兼弱攻昧，取乱侮亡。推亡固存，邦乃其昌。"①再一次强调君王的德行对治国治军的重要性。商汤时期，尚武修德、武德合一的军事伦理思想已主导当时中华武德的发展走向。②

商王朝历经5个世纪，由鼎盛走向衰落，至殷纣王帝辛时亡。从史料记载来看，最能反映商周更替和周王朝鼎盛时期武德思想成就的著作有《尚书》《易经》《周礼》等，从这些著作中可以窥见当时的军事伦理思想。《易经》又称《周易》，简称《易》，是儒家主要经典之一。《易经》是西周时代的著作，反映商末周初的社会状况。《易经》中对军事伦理思想的阐述主要有军队必须有严明的纪律，正方战争必胜，军队统帅要取得部下将士的信任，慎战的重要性，坚持到底就会胜利，等等。关于军队的正义伦理，可见"师：贞，丈人吉，无咎。"（《易经·上经·师》）军队的运用原则必须"贞"，即顺从天命，伸张正义。只有这样，军队的统帅（即丈人）才会吉利，才能避免过失和灾祸。这些思想也反映在历史上几次有名的出征前的誓师动员中。如《尚书》中的《牧誓》《大诰》《费誓》三篇都是研究西周时期军事思想的可靠史料。《牧誓》是周武王灭商纣前在牧野（今河南淇县西面）所作的战前誓师词。③《大诰》是周公以成王口气向各诸侯国国君及他们的官员们反复强调平定叛乱、进行东征的重要意义，希望他们同心同德，顺应天意，随从平叛，除恶务尽。④《费誓》是鲁国国君率师征伐淮夷、徐戎的誓师词。《孔传》中明确表示"鲁侯征之于费地而誓众也"。但对于此篇所作的时代说法不一，多数意见认为是春秋前期鲁僖公所作。⑤此三篇集中反映周代社会军事伦理思想发展的成就，主要概括为三点：第一，借天命以申明征战的正义性；第二，善降优俘，初开军事人道主义之先河；第三，开始注重群众纪律，注重改善军民关系。⑥

2.1.3 武德概念的分化

在远古时期，为求生存而存在于个体间的武德早于军事集团产生而衍生的军事武德。进入阶级社会后，个体武德与军事武德彼此交融。因此，早期的"武德"具有与军事发展脉络相契合的特征——即存在个体与集团两者彼此交融同时又内涵各异的两种"武德"。但随着战争规模的扩大和战争形式的发展，个体

---

① 李民，王健.尚书译注[M].上海：上海古籍出版社，2016：116-119.
② 华博.中国世界武术文化[M].北京：时事出版社，2007：11-29.
③ 李民，王健.尚书译注[M].上海：上海古籍出版社，2016：219.
④ 李民，王健.尚书译注[M].上海：上海古籍出版社，2016：262.
⑤ 李民，王健.尚书译注[M].上海：上海古籍出版社，2016：450.
⑥ 华博.中国世界武术文化[M].北京：时事出版社，2007：24-26.

武术与军事武艺逐步分离,最终变得泾渭分明。直至今日仍然存在两种形式的"武德":一种是指用武、从武之德性,泛指军旅生活中的一切道德现象以及与军旅生活相关的道德意识、道德活动、价值观念和道德品质的总和;另一种是指在武术活动过程中形成的对习武群体的行为规范和要求的总和。①

(1) 军事武德与武术武德各有侧重

研究传统武德,必须先弄清楚武术文化和军事文化这两种主要传统武德文化形态。周伟良在《中国武术史》一书中指出,中国武术在它的历史形成与发展过程中,与其他多种文化有着密切的关系,但是在其文化的"类"上,无疑应归属于体育。武术是中国传统体育项目,这是对武术最根本的文化定位。既然武术属于体育,即使两者存在密切的交融与互摄,武术与"军事武艺"也有所区别。就价值特征而言,军事武艺相对单一,而武术价值则更为丰富,如健身养生、休闲娱乐和艺术表演等。因此,两者的武德内容不尽相同。

其实,军事武艺与民间武术同源异流,两者在历史发展过程中彼此交融、互相影响,共同为社会的发展进步作出巨大的历史贡献。为统治阶级服务的军事武艺所强调的武德是为统治阶级服务的,它为统治阶级所利用,直接反映统治阶级的意志;民间武术的武德则带有更强的自发性、社会世俗性,更多地受到世俗道德的影响和制约。这两种武德相互渗透、互为影响而各有侧重。②

由于古代军事武艺讲究集团性配合作战,而以技击为主要内容的武术则表现为一种以"两两相当"为特征的个体性技艺较量,因此,以个体为主的武术武德和以集团为主的军事武德在侧重点上有所不同。明代著名将领戚继光在《纪效新书》中表达过相关观点:"开大阵,对大敌,比场中较艺、擒捕小贼不同。堂堂之阵,千百人列队而前,勇者不得先,怯者不得后。丛枪戳来,丛枪戳去,乱刀砍来,乱杀还他,只是一齐拥进。转手皆难,焉能容得左右动跳?一人回头,大众同疑;一人转移寸步,大众亦要夺心,焉能容得或进或退?"可见,军事战争中的武艺主要是用于集体作战,这里将战争与武术的单打独斗区分得十分清楚。对士兵而言,对阵中需要统一行动,个人的力量必须服从于集体的意志,因此士兵的武艺技术水平高低不是决定阵法成功与否的关键因素。武术与战争的差异具体可以概括为以下几个方面:第一,武术主要表现为个体之间的对决,而非大场面的混战。第二,武术的作战单位是个人而非团队或兵团。第三,战争以集团为冲锋,有前无后,万人一令;而武术是个人打斗,无人号令,

---

① 王联斌. 中华武德通史[M]. 北京:解放军出版社,1998:2-6.
② 邱丕相. 中国武术文化散论[M]. 上海:上海人民出版社,2007:19-25.

生杀皆为个人行为,不对任何人负责。第四,战争中士兵的操练仅为简单劈砍刺杀,而且操练周期短;而武术非一时之用,三年不成,十年不晚。第五,战争开大阵、对大敌,强调勇字当先,不怕死;而武术注重"留得青山在,不怕没柴烧""君子报仇,十年不晚"等惜命观念。第六,战场杀敌讲求干脆利落,真刀实枪;而武术讲求拳理、剑理或刀谱。因此,两者的道德标准有明显的不同。战争行为服从于战争目的,即取得胜利,对敌军没有任何仁慈可言,军事武德比较重视将帅或士兵的个人道德;而武术讲求技击道德,要求少伤人和少杀戮,得饶人处且饶人,其武德范围要广得多。

（2）军事武德与武术武德相互交融

军事武德与武术武德虽然在内容和道德要求上各有侧重,但在冷兵器时代,由于两者在功能作用和活动特征上具有相似性,其武德内容亦彼此交融。如在古代战争中,无论是大规模的集团作战,还是小规模的武装冲突,个人作战能力对作战结果都起着至关重要的作用,一对多或一对一近身肉搏是战争中的常见景象。因此,军队中十分重视士兵个人技击能力和道德品质的培养。周代的"六艺"教育即"礼、乐、射、御、书、数"中,前四艺都与军事武艺内容有关,突出了个人军事武艺和武德教育的重要性。先秦时期,军队中更是注重军事武艺的习练。《礼记·王制》中说:"凡执技论力,适四方,裸股肱,决射御。"凡凭技艺为生者,必考查他们的武艺与勇力,表明周代挑选士兵时,十分重视士兵的射箭和驾车等能力。《礼记·月令》记载:"孟冬之月,天子乃命将帅讲武,习射、御、角力。"从冬季的第一个月起,天子就会命令将帅讲习武事,教导士卒射箭、驾车、摔跤格斗。春秋时期,兵役制度发生较大变化,西周时期严格按照社会等级服兵役的制度逐渐遭到破坏。各国在实行民军制的同时,开始实行世兵制。这种"作内政而寓军令"式的兵役制度,导致军事平民化和生活军事化。由此,兵政合一,军民不分,极大地促进了民间武术和军事武艺的交互与融合,两种武德彼此交融。

（3）军事武德和武术武德的分化

冷兵器时代,民间武术与军事武艺相互交融与渗透,相互促进且并行不悖。19世纪末20世纪初,随着战争规模的扩大和火器的运用,军事武艺的军事功能逐渐弱化,集团化的军事武艺与个人用于防卫的技艺(即武术)开始分野。在第二次鸦片战争和镇压太平天国运动过程中,西方火器再次显示了它之于中国传统武艺的优越性。统治者不得不承认"(西方火器)皆远且准,而为我师之所不及"[①],外国军队"火炮之精纯,子药之细巧,器械之鲜明,队伍之雄整,实非中国

---

① 中国史学会.鸦片战争:第4册[M].上海:上海人民出版社,1954:84.

所能及"(《李文忠公朋僚函稿》)。至此,洋务派意识到为"剿贼"和"御侮",必须效法西方,进而掀起了一场以"自强""求富"为口号的洋务运动,其重点就在于引进西方先进的军事、科技和武器等。

西方体育家麦克乐对这段历史分析得颇为透彻:"政治既经革新,凡事争效西法。绿营裁撤,各军队均改外国操法,不复专事武术,保甲亦废,民团亦多用火器,各省镖局虽仍其旧,亦不如往昔之盛。各富商巨绅响之须武士保护者,近亦自置火器,不复专恃武术。"[1]然而,鸦片战争后,人们虽然已经领略到西方军事的优越性,但出于对军事武艺的眷念、对民间武术的偏爱以及军事转制的滞后,清政府在当时军队训练、武科招考、学校军事教育中仍然十分重视武术。曾国藩力主在军队中习武,他认为:"练技艺者,刀矛能保身,能刺人……技艺极熟,则一人可敌数十人……"[2]民间人士也"深知武术为自卫利器,非尚武无以自立。而武术既能强健身体,又可震慑地方社会"[3]。即使在抗日战争期间,旧式武艺仍然在军队中发挥着重要作用。冯玉祥创建的西北军第二十九军大刀队在夜袭日军的喜峰口战役中大获全胜,这大概也是冷兵器用于近代战争的最后记载。总的来说,20世纪初,历经义和团运动的失败和1901年清王朝宣布废止武举制度,旧式军事武艺逐渐退出历史舞台。

虽然"洋务运动"以中日甲午战争中清政府的惨败而告终,但火器取代军事武艺而在战争中居主导地位已是毋庸置疑的事实。随着火器在军队中的普遍使用,以"弓、马、刀、石"为特征的旧式武艺退出了战争舞台。[4] 随着冷兵器时代的结束和军事武艺的退场,以防身自卫、娱乐养生为目的的民间武术逐渐登场,人们对武德的关注也逐渐转向注重个体用武道德的武术武德。

综上所述,中国传统武德的概念源自尧舜时代,彼时关于武德还没有明确的表达形式,但人们已经意识到德行在战争中的重要性,强调德行与武力相结合才是制胜的法宝。到春秋时期,战争和道德联系在一起,武德概念得到明确。然而,"武德"一词在中国古代典籍中虽然早有记载,但是起初所指与传统武术关系不大。也就是说,武德原本是一个军事内涵丰富的概念,曾经是古代军事伦理思想术语,最初属于军人价值意识和军旅伦理范畴。随着军旅武术向民间的转化,武德文化与中国传统民间武术实现了融合,进而成为武者的道德要求和行为约

---

[1] 麦克乐.五十年来中国之体育及武术[G]//国家体委体育文史工作委员会、全国体总文史资料编审委员会.体育史料.第17辑.中国近代体育文选.北京:人民体育出版社,1992:110.
[2] 李印东.武术释义:武术本质及其功能价值体系的阐释[D].北京:北京体育大学,2006:44.
[3] 华博.中国世界武术文化[M].北京:时事出版社,2007:24-26.
[4] 华博.中国世界武术文化[M].北京:时事出版社,2007:11-29.

束准则,从而使最初起源于军事伦理的武德,随着历史的转向开始分化并与中华武术思想相互融合,成为形容习武之人道德行为的"专有"名词。① 其实,武德的缘起是依托于武术生存的场域而衍生的,其中冷兵器时代的传统军事伦理思想和武术伦理关系最为密切。② 中国传统武德作为军事武德和武术武德的共有概念,其形成过程实际上是一个对古代军事武德融摄、改造、转换及借用的复杂过程。在相互融合和影响的过程中,武德整合了军事用武与民间用武的双重指向,而从时间上来讲,"武德"在武术中的分化指向要滞后于军事伦理的总体指向。

2.2 传统武德的内涵

2.2.1 "武德"释义

古老的中华民族文化中所蕴含的武德思想源远流长,要真正领会武德概念的内涵,首先需要探究"武"与"德"的本源意义。

(1) 关于"武"之本源

在甲骨文中,"武"字是左右结构的会意字,左边是一个足印,右边是一个古代的兵器"戈",表示一个人持戈而立,凝神戒备。之后,"武"字由左右结构变成上下结构,足印也由"止"字代替,意为一个人扛着戈行走,"武"字由静态逐渐转向动态。此时,"武"似有攻占杀伐之意。然而,另一种会意则理解为"止戈为武"。该词最早出自《左传·宣公十二年》,楚子曰:"夫文,止戈为武。"许慎在《说文解字》中沿用该词。楚庄王最后得以"问鼎"中原,主要在于其止戈为武、以德服人。楚庄王曰:"夫武,定功戢兵,故止戈为武。"③这里对"武"是一种全新的认识,即"止息战争就是武"。此时,对"武"字的理解从"持戈而立"到"止戈为武","止戈为武"是否为"武"的本源已不重要,人们更加认同"武"的内涵,即制止暴力。另外,从"武"的字形来看,"武"字由"正"和"弋"组成。弋,指带着绳子的箭;正,指为了正义,正在进行射击练习。"正"字被"弋"字隔开,形成了一个"武"字。从"武"的字形结构可以引申出"武"与正气、正义之间的天然联系。从这个意义来讲,"武"字本身就具有道德意蕴。而且,从"武"的字音来判断,"武"通"吾",是对"我"的自称,即我乃五行中人。人生五行中,必须站起来,有仁爱之心,而且要

---

① 彭南京,张羽佳.传统武德文化中的伦理观念及其现代回响[J].体育与科学,2017,38(2):72-77.
② 龚正伟,石华毕.中华武术武德的源起及基本精神[J].伦理学研究,2013(6):120-124.
③ 许慎.说文解字:四[M].汤可敬,译注.北京:中华书局,2018:2701.

有自我保护意识和能力。"我"字也可以解析为"一手持戈,站立为我"①。这就意味着尚武也只是为了以武止武和自卫。至此,从"止戈为武"可以引申出"武"的最高境界不是依靠武力胁迫使对手服从,而是依靠人的道德、精神和信仰使人信服。用武虽然能以力胜,然对方未必服,倘若能以德胜人,又何必动武呢? 孙武说:"不战而屈人之兵,善之善者也。"古人所说"仁者无敌""在德不在强""在德不在险"等道理,都强调了德威之重要性。我国著名武术大师万籁声说过:"知不能打而不打,夫是之谓武德。"②由于"正弋为武"又通音为"正义为武",匡扶正义、行侠仗义也就成为"武德"的应有之义。

(2) 关于"德"之本源

"德",即"道德"。对于道家来说,"道"是天地万物的最高本原,"德"是天地万物体现"道"而形成的各自本性。老子曰:"道生之,德畜之……万物莫不尊道而贵德。"(《道德经·第五十一章》)他认为万物由道而生,由德而长,道与德是万物发生和发展的根据。儒家认为,"德"是"道"的原则和具体体现,只有达到了最高的"德",才能体现最高的"道",即"苟不至德,至道不凝焉"③。《尚书·皋陶谟》中谈到,行有九德,即"宽而栗,柔而立,愿而恭,乱而敬,扰而毅,直而温,简而廉,刚而塞,强而义"。一个人是否有德,要从他的行为来看,如果他宽仁而又严肃,柔和而又坚定自立,小心谨慎又严肃庄重,处事干练又严谨有序,虚心纳谏又刚毅果断,行为耿直又态度温和,着眼大局又注重小节,刚正不阿又充实全面,勇敢顽强又善良道义④,也就是具备了九种德行,那他就是一个非常完美的人。朱熹在《论语集注》中对"道"与"德"也有明确的解释,他说:道,则人伦日用之间所当行者是也;德者,得也,得其道于心而不失之谓也。即所谓"道"是人们日常交往中应该怎样做的要求,"德"则要求人们不仅按照社会公认的要求去做,而且要"得之于心"而"守之不失"。⑤ 在这里,"道"指原则,"德"指内心的情感和信念,"道德"即人们按照"道"的原则去做而形成的思想品质或思想境界。中国人讲"道德",一直以来都包含了两层意义:一是道德是行为的准则;二是道德准则应当在实际行为上得到体现,包括外在的善行和内在的善性修养。⑥ 在西方,"道德"一词源于拉丁文 moralis,指个人性格、品性,这个词的复数 mores 指风俗习

---

① 钟海明,马若愚. 中华武道概论[M]. 北京:中国民主法制出版社,2009:33.
② 韩金龙. 万籁声武言录[M]. 北京:北京体育大学出版社,2013:25.
③ 王国轩. 大学·中庸[M]. 北京:中华书局,2006:119.
④ 李民,王健. 尚书译注[M]. 上海:上海古籍出版社,2016:38.
⑤ 朱熹. 四书集注[M]. 王华宝,整理. 南京:凤凰出版社,2016:90.
⑥ 余仕麟. 伦理学要义[M]. 成都:巴蜀书社,2010:5.

惯。在西方,道德是指社会所尊崇的重要品性。在古希腊,勇敢、节制、正义、智慧、忠诚、守信等被认为是重要的道德。可见,不论中外,"道德"不仅用于调整人与人之间的关系,规范人们的行为,而且还指人的道德品质、善恶评价、道德修养和理想境界等。[1] 本书研究的"武德"之"德",概莫能出以上"道德"内涵。

(3) 武德释义

武德起源于古代战争,在炎黄氏族融合时代,就已经出现"武"与"德"的相关描述。

① 古代释义

《史记·五帝本纪》记载:"炎帝欲侵陵诸侯,诸侯咸归轩辕。轩辕乃修德振兵,治五气,艺五种,抚万民,度四方,教熊罴貔貅貙虎,以与炎帝战于阪泉之野。三战,然后得其志。"[2] 由于炎帝也好欺凌他人,诸侯们都拥护轩辕。于是轩辕修炼仁德,扩展军备。这里的"武"以"兵"字出现,虽然此处的修德不完全等同于武德,但已将修德与振兵结合起来,充分认识到武与德的辩证关系。这表明黄帝不仅重视用兵,而且重视修德。又据《韩非子·五蠹》,当舜之时,有苗不服,禹将伐之。舜曰:"不可,上德不厚而行武,非道也。"乃修教三年,执干戚舞,有苗乃服。[3] 舜所说的意思即:君主喜使用武力但德行不深厚,这是不合乎道的。就制胜之道而言,大抵有三:一曰力胜,二曰威胜,三曰德胜。按照古人的说法,唯有德胜,才是制胜的最高境界。由此可知,尧舜时代就已非常重视德教和感化,将修德视为用武的前提条件。

至先秦时期,"武德"一词开始作为军旅德性的专用语出现在典籍中。据《左传·宣公十二年》记载,"武有七德"出于楚庄王之口。所谓"武有七德",是指"武德"有七条规范要求或七个方面的表现,即:禁暴、戢兵、保大、定功、安民、和众、丰财。而"武"与"德"二字联用,始见于《国语》中,"有孝德以出在公族,有恭德以升在位,有武德以修为正卿,有温德以成其名誉"[4]。此处"武德"指在养兵用战方面所表现出来的一种德性。又见《尉缭子·兵教上》:"此之谓兵教,所以开封疆,守社稷,除患害,成武德也。"[5] 这里的"武德"是相对于军队开疆拓土、稳定江山的政治功能而言。司马迁在《史记·秦始皇本纪》中赞美秦始皇统一六国的战争是"皇帝哀众,遂发讨师,奋扬武德。义诛信行,威烨旁达,莫不宾服。烹灭强

---

[1] 余仕麟. 伦理学要义[M]. 成都:巴蜀书社,2010:6.
[2] 司马迁. 史记·五帝本纪[M]. 韩兆琦,主译. 北京:中华书局,2008:2.
[3] 王先慎. 韩非子[M]. 姜俊俊,校点. 上海:上海古籍出版社,2015:539.
[4] 左丘明. 国语[M]. 长春:时代文艺出版社,2009:319.
[5] 华陆综. 尉缭子注译[M]. 北京:中华书局,1979:70.

暴,振救黔首,周定四极"①。此处的"武德"也指军人的职责和使命。

而真正针对习武者行为规范的"武德"要求,较早见于司马迁的《史记》。《史记·太史公自序》中写道:"非信廉仁勇不能传兵论剑,与道同符,内可以治身,外可以应变,君子比德焉。"②没有信廉仁勇品质的人,是不能传授兵法谈论剑术的,只有具备高尚品质的人才能把"兵书剑论"运用得符合客观规律,百战百胜。这段文字第一次正式提出了对习武者信、仁、廉、勇的"德"的要求,并将"德"置于"道"的高度。

② 现代释义

根据《现代汉语大词典》对"武德"一词的解释,武德即武道,指运用武力时所应遵守的准则。近代梁启超在《中国之武士道·自叙》中说"我神祖黄帝,降自昆仑,四征八讨,削平异族,以武德贻我子孙"③,肯定了中华民族崇武尚德的历史传统,同时表明武德主要指振奋国民精神的尚武精神。

现代常见的"武德"主要有两种。一种指"军事武德",属于军事伦理学范畴。从军事伦理视角来看,武德即用武、从武之德性,军旅生活中一切道德现象及其与军旅生活相关的道德意识、道德活动、价值观念和道德品质的总和。④ 这种武德主要由两大部分构成:一是武德实践,二是武德思想。武德思想指在古代军事斗争中产生的一种特殊的道德文化形态,亦称军事伦理思想,它是古代军旅道德生活和道德品质的理论表现。著名军事理论家克劳塞维茨曾明确指出武德的作用,认为武德是战争中很重要的精神力量,其作用不下于统帅才能和军队凝聚力。中国的军队也非常注重武德的作用,强调"德行者,兵之厚积也",努力培养和塑造"仁义之师""有德之师"。⑤ 武德也是中国人民军队培养阳刚之气和民族精神的重要基石。下面的《武德歌》就表现了现代军人从武之德的基本要求。

《武德歌》

习武先修德,古训传真谛。
勤勉磨意力,恒忍观道义。
礼仪宽众心,德艺齐进取。
沉着察百变,技精化神艺。
诚信立人本,言行知表里。

---

① 司马迁. 史记·五帝本纪[M]. 韩兆琦,主译. 北京:中华书局,2008:156.
② 司马迁. 史记·五帝本纪[M]. 韩兆琦,主译. 北京:中华书局,2008:258.
③ 梁启超. 中国之武士道[M]//北京:中国档案出版社,2006:22.
④ 王联斌. 中华武德通史导论[J]. 军事历史研究,1998(4):152-165.
⑤ 钟海明,马若愚. 中华武道概论[M]. 北京:中国民主法制出版社,2009:101.

> 节俭贵有度,品行见高低。
> 砺练英雄胆,铸就浩然气。
> 自强精武志,壮我民族魂。①

另一种武德指"武术武德"。蔡宝忠将武德界定为"在中国伦理道德思想长期影响下所形成的传武、习武、用武的言行准则"②。也就是说,武德包涵了指导人们行为善恶的规范和准则,是人们在长期的习武过程中所形成的人与人之间、人与社会之间、人与自然之间的应当与不应当的现实要求,也是一定社会和民族以戒律、格言、谚语、故事等形式概括表达的善恶标准和行为规则。这些武德行为和规则协调着习武者之间的人际关系,培养了习武者的道德修养,提升着习武群体的道德境界,最终影响习武群体的各类活动。从这个意义上来说,武德也指习武群体的道德活动、道德意识和道德规范等一切道德现象。凡是在从武期间能够对个体行为和群体活动进行善恶评价的规范,包括道德风尚习俗和道德行为规范,或为培养一定道德品质或为达到一定道德境界而进行道德教育和道德修养等活动都可称为武德活动现象。因此,在武德活动中所形成的各种道德思想、观点、心理和道德理论体系,包括道德情感、意志、信念、理想等都是武德意识现象。周伟良等认为,所谓武德,是指在中国道德伦理文化的长期影响下,被习武群体所自觉认同的有关传武、习武、用武的行为规范。同时,武德凝聚了中华民族人文伦理的优秀内容,是一种反映习武群体道德实践与道德价值的文化传统。③ 基于此,传统武德也指中华民族在漫长的历史岁月中形成的维护民间习武群体社会秩序、规范习武者行为举止、调控习武者之间伦理关系、塑造习武者人格特征和精神品质的特殊的道德伦理体系。

2.2.2 传统武德的内涵

(1) 何为传统?

既然研究的是"传统武德",那么"传统"的内涵也必须厘清。叶朗先生曾说,传统是一个发展的范畴,它具有由过去出发,穿过现在并指向未来的变动性。④ 胡适先生也说过:"不要把中国传统当作一个一成不变的东西看,要把这个传统当作一长串重大的历史变动进化的最高结果看。"⑤ 从哲学意义上来讲,

---

① 王华锋.中国短兵教程[M].北京:北京体育大学出版社,2007:25.
② 蔡宝忠.武术与文化:中国武术文化基因的构成[M].太原:山西科学技术出版社,2015:37.
③ 周伟良,杨建营.论武德的历史发展与当代价值[J].中华武术(研究),2014,3(2):6-19.
④ 温力.武术与武术文化[M].北京:人民体育出版社,2009:36-37.
⑤ 胡适.胡适演讲集:容忍与自由[M].沈阳:万卷出版公司,2014:211.

"传统"是一个发展的范畴,"传统"的活力和内涵将永远存在于它的动态变迁之中。《辞海》对"传统"的解释是"历史沿传下来的思想、文化、道德、风俗、艺术、制度以及行为方式等"。这里,"传统"是指"历史沿传下来"的东西,当然包括"现在"。[①]"传统"又常被理解为"过去",是"现代"的过去。本书所研究的传统武德,主要基于对历史的梳理,重点在"昨天"和"过去",具体而言,主要是指1840年鸦片战争以前的武德,本书研究以清代结束时刻为古今分界。但需注意的是,由于学者们对中国文化、中国传统文化的论述都涉及中国文化的今天和未来,论述的历史跨度要宽泛得多,因此,冠以"传统"并不意味着不能关涉现在和未来。

(2) 何为传统武德?

只有把中国传统文化和现代社会联系起来,把现代根植于传统中,并推动历史向前发展,才能更好地继承传统文化,并弘扬本民族的特色。2014年2月,习近平在中共中央政治局第十三次集体学习时强调,培育和弘扬社会主义核心价值观必须立足中华优秀传统文化。牢固的核心价值观,都有其固有的根本。抛弃传统、丢掉根本,就等于割断了自己的精神命脉。因此,从文化传承性来看,传统武德是指中国从古至今的整个武德思想和文化,而不仅仅指某一历史阶段的武德。虽然不同时期、不同群落的武德精神具有差异性,但武德精神也具有相对稳定性,即主体精神都是相似的。而对于主体精神,我们要能够"循其旧法,择其善者而明用之"。"明用"就是发扬光大,做到创造性转化。历史上再好的东西,都需要古今结合来评价与运用。有些标志性的东西也许我们现在不需要,就可以淡化它;但如果现在需要它,就要强化它。在现代和传统之间如何把握分寸是面对传统文化时需思考的问题。[②]

如果说1840年以前的传统武德主要包括军事武德和民间武术武德,那么1840年以后的传统武德则更多地指向民间武术武德。武德是历史的产物,随着历史的发展,它的内涵和外延也会不断发生变化。新时期,民间武术武德思想开始出现在大中小学的学校体育教育中。随着我国政治经济与文化格局的变化,武德无论在形式上还是内容上,都既有对历史的沿承,也有新的时代变化。20世纪50年代至70年代末是"武德"缺失期,几乎找不到与武德有关的资料。1977年武汉体育学院编写的《武术讲义》中虽提到"武德"一词,但将其称为"封建武德",视同"孔孟之道""江湖义气"等被归入须坚决打击和摈弃之列。改革开

---

① 温力. 武术与武术文化[M]. 北京:人民体育出版社,2009:18-19.
② 楼宇烈. 中国文化的根本精神[M]. 北京:中华书局,2016:165.

放后,武术发展开创了新局面,武德开始出现在官方文件中,提倡各类武术比赛和表演都要认真抓好社会主义精神文明的建设,进行武德教育,树立良好的武风。① 1987年在北京召开的"全国武术学术专题研讨会"上,中国武术研究院将"武德"定义为"崇武尚德,修身养性"②。这里的"武德"主要指武术领域的道德伦理传统。自1961年开始,历年出版的武术教材都把武术视为一种体育运动,其上位概念确切来讲应该称"民族传统体育"③。而近现代武术的体育性质,决定了近现代关于武德的描述和运用将不再局限于武术,武术与体育及其他艺术项目的融合与发展,使传统武德的内涵和外延发生了新的变化。据此,如果传统武术概念下的道德被称为"小武德",那么民族传统体育概念下的道德将被称为"大武德"。本书遵循由"小武德"发展到"大武德"的研究过程。现代的"大武德"应该是在开放、包容、合作、共享的理念下,在批判中继承和发展传统武德精华的基础上形成的,应把武德的内容与时代要求结合起来。当前弘扬中华优秀传统文化,培养民族精神,增强民族凝聚力,实现中华民族伟大复兴,既是现实的需要,也是时代的要求,应积极构建新时代的"大武德"观。

传统武德既可以指传统的武德,又可以指武德的传统。传统的武德主要指历代留存下来的武德伦理思想、制度和规范,而武德的传统主要指从古延续至今、无所在又无所不在的武德伦理传统,它可以是实践领域的,也可以是精神领域的,是一种传统文化的传承。现代意义上的传统武德实质上就是传统武德的现代传承。基于此,本书前半部分主要落脚于传统的武德,也就是历史上的武德,后半部分则侧重于武德的传统,也就是揭示最具本质的、最有意义的、面向世界并指向未来的武德思想传统和文化传统。

2.3 传统武德的思想实质

从思想层面来看,由于思想观念涵盖的范围很广,世界观、人生观、价值观、政治观、道德观等都可以被囊括其中,无论思想道德教育,还是思想政治教育,本质上都属于思想教育。④ 因此,武德的思想实质涵盖了所有与"武"有关的可以提高和规范人的道德自觉、行为规范和精神价值的思想政治品德方面的内容。

从道德层面来看,武德作为人类社会特有的道德现象,其本质属性就是武德

---

① 周伟良,杨建营.论武德的历史发展与当代价值[J].中华武术(研究),2014,3(2):6-19.
② 郝心莲.中华武术实用百科[M].北京:北京体育学院出版社,1990:10.
③ 温力.武术与武术文化[M].北京:人民体育出版社,2009:3.
④ 黄钊.中国古代德育思想史论:上[M].北京:中国社会科学出版社,2011:1.

区别于其他事物的根本性质,是武德基本要素的内在联系和武德内部所包含的一系列必然性规律的总和。研究传统武德的规律与思想属性,就是要通过武德现象来掌握其内部结构,即掌握武德的本质。道德的本质,体现为由一定的社会物质关系所决定的人类实践精神,它通过善恶、准则、义务、良心等非强制性形式来反映和调节各种社会关系,具有伦理价值。[①] 人的思想由现象到本质,由所谓初级的本质到二级的本质,这样不断地加深下去,以至于无穷。因此,本书对武德思想实质的认识也是一个由浅入深、由特别到一般的过程,即将武德的思想实质归纳为意识、行为、精神三个由低到高的认识过程。

2.3.1 武德是一种非强制性的道德自觉

人的意识是在人类实践活动中形成的,存在决定意识,意识又是道德形成的前提。武德意识的形成是武德形成的重要环节,有了武德意识,习武之人才能形成对武德的科学认知,并逐渐将之深化为道德自觉。这种道德自觉建立在非强制性的基础之上。

"文以泽心,武以观德",道德自觉更多地体现了习武者的心理和意志品质,具有稳定性、恒常性等特征,这种道德自觉作用于习武实践的全过程。道德意识在道德恒心、道德意志、道德信念、道德自制力的共同作用下,最后转化成人的道德自觉,而道德恒心和道德意志是构成道德自觉的两个主要因素。其中,道德恒心主要是对习武者意志品质方面的要求,拳谚云:"三年一小成,十年一大成。"言传身教并长期坚持是获得和提升武术技艺的必要条件,因此武术各门派无不将"恒心"视为习武之人的重要道德品质。

道德恒心由意志品质中的坚韧性和自制力构成。坚韧性是指对行动目的的坚持性,是指为了实现目的而能够以顽强的毅力不屈不挠、坚持不懈地克服各种困难的意志品质;自制力是指能够控制自己的感情并节制自己的行动、善于控制自我的一种意志品质。万籁声在《武术汇宗》中对此有精当论述:"是以武功一道,非有坚韧不拔之志者,难得有大成功。"佟忠义在《武士须知》中也强调:"吾辈研习武事,期在深造,必须持之以恒,刻苦练习,勿躐以求速,勿半途而辍业。"陈鑫在《陈氏太极拳图说》中写道:"人之用功,惟恒最贵。"沈寿在"从学须知歌"中说:"学拳必先知三条:第一有恒、崇武德;第二勤学、明拳理;……倘若三条做不到,那就只能学皮毛。"因此,锻炼"恒心"是形成道德自觉的必经阶段,恒心也是习武之人必备的意志品质,而反过来,通过习武又能磨炼习武者锲而不舍、持之

---

① 余仕麟.伦理学要义[M].成都:巴蜀书社,2010:45.

以恒的恒心。"人贵有志,学贵有恒",恒心便成为"武以观德"的德目之一。

道德意志是人们在履行道德义务过程中所表现出来的克服各种困难和障碍的坚强毅力和坚持到底的精神。道德意志是反映一个人道德品质的重要方面。在练武过程中,意志力可以通过十年如一日的刻苦训练、锲而不舍的坚持、滴水穿石的韧性来展现,也可以通过面对挫折时表现出来的不屈不挠、勇于抗争的精神来体现。

恒定的道德心理和坚强的道德意志是构成道德自觉的两个重要因素,也是传统武德本质规定性的主要内容之一。文以德彰,武以德显。武德作为一种美德和一种社会意识形态,是人们习武崇德的规范和行为准则,并渗透在习武者和从武者的思想和言行中。

2.3.2 武德是一种特殊的道德行为规范

武德是武术的思想精髓,它是指习武之人在社会活动(包括武术活动)中所应遵循的道德规范。① 习武者必须践行的道德规范,除了普遍的、不受时间和空间约束的永恒的社会道德规范外,还有习武群体所独有,同时具有时代性、传统性、区域性、民族性等特征的特殊道德行为规范。武德的具体道德行为规范可以概括为勤、苦、谦、忍、勇五个方面。

"勤"是习武之人长期实践行为的基本要求之一。俗话说"惟勤有功",练武之人,必须通过勤奋学习才能提高武艺。韩愈在《进学解》中说:"业精于勤,荒于嬉;行成于思,毁于随。"学业精进的前提条件是"勤",如果懒惰贪玩,则将学业荒废、一事无成,习武也是如此。据《晋书·祖逖传》记载,"(祖逖)与司空刘琨俱为司州主簿,情好绸缪,共被同寝。中夜闻荒鸡鸣,蹴琨觉,曰:'此非恶声也。'因起舞。"祖逖和刘琨年轻时都有大志,互相勉励振作,因此听到鸡鸣就起床舞剑,后以"闻鸡起舞"比喻有志之士奋起行动。《少林拳术秘诀》云:"既得方术,要以恒心赴之,勤敏持之,不可中道停辍。"练武对"勤"的要求也体现在一些谚语中,如"盖劲以积日而有益,功以久练而后成""冬练三九,夏练三伏""拳打千,身法自然""曲不离口,拳不离手",这些都要求习武之人以勤为径,所谓"日久见人心,勤练得真功"。

"苦"是对习武之人练就高超武艺的意志要求,需要其具有长期坚持的恒心和毅力,"欲求真功湛艺,非下苦功不成","欲得其中真妙法,苦磨苦练得天机"。除了要勤奋,习武之人还要经历"皮肉筋骨锤炼之辛苦、精神错振励(砺)练之痛

---

① 王少宁.武德教育与大学生思想政治教育的融合性研究[J].中华武术(研究),2016,5(12):41-45.

苦、情志专一修行之清苦"①。《三字经》中明确强调，"头悬梁，锥刺股，彼不教，自勤苦"。古人读书尚有如此之心胸，何况练武之人？《白鹤拳总诀》中指出，"授君秘诀岂无因，三年观看勤苦心"。《少林拳术秘诀》中云："虽其人之性情良、志气坚、品格高洁，苟无恒久耐苦之心，专一不纷之概，师必不收受矣。"武谚亦云"学艺无止境，苦练出真功""场上十分钟，场下十年功"等。这些都要求练武之人能吃苦，只有经过苦的磨炼，才能成大志。

"谦"是习武之人最重要的品德之一。谦虚，就是要做到虚怀若谷。儒家主张的"己所不欲，勿施于人""己欲立而立人，己欲达而达人""不妄论他人之短长"等思想，就是教人要注意修养，多积手德和口德。著名武术家孙禄堂认为："所谓武德，应包括两个内容，一为手德，一为口德。口德，就是要谦虚，'不可论他人之短长'。"著名的武术家佟忠义在《武士须知》中也提到，"满招损，谦受益，古训昭然，信不我欺。……勿以貌而取人，当虚怀而潜修。所谓良贾深藏若虚，大勇恂然若怯，盖造诣愈深，其涵养力愈大也"。清代学者纪昀也曾在一个孔武有力的武士死时说："盖天下之患，莫大于有所恃。恃财者终以财败，恃势者终以势败，恃智者终以智败，恃力者终以力败。"②秦武王力勇过人，同龄人无人能及，然恃力傲人，目空一切，最后终因力所累，英年早逝。这些警言警事，历来被武术界引以为戒，练武之人切莫骄傲自满、目空一切，更不能以武伤人、为害一方，做人做事一定要与人为善，"谦"字当头而有所节制。"三人行，必有我师"，"天外有天，人外有人"，只有谦虚谨慎，不骄不躁，才能"取百家之长，补自家之短"，求得更高的造诣。

"忍"是习武之人练就高超武技的一种修身之德。宽容、忍耐、仁爱、谦虚、诚实等都是习武者的修身之道，而要达到"忍"，则需要较高的修身造诣。练武之人要坚持"十年磨一剑"，只有几十年如一日地刻苦习练，才能练就一身非凡武功，这不仅需要坚持不懈的顽强毅力，更需要持之以恒的忍耐之心。从传统文化的根源上看，武德中的"忍"之品德受孔子中庸思想影响很大。朱熹在《论语集注》中说道："中者，不偏不倚，无过无不及之名。庸，平常也。"朱熹的话源于《论语》，子曰："师也过，商也不及。"又说："过犹不及。"孔子说他的学生子师（子张）过了头，学生商（子夏）则不够，并强调"过头和不够是一样的"。这种中庸思想对中国传统武德思想影响很大，中国传统武术，如太极拳的以柔克刚、以静制动、后发制人等思想，都源于儒家思想的中庸之道。

---

① 王华锋.中国短兵教程[M].北京:北京体育大学出版社,2007:16.
② 李龙.历史学视野下的中国武术教育[M].北京:北京体育大学出版社,2011:74.

"勇"是习武者不可或缺的一种品质。如《左传·昭公二十年》曰："知死不辟，勇也。"《管子》载，齐桓公选才，强调"有拳勇股肱之力，筋骨秀出于众者"。又如，《史记·太史公自序》曰："非信廉仁勇，不能传兵论剑。"这些思想都将是否具有"勇"作为武艺传习的前提条件。《左传·庄公十年·曹刿论战》中云，"夫战，勇气也。一鼓作气，再而衰，三而竭"。孔子就曾是勇力非凡的武士，《淮南子》载，"孔子之通，智过于苌弘，勇服于孟贲，足蹑效菟，力招城关"。孔子本人也很注重"勇"的品质，认为"知、仁、勇，三者，天下之达德也"，将武勇精神置于战斗首要因素。《墨子·修身》中有"君子战虽有陈，而勇为本焉"。《六韬·练士》中强调对士兵因材施教，将士兵分为冒刃之士、陷阵之士、勇锐之士、勇力之士等，其中"勇"是士兵选拔的核心："军中有大勇、敢死、乐伤者，聚为一卒，名曰冒刃之士；有锐气、壮勇、强暴者，聚为一卒，名曰陷阵之士；有奇表长剑、接武齐列者，聚为一卒，名曰勇锐之士；有披距、伸钩、强梁多力、溃破金鼓、绝灭旌旗者，聚为一卒，名曰勇力之士。"战国时期的《司马法》曰："凡战，智也；斗，勇也。"勇来自练武之人的信念与信仰，需要通过长期的训练和培养，是习武必备的品质。

总而言之，通过勤、苦、谦、忍、勇行为规范和意志品德的磨炼，并把这些行为规范和品德要求内化为一种习武之人的伦理道德共识，再把这种共识变成常识，通过这些日用不知的常识来进一步约束习武之人的行为规范，似乎正好完成了"知行合一"的武德实践过程。而作为一种被广大习武者自觉认同的行为规范，从本质上讲，武德就是从一个独特的文化角度提出的关于如何做人的价值尺度。① 也正是这些用武从武过程中需遵循的特殊的行为规范，才形成了武德之有别于一般道德的根本要求和必备品质。

2.3.3 武德是一种独特的精神文化

武德作为一种特殊的道德，不仅体现了习武之人的伦理道德、价值准则和处事方式，更体现了一种自强不息、奋发有为、报国爱国的民族气节和尚武精神，是中华民族独特的精神文化表现形式。今天，武德也能代表国家形象和中国精神。武德在精神方面的文化本质主要是尚武精神、爱国精神和中国精神。

（1）尚武精神

尚武精神是一种以爱国主义为核心，以崇尚勇武为特征，团结和谐、积极向上、刚健有为的民族精神。② 尚武，外在表现为强健之体魄，内在表现为高尚之

---

① 周伟良,杨建营.论武德的历史发展与当代价值[J].中华武术(研究),2014,3(2):6-19.
② 温力.武术与武术文化[M].北京:人民体育出版社,2009:86.

德行。从道德层面来看,尚武也是为了无武。① 尚武精神不仅表现为儒家推崇的"内圣外王"的德性要求,也表现为圣人"穷则独善其身,达则兼济天下"的胸怀与胆识。

梁启超推崇孔子为中国武士道第一人。他以孔子在外交场合不惧强齐,勇敢坚定地维护并争取鲁国的国家利益为证,认为天下的大勇,没有超过孔子的,指出孔子一贯提倡尚武精神。② 梁启超先生在《中国之武士道·自叙》中曰:"中国民族之武,其最初之天性也。""今者爱国之士,莫不知奖厉尚武精神之为急务。"③所谓武士道,不是指某种身份,如武士、侠客、刺客,也不是指某些性格,如生猛、鲁莽、讲义气、敢拼命,而是指一种精神,一种刚健昂扬、积极果敢、有原则、有坚持、不苟且、不委琐的生活态度。这样的精神和态度是一个国家和民族崛起和振兴所必需的。④《中国之武士道》告诉每一个中国人,中华民族的尚武传统源远流长,中国有自己的武士道传统和尚武精神,其主要表现为一种积极向上、刚健有为、自强不息、豪迈仗义的精神文化。因此,梁启超先生主张要革新国家,要革新国民的精神和思想,号召弘扬中华民族的尚武精神,以具有高尚武德的先民作为子孙后代的模范。

青年时代的毛泽东也深受梁启超的影响。毛泽东很赞同梁启超振兴中华武德的主张,他在1917年刊出的《体育之研究》一文中表达了与《中国之武士道》一样的思想,他在文章开头写道:"国力恭弱,武风不振,民族之体质日趋轻细,此甚可忧之现象也。"⑤并提出"欲文明其精神,先自野蛮其体魄"⑥的主张。

与尚武精神密切相关的"精忠报国"的故事留名青史。外敌入侵、国难当头之时,爱国志士手缚长缨、殚精竭虑、身先士卒,谱写了一首首悲壮激情的爱国史诗。"精忠报国"的典范岳飞和抗倭名将戚继光等民族英雄,在面对民族利益和生死抉择时,能够做到舍生取义、杀身成仁、宁死不屈。他们英勇顽强、气壮山河的英雄气概和斗争精神,展示了强烈的爱国情怀和高贵品质。孔子提出的"志士仁人,无求生以害仁,有杀身以成仁"的献身精神和孟子提出的"富贵不能淫,贫贱不能移,威武不能屈"的大丈夫人格形象,都表达了仁义的最高境界。这些忠君爱国的英雄形象及他们身上流露出来的尚武精神和爱国情怀,对后世产生了

---

① 李龙.历史学视野下的中国武术教育[M].北京:北京体育大学出版社,2011:106.
② 梁启超.中国之武士道[M].北京:中国档案出版社,2006:2.
③ 梁启超.中国之武士道[M].北京:中国档案出版社,2006:22-29.
④ 梁启超.中国之武士道[M].北京:中国档案出版社,2006:3.
⑤ 中共中央文献研究室.毛泽东早期文稿[M].长沙:湖南人民出版社,1990:65.
⑥ 中共中央文献研究室.毛泽东早期文稿[M].长沙:湖南人民出版社,1990:70.

深远的影响。

自强不息的中华民族自古以来就崇武尚德,传统武德的核心就是尚武精神。孙中山先生曾为精武体育会题匾"尚武精神",以示对霍元甲等爱国武士"强种保国""尚武崇义"的肯定和赞扬。《易经》中指出:"天行健,君子以自强不息。"以天体运行无休止的规律,敦促人们自强不息、奋发向上、积极进取。中华武术中一直蕴含着坚忍不拔、不甘屈服、奋发有为、自强拼搏的精神。习武之人要充分发扬尚武崇武、刻苦奋进的精神,通过"冬练三九,夏练三伏"的勤奋练习,努力达到精益求精、尽善尽美的境界。

"见义勇为、惩恶扬善"也是尚武精神之应有德行。《王征南墓志铭》中对习武者提出"不得恃强凌弱,任意妄为""为人正直,见不平之事,遂挺身而出"等规范要求。人称"千斤神力王"的一代武宗王子平,为了中华民族的威严而置个人安危于不顾,毅然登台击倒自称"世界唯一大力士"的沙俄拳师康泰尔。武林志士佟忠义,一身正气、疾恶如仇,毅然弃官为民。① 历史上这些武者以惩恶扬善、崇武尚德的优良品质为世人传颂。

(2) 爱国精神

爱国精神是爱国主义、集体主义和民族主义在一个人心中长久存在的精神信念和价值准则。爱国主义是中华民族精神的核心,是中国人引以为豪的一种精神力量。爱国主义以民族主义为意蕴,表现为所有国民在国家伦理评价中所展现出来的有意识的共享情感,这种情感不仅表现为人民对国家自然、历史和文化的认同和保护,而且也表现为对国家公共利益、共同财富的捍卫和共同事业的守护。② 爱国主义流传千古,传承不辍,深深融汇于中华儿女的血脉里,已成为每个有正义感的中国人根深蒂固的国家情怀。梁启超在《中国之武士道》中极力宣扬尚武和爱国主义精神,并指出我们每一个人都应具备这种精神。从古至今,爱国精神历来是鼓舞和动员全国各族人民团结奋斗、同仇敌忾的一面旗帜,是中华民族同心同德、抵御外侮的精神支柱。

在中华民族几千年的历史长河中,爱国主义随着历史的前行而发展。从爱国主义的发展脉络来看,上古至周代的热爱部族、尊王攘夷,秦至鸦片战争以来的忠君爱国、救亡图存,直至新中国成立以来的振兴中华,爱国主义经历了萌芽、发展和成熟时期。③ 爱国主义在不同历史阶段有着不同的内涵和表现形式,但一些价值取向、行为倾向、文化心理和精神价值却是一脉相承的,可以概括为眷

---

① 邱丕相,等.武术文化传承与教育研究[M].北京:高等教育出版社,2011:108-109.
② 许洁,刘魁.全球化时代爱国主义的理性反思[J].南京政治学院学报,2013,29(1):64-68.
③ 龚耘,杨玉荣,等.中华民族优良传统及其现代价值[M].武汉:湖北人民出版社,2011:3-8.

恋故土、忧国忧民、精忠报国、救国兴邦、热爱文化等。①

从先秦至今,有关为国为民的"忠""公""正气""气节"等至理名言不绝于耳。"天地有正气,杂然赋流形。下则为河岳,上则为日星。……时穷节乃见,一一垂丹青。"《正气歌》充分展现了诗人文天祥坚贞的民族气节、舍生取义的英雄行为和崇高的爱国主义情怀。谭嗣同的"我自横刀向天笑,去留肝胆两昆仑"同样抒发了为正义和信念不惜抛头颅、洒热血的民族大义和豪迈情怀。② 宋代范仲淹的"先天下之忧而忧,后天下之乐而乐",明末顾炎武的"国家兴亡,匹夫有责"以及毛泽东的"江山如此多娇,引无数英雄竞折腰"等千古诵唱的经典名言警句,无不表现出胸怀天下、自强自立、不畏强暴、大无畏的民族信念和爱国情怀。③ 这些"浩然正气"和民族节操激励着历代仁人志士不顾一切抵御外侮,为了民族和国家的利益挺身而出,舍生忘死。正是在以民族气节、浩然正气为核心的爱国主义精神的指引下,我们的国家和民族才能永葆生机和活力,并昂扬屹立于世界民族之林。

武侠小说中也不乏爱国爱家、精忠报国的武侠和英雄。如《射雕英雄传》中的郭靖,他武功卓绝、正直侠义、忧国忧民,是金庸笔下完美的传统儒家人物形象。他感恩于成吉思汗的养育之恩,为蒙古立下了赫赫战功。但身为汉人的他在得知成吉思汗的灭宋计划后,最终理性战胜了个人感情,毅然站在南宋的立场,以民族大义为重,展示了大侠为国为民的节操气度和舍生取义、精忠报国的爱国主义情怀。同样,《天龙八部》中的萧峰也是一个以国家、民族为重,高风亮节的大侠形象。他武功高强、意气豪迈、自由洒脱,虽是辽国人,但却被中原人士收养,从小接受中原文化。当面对无法逃避的民族矛盾冲突时,儒家的忠孝节义在他身上得到了充分体现。最后他苦于忠孝不能两全,在两军阵前选择了自杀,可谓杀身以成仁、精忠报国的典范。

在历史上,武林先辈们留下了一幕幕可歌可泣、闪烁着民族气节光辉的爱国壮举,其不朽事迹和精神价值永垂青史。而民族气节就是一个民族在文化传统、精神气质、价值观念和伦理道德方面最重要的精神特质,也是形成民族凝聚力的重要来源。素有"天下功夫出少林"美誉的少林寺,就曾留下了少林武僧保家卫国、不畏强暴、不怕牺牲的英雄壮举。他们甚至为了国家的命运奔赴抗倭前线,舍生忘死、前仆后继、血染疆场、报效祖国。他们的壮举充分体现了为国为民的

---

① 龚耘,杨玉荣,等. 中华民族优良传统及其现代价值[M]. 武汉:湖北人民出版社,2011:10-16.
② 钟海明,马若愚. 中华武道概论[M]. 北京:中国民主法制出版社,2009:12.
③ 邱丕相,等. 武术文化传承与教育研究[M]. 北京:高等教育出版社,2011:92.

高尚民族气节和爱国精神。

以爱国主义、集体主义和民族主义为核心的爱国精神是中华民族宝贵的精神财富,也是每一位公民最基本的道德要求。2001年9月,中共中央印发的《公民道德建设实施纲要》提出,"要引导人们发扬爱国主义精神,提高民族自尊心、自信心和自豪感,以热爱祖国、报效人民为最大光荣"。爱国精神是实现中华民族伟大复兴的精神支柱,也是推动社会主义现代化建设的巨大精神动力。

(3)中国精神

中国传统武德中饱含着一种体现人格力量和中国形象的精神元素,这种元素为中国所特有并随着历史的发展而日益走上世界舞台,能够展示中国形象和实力,体现中华民族特色和中国文化特征,在新时代我们称之为中国精神。中国精神的元素可以通过英雄人物的人格魅力和传统武术中蕴含的文化魅力展现出来。

① 英雄人物的人格魅力中体现出来的中国精神。近代历史上,霍元甲、王子平、蔡龙云等人打败域外技击家的事迹传遍中华大地,人们纷纷颂扬这些英雄人物的人格魅力和爱国主义精神。被称为"中国功夫之王"的李小龙同样是一位具有家国情怀的英雄人物。李小龙曾在一系列影片中扮演不畏强权的"凛然正气"形象,这种形象曾在国际上风靡一时。李小龙说过:"我为了替中国武术争一口气,决定把中国功夫搬上银幕,替中国武术争取光荣。"[①]李小龙想通过功夫片的形式展示中国武术的博大精深的强烈信念,表现出他高尚的民族正气、民族大义和民族气节,这归根结底也是一种强烈的爱国精神。这些英雄人物身上所具备的"至善至德"的品质和人格魅力对后人仍有学习的价值,可以成为新时期爱国主义道德教育的重要资源。这种爱国主义情怀,不仅是古代所宣扬的品质和境界,而且能与时俱进,成为当代高尚的精神和情怀。因此,这些英雄人物身上体现出来的爱国情怀和人格魅力,可以被称为中国精神。当前,中国正处于实现中华民族伟大复兴的关键时期,但在经济全球化和信息全球化的背景下,各国间的文化交流越来越频繁,民众特别是青少年的国家意识变得淡漠,运用英雄人物的人格魅力来宣传中国精神显得尤为重要。

② 传统武术的文化内涵中展现出来的中国精神。作为传统文化的瑰宝,传统武术具有浓厚的中国文化内涵,传统武术的重"道"、重"德",重"礼节"、重"和谐"、重"至善",重"整体思维"、重"辩证思维"、重"防卫"、重"意境"等,都是中国文化所特有的。中国传统武德思想植根于中华文化的沃土,在中华文明的特殊

---

① 邱丕相,等.武术文化传承与教育研究[M].北京:高等教育出版社,2011:114.

环境中形成,体现了中国人特殊的思维方式和伦理道德,特别是传统武术中重"和谐"、重"整体"等思想,更是体现了中华民族与生俱来的精神特质。

在中国传统武术中,"术"和"道"是并存的。太极拳作为中国传统武术的典型,也是中国传统文化的突出代表,是中国传统哲学思想与传统技击术的完美结合。太极拳中承载的"包容、中庸、和谐、变易"等处世哲学和生存哲学无不闪耀着传统文化的智慧和光芒,其思想价值远远超越了一般意义上的技击之术和健体之法,早已成为中华文化的特色符号和中国精神的写照。而且,中国传统武德在理论上的"止戈为武"、在实际运用中的"点到为止"、在具体拳法运用中的"舍己从人""随曲就伸"等与中国传统文化追求"和合"的思想一脉相承,武德文化中的和谐、包容、仁爱等思想逐渐成为中国文化的精神标识和象征。可以说,在中国特色社会主义新时代的今天,中国传统武术文化中蕴含的武德精神,可以上升为一种中国气节、中国脊梁和中国精神。

一个民族和一个国家正是有了自己的精神标识和文化特质才能崛起与复兴。中国传统武德因其独特的精神标识和思想价值,将有助于中国精神的塑造,从而让新时代中国特色社会主义思想的旗帜在世界高高飘扬。

3 中国传统武德思想的演进历程

武德作为一种社会现象，总是与一定的社会条件紧密联系在一起。它不仅受一定经济关系的制约，而且受一定阶级、政治、法律的制约，并与历史、文化、民族、教育和社会生活条件等因素密切相关。与其他社会文化现象一样，武德的形成与发展也经历了漫长的岁月，并在不同的历史阶段呈现出不同的内容与基本特征。① 通过对社会政治、经济、法律以及道德关系的观察和分析，人们可以了解、认识和把握当时社会存在的武德思想状态和本质特征。

概括来讲，中国古代武德思想并没有形成系统的理论，而是蕴含在伦理思想之中。中国伦理思想的发展在古代大致经历了先秦时期（夏商西周至春秋战国）、封建社会前期（秦汉至隋唐五代）、封建社会后期（宋元明清）三个时期。本书试图对武德思想进行阶段性分析并总结各个时期的特征，以深入把握古代武德思想的发展规律。

3.1 先秦时期武德思想

从公元前 21 世纪至公元前 221 年秦始皇统一六国这段时期被称为先秦时期。在这 1 800 多年里，中国历经夏、商、西周三代和春秋战国几个历史时期。先秦是我国历史上一个非常重要的时期，经历了很多大变革，也是中国奴隶制度伦理思想产生和发展的时期。尤其是到春秋战国时期，随着中国社会由奴隶制社会向封建制社会过渡，围绕道德准则、道德修养、义利关系等问题的探讨形成诸子争鸣、思想文化学派林立的思想大繁荣局面，这些思想中就包括很多武德方面的内容。

3.1.1 西周时期的"尚礼"思想

西周时期是武士的时代，自建立"周礼"制度后，贵族子弟均要接受文武结合的"六艺"教育，而射御之学是武士必需的礼仪和武艺教育。西周建立的"以礼为中心、以射御为主要内容"的文武兼备的"六艺"教育体系，得到孔子的大力倡导和推行。武艺活动由生存需要逐步向消遣娱乐演变，"射礼""武舞"等活动的盛行，表明这一时期的武艺活动主要是为了维护贵族的专政统治，其武德思想包含着维护统治阶级奴隶制贵族利益的"尚礼"思想。

（1）西周之前的武德思想

夏、商、西周是中国奴隶制社会形成的开端。在这段历史时期，社会的经济、

---

① 周伟良,杨建营.论武德的历史发展与当代价值[J].中华武术(研究),2014,3(2):6-19.

思想和文化发生了很大的变化,逐渐由野蛮走向文明。随着奴隶制进一步发展,出于巩固统治阶级地位和权力的需要,当时的武德思想主要体现了崇尚拳勇、为军事和政治服务的原则。因此,围绕提高军事武艺的思想内容成为当时武德的主要内容。"拳勇"代表武艺和勇力,徒手搏斗、提高作战能力是当时军事训练的主要内容,无拳无勇即说明士兵无能。因此,为加强军事武艺,夏朝出现了"序""校"等为统治阶级服务的教育机构,专门进行各种武艺的传习和演练,以提高士兵们的勇武精神和作战技能。当时的武技多称"手搏""手格""股肱"等,史书记载夏王桀就是徒手生擒猛兽的技术能手。《史记·律书》上记载,"夏桀、殷纣手搏豺狼,足追四马,勇非微也"①。《诗·郑风·大叔于田》有"袒裼暴虎,献于公所"。《毛传》释:"暴虎,空手以搏之。"可见,"手搏"之"勇力"是当时武德的主要表现形式,当然这种标准也是为了生存和战争。真正具有道德意义的武德思想,则始于西周。

(2) 西周时期的"周礼"制度

西周时期,奴隶主为抵制奴隶的反抗而制定了一套礼仪制度,即"周礼"。"礼"便成为当时统治阶级意识形态的集中体现,也是西周"天命观"的具体表现,《易经》及其中的《八卦》就是反映"天命"观念的专门著作。《左传》中说:"夫礼,天之经也,地之义也,民之行也。"《荀子》也说:"人无礼不生,事无礼不成,国无礼不宁。"因此,"礼"成为当时维护社会道德的核心内容,并在此基础上形成了丰富的等级观念和礼仪活动,"习礼""尚礼"成为当时维护统治阶段秩序的重要制度和要求。

"周礼"是以周公为代表的奴隶主贵族思想家制定的治国政策和法律,主要是为了维护上尊下卑的统治体制和道德秩序,包含一系列反映宗法等级关系的"孝""悌""恭""宽""信""敏""惠"等道德规范和内容。在周礼制度下,以"六艺"为内容的道德教化手段由此出现。同一时期,随着西周冶炼技术的发展和成熟,适应战争需要的各类青铜兵器得以大量制造,促进了军事武艺的繁荣发展。当时也出现了一种供某些奴隶主贵族日常娱乐消遣的田猎活动,其实这种田猎活动就是一种军事训练,其内容之一就是与猛兽斗。郑康成《诗笺》曰:"田猎,搏兽也。"朱熹认为"手执曰搏"。田猎之人由于胆量、勇气和武艺过人,敢于与兽搏斗。同时,军队也把"射"当作田猎攻守的重要武艺,"射之为艺,用于朝觐、宾燕之时,其事为文;用于田猎、攻守之时,其事为武"(《古今图书集成》)。由此可见,经济与文化的发展为西周武德风尚的多样性提供了社会基础。

---

① 司马迁.史记·律书[M].韩兆琦,主译.北京:中华书局,2008:474.

（3）孔子的"六艺"教育思想

"六艺"是在"周礼"制度下，奴隶主和贵族对其子弟进行道德教育的重要训练内容和方法，孔子是该教育思想的集大成者。孔子名丘，字仲尼，生于公元前551年，殁于公元前479年，春秋末期鲁国人，是我国古代的思想家、教育家。孔子是儒家学派的创始人，他特别重视"礼"的道德标准，希望人们都用"礼"来约束自己的言行，成为"内圣外王"的君子。孔子周游列国14年，因主张"恢复周礼"不为用而回到鲁国，致力于讲学著述。孔子著述极丰，册定《诗》《书》，整理《春秋》，作《易传》，正《乐》，成"六艺"。

所谓"六艺"，即"礼、乐、射、御、书、数"。中国古代素有"未学艺，先学礼"的传统，"礼"是"六艺"之首，习武学艺自然要先从习礼修德开始。《史记·孔子世家》中，孔子曰："臣闻有文事者必有武备，有武事者必有文备。"出门在外，文事武事都得具备，这种追求文武双全、有勇有谋的思想，古已有之。"用武则以力胜，用文则以德胜。"（《吕氏春秋·不广》）文武兼备，那还有什么不能取胜呢？因此，历代统治阶级都非常重视文武之道。"六艺"中的"乐""射""御"都跟"武"有关，可以看出当时非常注重武德思想的教育和培养。《礼记·文王世子》中说："凡学世子及学士，必时。春夏学干戈，秋冬学羽籥，皆于东序。"教导世子和学士，一定要按四时教习干戈舞和文舞。学武习礼，成了西周礼教的主要社会道德风尚。

"乐"是周朝开国的一种舞蹈。"乐"中的舞蹈，既是"礼"的教育内容，又是锻炼身体的一种途径，西周的"武舞"兼有武术和舞蹈的内容，不少武舞持弓矢、干戚、斧钺等兵器进行武艺演练。因此，"乐"中的武舞兼具德育和操练的功能。当时的武舞活动在贵族中非常盛行。据记载，当时的武舞大致有以下几种形式：一为"象舞"。《诗经·周颂·维清序》云："《维清》，奏象舞也。"《毛诗正义》注曰："文王时有击刺之法，武王作乐，象而为舞，号其乐曰象舞。"所谓象舞，即模仿"击刺之法"的人体活动形式。据记载，当时年满15岁以上者，都要求学习"象舞"。二为"万舞"。《左传·庄公二十八年》云："楚令尹子元欲蛊文夫人，为馆于其宫侧，而振《万》焉。夫人闻之泣曰：'先君以是舞也，习戎备也。'""万舞"即军事训练。三为"大武舞"。史料指出，西周时期的"大武舞"是周武王为了庆贺灭纣成功而作，全舞分为六段，有一定的情节，以表现武王伐纣的胜利之状。武舞活动的多种表现形式表明"舞"与"武"的结合是贵族统治阶级歌功颂德、鼓舞士气的一种手段，其政治功能显而易见。

"射"指射箭，而"御"指驾车。"射"既是一种军事武艺，又是一种用以培养思想和礼仪的道德手段。当时的射箭非常重视长幼、进退等礼节，而且射得中与不中都和思想、意志、品德密切相关。在孔子看来，射箭不仅是武艺，还是培养礼仪品德的重要内容。《论语·八佾上》说:"君子无所争,必也射乎! 揖让而升,下而饮,其争也君子。"①孔子认为,君子之间是无可争斗的,如果一定要争个高下的话,那就射箭比武吧。他还规定,比武开始前双方先对立行礼表示礼让,比赛结束后,无论输赢结果如何,双方都要互相揖让、下堂饮酒。君子之争,输赢并不重要,重要的是要始终保持人文礼仪和君子风度。整个射箭过程实际上贯穿着一种教化之礼,是君子的行为准则。"御"即驾驶战车,"过君表"是御术的具体技能之一,其要求:驾车经过国君所在地时,得向辕门直入,中而不偏,以示行礼致敬。古代"射""御"这种感性、具体的道德教化方式对于规约人的德行、塑造人的心灵比抽象的道德说教更具说服力和影响力。因此,也有人把"射"看作是"身正"的一种道德象征。

(4) 西周的"射礼"制度

"射箭"与"周礼"的结合,形成了西周特殊的"射礼"制度。"射礼"重视射术与礼乐制度的结合,也是塑造德行的一种方式。《礼记·射义》记载:"是故古者天子以射选诸侯、卿、大夫、士。射者,男子之事也,因而饰之以礼乐也。故事之尽礼乐,而可数为,以立德行者,莫若射,故圣王务焉。"古代的天子通过射箭礼仪来选拔诸侯,通过射箭活动来培养思想道德,认为在树立德行方面没有比射箭更好的礼仪活动了。因此,在周礼制度和尚武思想的影响下,出现了射与礼紧密结合的"射礼"活动,并规定射礼时的要求,"故射者,进退周还必中礼。内志正,外体直,然后持弓矢审固;持弓矢审固,然后可以言中。此可以观德行矣!"②射箭的人,他的进退转身都要符合礼节的规定,因为从一个人外在的举止就能看出其内在的德行。

《周礼·乡大夫》说:"以乡射之礼五物询众庶。一曰和,二曰容……"其中,"和"就是"内志正",意思是意志要端正;"容"就是要有"仪",指一切行动要符合规定的礼节。③ 同时,为了显示礼法和等级,根据不同目的和用途,还将"射礼"分为大射、宾射、燕射和乡射四种,即天子与诸侯在举行盛大祭祀之前为选拔参与祭祀的人选而举行的大射礼,诸侯来朝天子或诸侯互相朝拜时的宾射礼,天子、诸侯燕息娱乐宴会时的燕射礼,乡大夫举行乡饮酒礼时的乡射礼。④ 不同的"射礼"奏不同的乐、设不同的靶,其目的在于区分等级,做到"明君臣之义,明长幼之序",并规定射礼时每个人的进、退、用、还等动作须合乎周礼的规定。总而

---

① 程树德. 论语集释(上)[M]. 程俊英,蒋见元,点校. 北京:中华书局,2013:178.
② 胡平生,张萌. 礼记(下)[M]. 北京:中华书局,2017:1205.
③ 华洪兴. 体育伦理学[M]. 南京:河海大学出版社,1999:13.
④ 马文友. 中国武术的审美文化研究[D]. 上海:上海体育学院,2012:72.

言之,西周的射礼名为射术,实为礼教,整个射礼过程充满等级森严的政治气息,其武德内涵主要体现的是为奴隶主贵族服务的思想。

3.1.2 春秋时期的"尚谋"思想

春秋战国时期是中国古代奴隶制社会向封建制社会过渡的时期。在这一过渡时期,社会动荡不安,思想文化领域出现了诸子蜂起、百家争鸣的繁荣局面。尤其是在春秋战国之交,社会经济、政治、文化处于空前活跃的状态,人性善恶、义利观念、道德起源与本质等争论风起云涌。各个流派的伦理思想家们纷纷走向前台,宣扬自己的道德观点。这一时期也是中国传统伦理思想成型的时期,随着朝代的更迭和中国传统伦理思想的形成,围绕军事武艺和军事道德的思想和内容开始不断涌现。

(1) 百家争鸣的思想盛况

春秋战国之交,生产力和生产关系都发生了巨大变化,这促进了阶级关系的变化,也加速了阶级斗争的进程。在这样一个社会大变革的关键时期,社会的意识形态领域发生了重大变化,出现"礼坏乐崩"的局面。在这种形势下,各种思想观念不断涌现,各派站在本阶级的立场对时局的变化及未来社会的前景纷纷作出符合本阶级利益的理论回答。于是,"诸侯异政"导致"百家异说",形成"百家争鸣"的学术盛况,也由此促成我国古代第一次人文思潮的出现。"百家争鸣"也是我国古代文化发展的高峰。所谓"百家"是个约数,是为了表明当时学派之多,并非真有百家。司马谈《论六家要旨》将当时的学派归为阴阳、儒、墨、名、法、道德六家,班固《汉书》又在此"六家"的基础上增加了纵横家、农家、杂家、小说家,合为"十家"。"十家"中,删去"小说家",则称为"九流"。在这"十家""九流"中,最有影响力者,乃儒、墨、道、法四大家,它们在中国文化史和思想史上都产生过重大影响,其中尤以儒、道两家影响最盛,所谓"道者玄化为本,儒者德教为宗"。[①]

(2) 军事思想的产生

中国奴隶社会的结束和封建社会的开始,发生于动荡不安的春秋战国时期。公元前770年,周平王东迁,从镐京(今西安)迁都洛邑(今洛阳),王室衰落,诸侯争霸,奴隶制受到冲击而崩溃。本规定不得买卖的宗族土地所有制慢慢转为可以买卖的个人私有的家族土地所有制,土地由领主转入地主手中,奴隶成为自由人,租用土地或受雇于地主,农业生产力得到大大提升。历史开始进入东周时

---

① 黄钊.中国古代德育思想史论:上[M].北京:中国社会科学出版社,2011:40.

期,而东周又分春秋(公元前770年—前476年)和战国(公元前475年—前221年)两个时期。东周时期文化空前发达,出现"百家争鸣"的盛况。

这一时期,各国之间互相争夺、兼并,战争频繁。春秋时期,战争空前频繁,据记载,在242年间,各国间的军事行动多达483次。战国时期,战争的激烈程度更是有增无减。西周末年有1800个诸侯国,春秋时剩下140个,到战国时只剩7个大国,即史书上所称的"战国七雄"。① 春秋战国时期战争形势的深刻变化,使中国古代军事理论迅速发展,涌现了一系列重要的军事著作。据班固《汉书·艺文志》分类归纳,兵权谋有13家259篇,兵形势有11家93篇,兵阴阳有16家,兵技巧有13家199篇。② 其中春秋时期的《孙子兵法》、战国早期的《吴子兵法》、战国中期的《孙膑兵法》和战国后期的《尉缭子》等,不仅介绍了带兵、打仗、布阵等军事思想,而且富有深刻的哲学思想。这些军事理论著作的出现,将军事与中国传统哲学思想融为一体,极大地促进了中国独特的传统武术文化体系的形成。

(3)《孙子兵法》中的谋略思想

我国现存最古老的将理论和实践相结合的军事著作《孙子兵法》,是世界上流传时间最长、传播范围最广、历史影响最大的兵学圣典,享有"东方兵学鼻祖""古代第一兵书""兵经"等美誉。③ 其原因在于,该著作不仅仅是军事著作,还是一部哲学著作。作者孙武,世称孙子,字长卿,春秋末期齐国人,是一位不可多得的军事天才,在中国历史上享有崇高的地位,其为世人留下的这部不朽著作是中国古代最早的兵书,也是世界上最早的一部军事理论著作。1910年英国汉学家翟林奈(Lionel Giles)重新将其翻译为英文时,书名副标题即为"世界最古老的军事论著"(The Oldest Military Treatise in the World)。④

《孙子兵法》共六千多字,分十三篇,依次为始计、作战、谋攻、军形、兵势、虚实、军争、九变、行军、地形、九地、火攻、用间。其中军形论、兵势论、虚实论等军事谋略思想,充满了哲学智慧与思想精华,对中国传统武术影响很深,尤以太极拳为最。

孙子的军形论。所谓"军形",意为要"藏形",即不为敌方所知,同时必须了解敌方,否则不能战胜。孙子曰:"不可胜在己,可胜在敌。故善战者,能为不可胜,不能使敌之必可胜。"杜牧解释说:"敌若无形可窥,无虚懈可乘,则我虽操可

---

① 任海.中国古代武术[M].北京:中国国际广播出版社,2011:16.
② 李龙.历史学视野下的中国武术教育[M].北京:北京体育大学出版社,2011:44.
③ 孙武.孙子兵法全集[M].陈才俊,陈义杰,注译.北京:海潮出版社,2007.
④ 徐克谦.先秦诸子精华[M].北京:高等教育出版社,2016:67.

胜之具,亦安能取胜敌乎?"孙子还强调"胜可知",就是要"知己知彼"。中国传统武术讲求"藏形",实与孙子的军形论有关。所谓的"拳打不知"和"绝招",讲的就是要"藏形"。太极拳的阴柔变化、动静结合、上下起伏、大小相随、快慢交替,既形象生动,又变化莫测,就是藏有形于无形,最终克敌制胜。

孙子的兵势论。孙子说:"声不过五,五声之变,不可胜听也;色不过五,五色之变,不可胜观也;味不过五,五味之变,不可胜尝也。"孙子用五声、五色、五味之变,比喻奇正相生,无穷无尽,言兵势变化无穷。他强调"战势不过奇正,奇正不变不可胜穷也",这与《易经》中"变动不居,周流六虚"的道理是相同的。这里的"奇正",就是《易经》之"乾坤",泛指对立的两种不同状态。孙子说:"勇怯,势也。"李筌注:"夫兵得其势,则怯者勇;失其势,则勇者怯。兵法无定,惟因势而成也。"中国传统武术讲求"得机得势",即是此理。

孙子的虚实论。虚实有双重意义:一是诡诈,二是敌我双方之轻重、短长。《庄子·说剑》曰"示之以虚,开之以利",第一句是"诡诈",第二句是"轻重","兵之形,避实而击虚"。又说"兵无常势,水无常形;因能敌变化而取胜者,谓之神","形人而我无形","形兵之极,至于无形;无形,则深间不能窥,知者不能谋"。传统武术,从有形入手,上乘则无形,暗合"形兵之极,至于无形"。孙子曰:"微乎微乎,至于无形;神乎神乎,至于无声,故能为敌之司命。"《庄子·说剑》中的"示之以虚",实源于兵法。孙子强调"守其所不攻"。何为"不攻"?"示之以虚"也,使敌不知所措。越女剑法"布形候气",静也;"与神俱往",动也;"杳之若日",无形也,难窥也;"直复不闻",动于无声也,不得而知也。凡此,都源于兵法。[①] 其实,虚实论还来源于《易经》中的刚柔思想。《易经》曰"柔之为道,不利远者",又说"柔不及远"。刚强者,恃力,以力降人,使用沉重兵器,专以兵器碰撞对手的兵器。柔弱者,不招不架,顺人之势,借人以力,攻击目标是敌人的身躯,而不是敌人手持的兵器;以手中之利器,击敌人之身躯,由敌强我弱变为我强敌弱。在虚实、刚柔转换之间寻找胜机,此乃得胜之大法。

(4)《孙子兵法》与武德

《孙子兵法》是一部兵书,更是一部论述军事谋略的书。但研究军事思想和爱好和平并不矛盾,反而能够相辅相成、互为条件。为争取和平,必要的军事谋略是不可缺少的。从这个意义上讲,《孙子兵法》也是一部讲求武德的思想著作。要"止戈"平息战争、实现和平,必须要先有军事能力,否则非但不能实现和平,反而会任人宰割。孔子说过,"有文事者必有武备","足食足兵"方是治国为政的基

[①] 于志钧.中国传统武术史[M].北京:中国人民大学出版社,2006:62.

石。老子曾说过,兵者是不祥之器,但他又说过"圣人不得已而为之",即在不得已的情况下,即使圣人也不排除使用武力。即使打了胜仗,也应该哀矜勿喜,此乃用武之德,孙武对战争也持同样的看法。《孙子兵法·谋攻》中说:"百战百胜,非善之善者也;不战而屈人之兵,善之善者也。"[1]可见,孙子并非一味好战,开战是不得已而为之,不战而胜才是最高境界。实际上,孙子是主张"慎战"的。在《孙子·火攻》中,他特别提醒那些统治者和军事将领:"主不可以怒而兴师,将不可以愠而致战。"[2]即国君不能因一时的愤怒就发动战争,将帅不能因一时的愤懑就出兵作战,一切要符合国家和人民的利益。可见,孙子非常注重用兵之德。《孙子·始计》中说:"兵者,国之大事,死生之地,存亡之道,不可不察也。"战争是国家的大事,关系到军民的生死、国家的存亡,必须要慎之又慎,既然战争必不可少,就要认真对待和用心谋划。"兵者,诡道也。故能而示之不能,用而示之不用,近而示之远,远而示之近。利而诱之,乱而取之,实而备之,强而避之,怒而挠之,卑而骄之,佚而劳之,亲而离之。攻其无备,出其不意。此兵家之胜,不可先传也。"[3]这些战略思想也可称为"将道"或用兵之德。

《孙子兵法》对战争、用兵及战略战术等问题的看法,充满了理性精神、哲学智慧和军事谋略,形成了非常精辟的战术思想。孙子还能从全局的角度来看待战争问题,把战争与政治、经济、外交问题联系起来。他在政治上提出:"道者,令民与上同意也,可以与之死,可以与之生,而不畏危。"(《孙子兵法·始计》)。也就是说,有"道"者能使民众同心同德,生死与共。他还认为带兵打仗必须要有经济眼光,"善用兵者,役不再籍,粮不三载,取用于国,因粮于敌,故军食可足也"(《孙子兵法·作战》)。孙子还提出,"上兵伐谋,其次伐交,其次伐兵"(《孙子兵法·谋攻》),"不争天下之交,不养天下之权"。孙子非常强调"庙算",即战前的运筹帷幄。他说:"夫未战而庙算胜者,得算多也,未战而庙算不胜者,得算少也。多算胜,少算不胜,而况于无算乎!"(《孙子兵法·始计》)在交战之前一定要精心谋划,不打无准备之仗。庙算,其实就是说要运用智谋,以巧取胜。类似的战术思想还有兵不厌诈、兵贵神速、出奇制胜、避实击虚等,这些思想对中国传统武德思想的形成和发展有着非常重要的影响。

总而言之,春秋战国时期诸侯割据、互争雄长的战事和谋略之争为军事武艺的发展提供了条件,更为传统武德思想的发展与繁荣提供了文化土壤。建立在中华文化基础上的中国传统军事思想,不仅注重谋略,而且体现出中国传统哲学

---

[1] 孙武.孙子兵法全集[M].陈才俊,陈义杰,注译.北京:海潮出版社,2007:64.
[2] 徐克谦.先秦诸子精华[M].北京:高等教育出版社,2016:68.
[3] 孙武.孙子兵法全集[M].陈才俊,陈义杰,注译.北京:海潮出版社,2007:2.

思想和道德观,它不是野蛮人之间的打斗,而是一种智慧,更代表独一无二的中华文明。这也是中国传统武德重技而不重力、智取而不力取、服人而不压人的重要思想来源。

3.1.3 战国时期的"尚侠"思想

"侠"在中国历史上有着深厚的文化底蕴,它既体现"以武犯禁"中"武"的基本特征,又显映出"救人于厄,振人不赡"和"不矜其能,羞伐其德"的"义"的道德风范,是中国古代文化中的一种理想人格模式。"侠"的出现,代表着社会开始流行"尚侠"之风。从春秋战国时期开始,"侠风"流韵不绝。

(1)"侠"之产生

"侠"产生于春秋战国社会大变革时期,是始于春秋而盛于战国的一种社会特有的意识形态。《说文解字》中解释说:"侠,俜也。"旧时,"侠"指见义勇为、打抱不平之人。现代人理解的"侠"是以武术为载体,通过行侠仗义而得到社会的关注、认同和赞许的一种行为和气概。[①] 也有人认为,"侠"即"侠客"。

西周时,统治稳固。但自公元前770年周平王迁都洛邑(今洛阳)之后,君臣上下等级名分遭到破坏,王室衰弱、政归诸侯,出现了大国争霸、小国图存的局面。在一片混乱中,奴隶获得自由并成为独立的手工业者和商人,自由的平民阶级逐渐形成。而自由民的出现,为民间武术活动的发展提供了广阔的社会空间。战国时期,诸侯争霸更加激烈,当时的社会礼坏乐崩、纲常失纪。连年的战争和社会动乱使社会上不平之事频发,这迫使人们纷纷寻求法律之外的公平,"侠"便应运而生。

历史上,好几个朝代都发布了禁武令,因为在统治者的眼中,"侠"是秩序的破坏者,会对统治秩序构成威胁。在江湖上被称为"下九流"的人通常由侠客、盗匪、乞丐、和尚、尼姑、道士等构成。这些人为了谋生和自保,都需要防身自卫、捕盗擒贼之术。这也是民间个体技击术即民间武术应运而生的根本原因。虽然职业不同、身份各异,但其中相当一部分人习练武术,有的甚至是武林高手。而且,自古"侠""盗"之间并没有明确的界限,侠可为盗,盗亦可行侠。他们虽然目无官府法纪,但是很讲义气,常为寻求法律之外的公正而行侠仗义。因此,这些人被认为是社会稳定的破坏者,为统治者所不容。武术之不为官府所容,决定了武术的民间性质和生存空间。可以说,正是这些豪侠义士、江湖隐士、僧侣道士对武术的坚持,才使民间武术得以不断传承并发展。日复一日、年复一年、代代相传,

---

① 蔡宝忠.武术与文化:中国武术文化基因的构成[M].太原:山西科学技术出版社,2015:11.

传统武德思想也在民间武术的发展中不断演进和丰富。

(2)"侠"之精神

"侠"以社会底层人士居多,俗称"侠客",也有一些在社会上层活动、精通武术的政治"刺客",甚至还有一些功名显赫的武将、保镖、大内高手等。如战国时期被称为"墨侠"的墨子,救世扶危、自甘苦而博爱济世,他以"必务求兴天下之利,除天下之害"的见识和"摩顶放踵利天下,为之"和"自苦而为天下"的精神而被后世侠者尊为楷模。[1] 又如扶弱济贫的"乡曲之侠"豫让,劫富济贫、盗亦有道的"盗侠"展雄,行侠仗义的"游侠"聂政等,都是后世津津乐道的典型侠者形象。这些侠客一般都是武艺高强、武德高尚之人,连韩非子也认为侠客"讲信用,愿舍己而救人,施恩义于人而不自矜、不图报"[2]。那些"游侠"四处漫游,一面寻找施展抱负的机会,一面寻师访友、切磋武技。行刺秦王的荆轲在遇到燕太子丹前,就曾到榆次与武侠盖聂论剑,又到邯郸与剑侠鲁勾践比武(《史记·刺客列传》)。[3]

从文学史来看,先秦诸子百家争鸣造就了华夏历史上第一个文化繁荣期,后世中国各种思想几乎都是在这个时期孕育和萌芽的。中国武侠文学中详细描写和歌颂了舍生取义的侠者形象,而侠客精神早在先秦散文和诗歌中就已出现,并被传为后世佳话。如《战国策》,这部史书时间跨度为240余年,描写了春秋末年至秦统一六国之间众多侠者人物及事迹,至今影响深远。《战国策》所写的人物极为复杂,而最动人的莫过于其中的侠者形象,如《赵策》描写的鲁仲连、《魏策》描写的唐且、《韩策》描写的聂政、《燕策》描写的荆轲。《战国策·燕策》中有一段燕太子丹送刺客荆轲赴秦的描写,亦被文学家们认为是一篇完整的侠义故事,司马迁曾将部分段落一字不改地移入《史记》:"遂发。太子及宾客知其事者,皆白衣冠以送之。至易水上,既祖,取道,高渐离击筑,荆轲和而歌,为变徵之声,士皆垂泪涕泣。又前而为歌曰:'风萧萧兮易水寒,壮士一去兮不复还!'复为慷慨羽声,士皆瞋目,发尽上指冠。于是荆轲就车而去,终已不顾。"[4]在一种悲壮肃杀的气氛中,一个怒发冲冠、沉毅勇决的英雄形象被刻画得淋漓尽致,成千古绝响。[5]

荆轲崇尚信义,他对太子丹一诺千金,不惜牺牲自己的生命也要去完成刺杀

---

[1] 刘俊骧. 武术文化与修身[M]. 北京:中央编译出版社,2008:59.
[2] 蔡宝忠. 武术与文化:中国武术文化基因的构成[M]. 太原:山西科学技术出版社,2015:161.
[3] 乔凤杰. 文化符号:武术[M]. 社会科学文献出版社,2014:7.
[4] 司马迁. 史记·刺客列传[M]. 韩兆琦,主译. 北京:中华书局,2008:1725.
[5] 刘学谦. 先秦文学中的武与侠[J]. 西南师范大学学报(哲学社会科学版),1995(1):117-118.

秦王的任务。另外,荆轲刺秦也是一个以弱小抵抗暴力的故事,充分体现了人们所称赞的路见不平、拔刀相助的侠义精神。司马迁赞叹道:"自曹沫至荆轲五人,此其义或成或不成,然其立意较然,不欺其志,名垂后世,岂妄也哉!"①从魏晋至隋唐,荆轲都是侠义精神的代名词,作为高尚、值得模仿的典型被人们反复颂赞。②荆轲已成为崇尚侠义精神的人们心目中的精神偶像,刺客荆轲能被称为中国侠客第一人的缘由也在于此。

而在另一类文学作品中,主要以《诗经》和屈原作品为代表,也多有描写和讴歌舍生忘死、慷慨悲歌的侠者形象。屈原生于国破家亡的楚国末世,他在《九歌·国殇》中悼念了为国捐躯的将士。全诗十八句,前十句描绘武士在战场鏖战的情形,后八句抒写了战士"死亦为鬼雄"的精神:"出不入兮往不反,平原忽兮路超远。带长剑兮挟秦弓,首身离兮心不惩,诚既勇兮又以武,终刚强兮不可凌。身既死兮神以灵,子魂魄兮为鬼雄。"这首诗歌描写了楚地豪俊的英姿,堪称武侠作品悲壮场面的精品。屈原一生好武:"……年既老而不衰。带长铗之陆离兮,冠切云之崔嵬。"他不只爱剑,而且从王乔学养气之法。屈原一生为祖国吟唱慷慨悲歌,并在晚年投江殉国。他在楚辞中将武侠精神和爱国主义相融合,实为后世武侠文学传统中爱国主义精神的不祧之宗。③

(3)"侠"之评价

上古神话和先秦诗文都在赞美武功卓绝的英雄和他们宁死不屈的气节,这种尚武崇侠的精神已在先秦蔚然成风。然而这种风气也威胁着秦王朝的统治,法家代表人物韩非子就曾提出:"儒以文乱法,侠以武犯禁,而人主兼礼之,此所以乱也。"④他认为儒生以文学扰乱法治,而侠客以武力违反禁令,君主却对他们以礼相待,这是国家混乱的根本原因。因此,韩非子认为儒生、纵横家、游侠、近侍之臣、商工之民为社会上的五种蛀虫⑤,"侠"被认为是当时社会的"五蠹"之一。韩非子最早提出"侠"之概念,并明确指出"侠"的特征就是以其武力触犯法律。这些批判思想的出现也是我国历史上"文武分途"的一个重要标志。对侠客进行较为客观评价的是庄子,他在《庄子·说剑》中提倡以德御剑,赞成匡诸侯、服天下、利苍生的"天子剑",而反对"无异于斗鸡,一旦命已绝矣,无所国事"的"庶人剑"。庄子首开"武"之伦理化先河,预示了侠义精神的发展和演变趋势。

---

① 司马迁.史记·刺客列传[M].韩兆琦,主译.北京:中华书局,2008:1728.
② 蔡宝忠.武术与文化:中国武术文化基因的构成[M].太原:山西科学技术出版社,2015:163.
③ 刘俊骧.武术文化与修身[M].北京:中央编译出版社,2008:62.
④ 王先慎.韩非子[M].姜俊俊,校点.上海:上海古籍出版社,2015:544.
⑤ 陈明,王青.韩非子全译(下)[M].成都:巴蜀书社,2008:854.

同时，庄子又借盗跖之口首次提出了"盗亦有道"的观点，表述了盗侠的道德观念体系[①]，认为盗侠也要具备圣、勇、义、智、仁等品质，"五者不备而能成大盗者，天下未之有也"[②]。虽然这听起来不符合常理，也不符合正道，然而诸子各有其道，"盗亦有道"也就不足为奇。

伟大的史学家、文学家司马迁也曾为"侠"平反，他在《史记》中公开为侠者立传正名。《史记》中《游侠列传》和《刺客列传》里的一些人物因其侠义精神而被世人传颂。《刺客列传》中一些人物的行为诠释了儒家学说提倡的"勇"和"智"，而《游侠列传》则体现了黄家学说中的"义"字，即行侠仗义、锄强扶弱、抵抗侵略的侠义精神。

《游侠列传》开篇批评韩非子不加考察、笼统斥侠的言论，接着列举了朱家、田仲、王公、剧孟、郭解等大侠的事迹，层层论驳，为侠者正名。太史公认为，在当时"豪暴侵凌孤弱，恣欲自快"的"乱世之末流"，这些出身市井的"布衣之侠""闾巷之侠""乡曲之侠"挺身而出，"千里诵义，为死不顾世"。他们"状貌不及中人，言语不足采者，然天下无贤与不肖，知与不知，皆慕其声，言侠者皆引以为名"。故又曰："今游侠，其行虽不轨于正义，然其言必信，其行必果，已诺必诚，不爱其躯，赴士之厄困，既已存亡死生矣，而不矜其能，羞伐其德，盖亦有足多者焉。"司马迁还概括了侠者"见义勇为、不求闻达、舍己为人、恭谦修行"的四大特征，这些特征也成为后世"侠"者形象和武侠人物的经典品德，且成为中国优秀的传统思想并传承至今。

在《刺客列传》中，司马迁记载了五位刺客的故事。其中以专诸鱼肠剑的刺杀计划最为巧妙，豫让的刺杀故事最为曲折，聂政的刺杀故事流传最为广泛。刺客古今都有，但没有哪个时代的刺客能像春秋战国时期的刺客那样慷慨悲壮，也没有哪个时代的刺客能像春秋战国时期的刺客那样对社会产生如此深刻的影响。那时的"刺客"与现在世人理解的以收钱为目的的"职业杀手"不同，司马迁笔下的刺客，无一不是重情重义之人，他们舍身赴死的壮举，都是为了报知己之义和故主之恩。这些刺客虽然出身低微，却有着高尚的人格。他们重情重义，对欣赏重视自己的人愿意以死相报，"士为知己者死"不仅是他们的人生信条，更是他们的使命。舍生取义、从容赴死，既是刺客的操守，也是刺客的宿命。这些刺客愿意以生命来实现自己对信义的坚守和对知遇之恩的报达，慷慨悲歌，余音不绝。

---

① 蔡宝忠.武术与文化：中国武术文化基因的构成[M].太原：山西科学技术出版社，2015：165.
② 陈引驰.庄子一百句[M].上海：复旦大学出版社，2007：48.

总的来说,刺客的行为一般都具有政治目的,是为政权服务的。他们"恩不忘报","义"字当头,为的是"名高于世"。他们具有远大的理想、敏捷的行动力,其大侠的品格是以天下兴亡、万民安乐为己任的儒家典范,值得人们学习。"为国为民,侠之大者",这是中国人独有的伦理价值。从这一点来说,刺客又被称为"儒侠",他们展示了勇、忠、智等特质。这里的"大侠精神"就是侠义传统与儒家最高价值标准完美结合的产物。这些刺客惩恶扬善、锄强扶弱、注重信义,坚持是非曲直,路见不平,拔刀相助,也是理想的英雄形象。

3.2 盛唐时期武德思想

唐代是我国封建制度高度发展的时期,政治上长期保持相对稳定统一,经济上得到了空前发展,文化上也出现了空前繁荣的局面,先后出现了贞观之治和开元盛世。这一时期政治开明、经济繁荣、文化发达、对外交流频繁,是中国封建社会的鼎盛期,历史上称之为盛唐。唐王朝的开明政治、繁荣经济和多元文化为形成崇武尚侠的社会风气打下了基础,"以武壮志"的兴国思想、"以武立志"的治国思想、"以武言志"的爱国思想是当时主要的武德思想。

3.2.1 "以武壮志"的兴国思想

在唐代,皇帝和大臣都崇文尚武,唐太宗李世民就是勇猛尚武的皇族代表,并且其治下有大批武艺超群的武将。唐朝整个时期都非常重视军事武艺和武德思想的培养。

经过300多年的战乱,唐代的军事武艺得到了极大的发展,产生了许多有影响力的军事理论与思想。被称为"武经七书"之一的《李卫公问对》,就是唐朝开国功臣李靖对军事斗争的总结,对后世产生了很大的影响。当时,军队是维护政权的最基本力量,在沙场上拼杀立国的统治者深明这一治国方略,唐太宗就非常重视武艺训练。武德九年(626)唐太宗登基时曾对将士们说:"我不要你们为我修建供我玩赏游乐的园林,只要你们认真练习武艺。"[①]可见其急于改正朝政积弊,期望以武壮志、保家卫国的迫切心情。

唐朝初期实行府兵制。所谓府兵制,是指农民平时种田、农闲时由兵府组织练兵,轮流守卫京城或驻守边防,而有战事时就应征出战,这种兵民合一的政策使民间武术得到广泛传播。唐代的府兵制,采用寓兵于农的军事组织,具有"兵

---

① 任海.中国古代武术[M].北京:中国国际广播出版社,2011:33.

农合一"的特点。它改变了以前的世袭军户制度,将兵源、习武活动扩大到整个国家基层,这种军事建制必然对整个社会的习武之风产生广泛的影响。[①] 在此背景下,老百姓在农耕之余习武,因而农耕和习武成为当时老百姓最主要的生活方式。"四时讲武,三年大习",如有"教习不精者,罪其折冲,甚至罪及刺史"[②]。唐代府兵制的出现,使"以武壮志"的兴国思想在民间大为盛行。

"武舞"是唐代另一个重要的技艺,也是"以武壮志"的教育表现形式。"武舞"来源于原始社会战斗技术的展现,它融知识、技能、身体训练和习惯培养等为一体,将用于实战格杀的经验按一定程序来演练,是古代武术由感性认识向理性认识的升华。[③] "武舞"的原型是战争,但它却不是战争,而是艺术,是娱乐性质的,是取之于战争题材的乐舞。[④] "武舞"的内容来源于实践中卓有成效的动作,是某些战绩的艺术表现形式,以展现战士们的勇敢和威武。人们在狩猎、战事等活动之前或之后都要跳武舞,幻想通过这些击刺杀伐的动作来产生一种超自然的力量,以鼓舞士气,祈神保佑。唐太宗是维护孔孟之道的政治家,他指出"礼乐之作,盖圣人缘物设教,以为樽节"。因此,"武舞"也是唐代宫廷表演的主要形式之一。"武舞"还是歌颂唐代文治武功的大型表演方式,目的在于表现军队的武勇与仪容。其中就有一部歌颂秦王李世民武功的乐舞,即《秦王破阵乐》。李世民当皇帝后将之纳入宫廷,亲自绘制《破阵乐舞图》,并交由丞相作曲制乐作词、依图排舞。当时,《破阵乐舞图》的演出,对鼓舞士气、凝聚军心起到了巨大的促进作用。

唐代是开启中日两国"以武外交"的重要历史时期。唐代是中日两国文化交流的鼎盛时期,当时日本政府曾连续派遣大批人员(称遣唐使)来华学习中国文化。这些使者成员的身份多样,既有官员、学者、技术工,也有来中国学习相扑的人员。这就为中国相扑的东渐开创了基本历史条件,也首次开启"以武外交"的历史先河。继两晋南北朝之后,以"两两相当"为形式的角抵活动在唐代已非常盛行,皇廷、官府、军队和民间集会等场合都会出现这种活动。如《旧唐书·敬宗本纪》引《续文献通考·百戏散乐》云:"角力戏,壮力裸袒相搏而角胜负。每群戏毕,左右军擂大鼓引之。"[⑤]彼时的角抵,已完全没有原始时期的战争功能,而更多具有了娱乐、游戏的功能。而今,这种"两两相当"的个体性技击运动被称为

[①] 杨砚光,孟进蓬.冷兵器时期军事武术发展历程研究[J].搏击(武术科学),2011,8(2):15-17.
[②] 司马光.资治通鉴[M].长沙:岳麓书社,1990.
[③] 华博.中国世界武术文化[M].北京:时事出版社,2007:5.
[④] 于志钧.中国传统武术史[M].北京:中国人民大学出版社,2006:18.
[⑤] 蔡丰明.游戏史[M].上海:上海文艺出版社,2007:41.

"相扑"。相扑如今也是日本的传统体育项目,被誉为大和民族的"国技"。但追根溯源,其显然烙有深深的中国古代相扑文化印记。"相扑东渐"也是唐代"以武兴国"的重要文化途径。

3.2.2 "以武立志"的治国思想

历史上有关唐代最浓墨重彩的记载,应该是武则天开创的"以武择材"的考试制度。武则天首倡武科,把文、武两科取士纳入国家的人才选拔体制中。如果说相扑东渐开启了唐代"以武外交"思想,那么唐代"武举制"则开创了"以武立志"的治国思想。

中国历代封建王朝推崇的都是儒家的"学而优则仕""万般皆下品,唯有读书高"的入仕理念,进而形成了读书改变命运的人才选拔机制和官本位的社会体系。然而,一代女皇颠覆了男性居于绝对统治地位的世规。公元702年,武则天首创"武举制",开创了中国历史上以武选才的先河,极大地推动武术文化的发展。一大批有武艺特长又想改变自己命运的人,通过"武举"考试成为朝廷的军事官员。

据《文献通考》卷三十四记载,唐代武举制的内容有"长垛、马射、步射、平射、筒射,又有马枪、翘关、举重、身材之选。翘关者,长一丈七尺,径三寸半,凡十举后,右手持关,距出处无过一尺;负重者,负米五斛,行二十步,皆为中第"。考试的内容包括骑射、步射、马枪、举重和才貌等,由此可以看出,唐代武举制考核要点不仅重视射技和马上枪术,而且对身材、体格也有所要求。当时对才貌的考核认定为六尺以上者为上,以下者为次,也就是相当于现在的1.8米以上者才能被评定为优等,而且身材魁梧、强健、伟岸、壮实的考生优先录用。这些具体要求,实质上是为适应战场上军事武艺的需要,也是冷兵器时代对军事人才的基本素质要求。

在武举制度之前,习武之人只能通过战场上的过人表现来获得功名。如唐朝大将薛仁贵,这个出身贫寒的武士就是凭借其过人的臂力和胆量,在战场上一马当先、屡立战功,最后才被唐太宗发现并赐予功名。对于和平时期的习武之人来说,武举制的设立为他们实现梦想、立志报国打开了一扇公平之门,为普通百姓提供了一个能凭个人武艺能力进入仕途的机会,从而为社会上形成尚武之风起到客观推动作用。而且武举制在选拔人才上轻门第、重标准,任人唯贤,唯才是用,对于中国武人进入仕途具有里程碑式的意义。

从宣传目的来看,唐代武举制的建立是防止"恐人忘战",鼓励人们习武强身,常于"里间间教人习射",实质上是朝廷强军强兵、巩固国家统治的重要手段。武举制度为唐王朝广为发现人才、搜罗人才创造了有利条件,唐代中兴名将郭子仪就是年轻时"以武举异等"得以起家并升为军官,直至后来成为唐王朝平定安史之乱的功臣。当然,武功超群并不是得到赏识的唯一标准,在当时的武进士中,郭子仪的武功并非超群,其过人之处在于他十分熟悉兵法韬略。史书记载,郭子仪除了习武之外,还好读兵书。由此可知,随着朝廷政权的巩固和武举制的推进,武科考试除了考核武艺和体力外,还强调和重视军事理论修养,"以武治国"策略的内涵不断深化。

武举制对后世影响极大,中国自宋代以来虽多重文轻武,但都设有武举制。武举制自唐开创以来,直至清光绪二十七年(1901)才被废止。武举制的内容虽在各个朝代均有所变化,但都以唐朝的武举制为基础。武则天创建武举制,最初缘于初期政权对于强大军事力量的需要,但武举制的创立无疑激发了更多人的习武热情,从制度上促进了民间和官方练武活动。因此,武举制度极大提高了"武"的地位,激发了民众的尚武精神。除武举制外,唐朝还制定了各种奖励武艺的办法。只要在相应的活动中表现出来有一技之长者,不仅能获得物质上的嘉奖,还能获得朝廷颁发的相应荣誉称号。① 这些措施在一定程度上促进了唐代"以武治国"思想的盛行和发展。

3.2.3 "以武言志"的爱国思想

唐代开国后的100多年里,开元盛世,万象更新,一扫两晋南北朝时期萎靡不振的文弱之风,整个社会充满了生机勃勃的阳刚之气。唐代以其包容精神,"融胡汉为一体,文武不殊途",促成了少年喜剑术、尚任侠的风气。② 这一时期也是唐朝帝国的鼎盛时期,商业和文学都很发达,当时的文人也非常崇尚武艺,他们不但用笔来歌颂兵刀弓马的军旅生活,写出了大量的边塞诗篇,而且都偏爱武艺,常把诗、剑相提并论,可谓一手握笔,一手提剑,充满着浪漫主义情怀。在诗人笔下,剑形直而光莹,常被文人比喻刚直不阿的道德情操。剑的杀伐功能,便指向了邪恶与不忠。剑的道德功能等同于"武德",并且剑与侠紧密相连,对"剑德"与侠客精神的推崇,成为当时文人学士的一种修为与雅好,由此产生了许多诗人和侠士。这些侠士大多通过"诗"的形式来表达一种"侠"的爱国情怀以及自己建功立业的渴望。

诗人李白是唐代武德思想和侠客精神的主要代言人,他在许多诗歌中都讴歌了这种侠客精神。李白在诗文中记录了自己的学剑生涯,表达对游侠生活的

---

① 华博.中国世界武术文化[M].北京:时事出版社,2007:1.
② 龚耘,杨玉荣,等.中华民族优良传统及其现代价值[M].武汉:湖北人民出版社,2011:123.

倾慕。他自称"十五好剑术,遍干诸侯;三十成文章,历抵卿相"(《与韩荆州书》)。他崇侠尚侠,日常生活中也是以诗、酒与剑相伴,写下了许多诗句:"三杯拂剑舞秋月,忽然高咏涕泗涟","起舞莲花剑,行歌明月弓","抚剑夜吟啸,雄心日千里"。其中《侠客行》最为著名,该诗曰:"赵客缦胡缨,吴钩霜雪明。银鞍照白马,飒沓如流星。十步杀一人,千里不留行。事了拂衣去,深藏身与名。闲过信陵饮,脱剑膝前横。将炙啖朱亥,持觞劝侯嬴。三杯吐然诺,五岳倒为轻。……千秋二壮士,烜赫大梁城。纵死侠骨香,不惭世上英。谁能书阁下,白首太玄经。"整首诗充满对侠的赞美,勃发着诗人的生命朝气,"侠骨香"三字至今发挥着精神鼓舞的作用。在李白的诗作中,尤为令人称道的是他把侠者锄强扶弱、匡扶正义、士为知己者死的精神,升华到反对强权、维护正义的思想高度。

诗圣杜甫也是一位以"诗、剑"论豪侠的代表人物。他年轻时曾"把臂开尊饮我酒,酒酣击剑蛟龙吼"(《相逢歌赠严二别驾》)。杜甫写剑吟侠之作虽不及李白多,但他的一首《观公孙大娘弟子舞剑器行》彪炳千古,在中国武术史和艺术史上留下了珍贵的一页。"昔有佳人公孙氏,一舞剑器动四方。观者如山色沮丧,天地为之久低昂……"全诗共二十六句,把中国剑文化至大无外的精神表现得淋漓尽致,剑舞到酣浓处,与宇宙同体,似雷电交并,激越时如闻隆隆雷鸣,创造了一个至美至动而又至静的境界,为后世武侠文学和侠客精神的塑造之典范。

唐代裴旻将军的剑术更是称绝一时,已达出神入化之境,甚至与李白诗歌、张旭草书并称为"唐代三绝"。被称为"诗奴"的贾岛偏爱清苦冷寂,他曾作《剑客》一诗:"十年磨一剑,霜刃未曾试,今日把示君,谁有不平事?"该诗情致豪爽豁达,意气风发。唐人姚合的《剑器词》,通过诗与剑的结合,赞美了当时皇家的"太平乐"。诗词描绘了气势磅礴、舞姿雄健的剑舞表演:"圣朝能用将,破阵速如神。掉剑龙缠臂,开旗火满身。积尸川没岸,流血野无尘。今日当场舞,应知是战人。……破虏行千里,三军意气粗。展旗遮日黑,驱马饮河枯。邻境求兵略,皇恩索阵图。元和太平乐,自古恐应无。"

这种以剑代武、以武言志的社会风习也逐渐深入民间。敦煌写卷《剑器词》其中一首:"排备白旗舞,先自有由来。合如花焰秀,散若电光开。喊声天地裂,腾踏山岳摧。剑器呈多少,浑脱向前来。"这首词生动地描绘了盛唐民众的尚武精神,与当时的另一首民歌中"将军三箭定天山,壮士长歌入汉关"(《新唐书·薛仁贵传》)一句表达的精神一致。这些诗歌把英雄豪迈的气概和高强的武艺渲染得酣畅淋漓,使之成为侠者典范。[①] 从诸多描写剑的诗词中可以看出,剑的文化

[①] 刘俊骧.武术文化与修身[M].北京:中央编译出版社,2008:70-74.

意义早已大于它的实用意义。在古代,剑是武、武备、武功、尚武精神的象征,甚至作为武的代名词。[①] 世人常听说的"华山论剑"中的"论剑"实际上就是以剑代武,是比武、比实力的意思。剑是中国文化和思想的产物,是中华民族宣泄情感的一种特殊表现形式。在文人的诗句中,剑象征着友谊、自由、浪漫、风流、修身、神圣等精神气质,其丰富的文化内涵早已超过了剑本身而使其成为伦理道德的化身。

文人墨客留下脍炙人口的颂侠诗篇,诗中表现出来的剑魂与侠魄,能越千年历史风涛而成一代之奇,与唐朝社会崇武尚侠的风气和开明的政治制度不无关系。这些颂侠诗篇也成为诗人们以武言志,讴歌侠骨留香、英雄豪迈的爱国主义情怀的真实写照。

3.3 宋元时期武德思想

宋元以前的武德思想比较偏向抵御外敌入侵、保家卫国等军事思想,宋元时期虽然也重视抵抗侵犯的军事武德思想,但在当时"崇文抑武"国策的影响下,民间武术发展受到抑制。因此,宋元时期的武德思想主要体现为民间习武结社的规范化、民间武术表演的娱乐化以及武术审美思想的伦理化。

3.3.1 "崇文抑武"思想的形成

宋朝是中国封建社会中一个独特的朝代,宋代人口众多、政治稳定、经济繁荣、文化繁盛,然而这些繁荣的背后,却是宋朝虽然拥有百万之众的军队,但在军事上却软弱无力,特别是在与周边少数民族的对峙中,屡屡处于下风。究其原因,与宋朝政府推行的"崇文抑武"国策有很大关系。

(1) "崇文抑武"国策的形成

"出将入相"是宋朝之前统治集团内精英人才仕途升迁和人才流动的正常现象。统治集团中的精英人才常常文武兼备,既能安邦定国,又能运筹帷幄,决胜千里。北宋建国后,文官、武将之间的区别越来越明显,两者之间的区隔也越来越严重,文官的身份地位越来越高,无论是在政治地位、职位形象或素质上,武将群体都远不能和文官相提并论。投笔从戎、弃文从武已经不再是令人羡慕的情形,人们对武人的轻视和敌意却更加明显,有才能的人都不愿进入武人群体。宋代之前,人们普遍认为"一张一弛,文武之道也",对文武地位表达了同样的认可

[①] 程大力.少林武术史考略[M].北京:宗教文化出版社,2016:212.

和尊重,但从宋朝建立之初,武人地位就开始下降,此后一系列事件进一步加速了武人地位的下降。

北宋王朝建立者赵匡胤通过陈桥兵变夺取政权,他所依靠的并不是其威望与功勋,而是沿袭了唐代以来藩镇割据时出现的士兵随意拥立将领的模式。五代时期,天下大乱,天子权威不受人重视,任何拥有强大武力之人均可称王称霸。节度使安重荣公开宣称"天子,兵强马壮者当为之",反映了这一时期的政治状况。因为赵匡胤自身就是通过兵变来建立宋王朝的,所以其内心对武人保持高度警惕,视武人为社会动乱、政权更迭的根源所在,他极度担忧兵变事件再次上演。

为加强君主专制集权,从赵匡胤开始的宋朝统治者,均把防范武将作为基本国策予以执行。因此,"重文教,轻武事"的思想贯穿了整个宋代。为防止历史重演,北宋王朝采取了一系列措施来取消或剥夺武将的权利。如赵匡胤首先通过著名的"杯酒释兵权",剥夺了与他一同发动陈桥兵变的高级武将的兵权,通过授予掌握禁军兵权的高级武将以荣誉头衔,赏赐金钱、美女,作为他们交出手中兵权的补偿,同时还通过联姻等形式,成功解除了朝廷禁军高级将领的兵权。

为了不让禁军统帅权力过大,赵匡胤可谓煞费苦心,他将禁军最高统帅职位降低,任用一些资历浅、军功不卓之人担任禁军统帅;同时,他还将之前双轨制的禁军最高统帅分为三轨制,并且将统兵权与调兵权分离,使军权牢牢地掌握在皇帝自己手中。高级将领交出兵权后,为防止武将与士兵、军队与地方结成亲密关系,宋朝政府对武将进行种种限制,通过"更戍法",不断将部队调离驻扎地。在调动过程中,宋朝政府又不断调换统军将领,造成"兵不知将,将不知兵",士兵常年疲于换防,劳民伤财的局面。

(2)"崇文抑武"思想对武人的影响

如果说宋太祖时期,国内正值内外用兵之际,重文轻武政策的消极作用尚未表现出来,那么到宋太宗时期,武将群体素质以及他们的命运出现了翻天覆地的大逆转。通过"烛影斧声"即位的宋太宗是一个猜忌心极强的人,他进一步加强对武将的防范和打击。他曾表示:"国家若无外忧,必有内患。外忧不过边事,皆可预防。惟奸邪无状,若为内患,深可惧也。帝王用心,常须谨此。"[1]这里的"奸邪"直指武将。为了防范武人,宋太宗在抑制武将势力方面较之宋太祖可谓有过之而无不及。宋太宗不懂军事,却不放心武将在前线作战,不仅不放手让武将指挥,还一意孤行,亲自指挥战斗。武将稍有不从,即便获胜也会受到惩处。在这

---

[1] 游彪.宋史十五讲[M].南京:凤凰出版社,2011:135.

种奇怪氛围的笼罩下,武将不求有功,但求无过,因而只能一生碌碌无为,无法实现政治抱负。

宋王朝一方面对武将严加管教,大力打压和排斥,另一方面用儒家忠君思想诱导武将,让武将放弃个人理想,一心效忠皇帝。五代时期武人横行,文人不受重视。而北宋时期,宋太祖在武将中大力推行儒家经典教育,导致大批武将不将精力放在提高军事素质上,而是放在如何成为"雅儒"上,这不可不谓本末倒置。随着北宋统治者对武将打击力度的加大,越来越多的武将不求上进,明哲保身。一些稍有作为的武将,在宋朝崇文抑武政策下,不是终身无法施展自己的才华,就是被打压、排挤甚至遭到迫害。经过宋初两代皇帝竭尽全力地打压,武将群体从唐末崇尚武力转变为宋初唯唯诺诺、循规蹈矩,几乎失去了武将以征战沙场为荣的个性。①

(3)"崇文抑武"思想对文人的影响

宋代自建立之初一方面对武人实施打压,另一方面却对文人优待有加,全国上下都处在"崇文"的氛围之中,极大提高了文人的政治地位。如宋太祖公开宣称"宰相当用读书人",明确了新王朝拒绝武将担任宰相。在"兴文教,抑武事"的政策下,宋代重视科举取士,文人的地位大大提高,而武人的地位则越来越低。在这种政策的影响下,武将感觉不到职业给自己带来的成就感和自豪感,战争斗志低迷,作战素质也大幅度下降。在"满朝朱紫贵,尽是读书人"的大环境下,宋代社会风气发生了根本性的转变,社会优秀人才不愿进入军营,文臣更不愿改换武职。著有《何博士备论》《司马法讲义》《三略讲义》等兵书的何去非以兵略见长,但其最大的愿望不是成为著名的军事家,而是千方百计地寻求将自己的身份由武将改为文臣。在几代皇帝的有意推动下,"崇文抑武"思想成为北宋社会的普遍价值观。也正是在这种价值观的引领下,社会上的优秀人才纷纷涌向文官一途,而原本同样重要的武将一途乏人问津。除在朝堂之上武官不受重视,在疆场之上,武人统帅地位也逐渐让位于文臣。宋仁宗时期,朝廷"重文轻武"之风达到顶峰,军功价值遭到社会普遍轻视。

然而,宋代崇文抑武思想虽然大大地限制了武人的发展,但这一时期仍然出现了一批忠勇之士。其中有尽忠报国的岳飞,他以武人之正气、勇武之精神永誉人间。岳飞是南宋历史上著名的抗金名将,少年时勤奋好学,并练就一身好武艺。20岁时他投军抗辽,临行前其母为其背上刺上"尽忠报国"四个大字,这四个字也成为岳飞终生信奉的信条。岳飞的勇武和气节也成为中华民族铮铮铁骨

---

① 游彪.宋史十五讲[M].南京:凤凰出版社,2011:131-136.

的象征,一首《满江红》英勇而悲壮,为世人传颂。作为抗金将领,其带领的"岳家军"军纪之好,不但为南宋诸军之冠,在中国古代历史上也鲜有其比。岳家军严守军纪,"夜宿民户外,民开门纳之,莫敢先入。晨起去,草苇无乱者",并始终坚守着"冻死不拆屋,饿死不打掳"的铁的纪律和戒条。① 这些都缘于岳飞的治军有法和纪律严明。另外,他的"阵而后战,兵法之常,运用之妙,存乎一心"的战术思想直接被形意拳家引为造拳之据,"夫一本者,心意之灵也",故而岳飞素被形意拳家奉为祖师。② 尽忠报国的岳飞以其言传身教的精神和气概影响了一代又一代中华儿女。

南宋辛弃疾也是一位忠勇爱国之士,他的"醉里挑灯看剑,梦回吹角连营。八百里分麾下炙,五十弦翻塞外声,沙声秋点兵……"至今读起来依然让人热血沸腾,肃然起敬。另一位南宋名将文天祥将这种勇武精神表现得淋漓尽致,他在《过零丁洋》中所写的"人生自古谁无死,留取丹心照汗青"和在牢中写下的《正气歌》同样荡气回肠,经典流传,堪称尚武、勇武、爱国的典范。

3.3.2 民间结社与社约社规的形成

宋代"偃武修文""兴文教,抑武事"等国策的实施,造成了宋代"文人主政"的政治格局。宋代统治阶级"重文轻武",使社会上形成了以"武"为耻的风气。在这种风气的影响下,武科地位远远低于文科,武人地位的下降也直接影响了社会习武风气的形成。除防止外敌入侵、对内为镇压农民起义而必须维护军队武艺训练外,"禁止民间私藏兵器,禁止私练武艺"。在这种社会背景下,以小农经济为生产方式的乡村却出现了大量的武艺结社。

老百姓自己组织起来建立的练武团体,被称为武塾,即拳师们自立门户、收教弟子之所,类似后世武馆。另有为保境习武以抗外族和豪强侵凌而成立的"乡社",这种"乡社"建立在以自然经济发展为基础的乡村地区,具有很明显的区域性,同时受到封建宗法制度的影响,这在客观上使"乡社"具有了很强的凝聚力。"乡社"在农闲时节,会请武术教师传授武艺,也会常常在庙会中进行武术表演,有时还会设"野场"即打擂台以比试武艺。胡三省在《资治通鉴音注》中曾称:"乡社兵,民兵也。时契丹寇掠,缘河之民自备兵械,各随其乡,团结为社,以自保卫。"③ 当时的乡社有弓箭社、忠义社、橛子社、没命社等,既是练武强身、农闲时自娱的一种活动,又有着保家卫国的崇高目的。这些组织在农村主要是为了保

---

① 邓广铭.岳飞传[M].西安:陕西师范大学出版社,2009:349-350.
② 刘俊骧.武术文化与修身[M].北京:中央编译出版社,2008:18.
③ 刘俊骧.武术文化与修身[M].北京:中央编译出版社,2008:15.

卫家乡,以不受内外侵扰。这类民间自卫习武组织,都订有自己的"社约",有着严格的纪律,其赏罚规定甚至比官府更严厉。①据《宋史·兵志》记载,"河北州县近山谷处,民间各有弓箭社及猎射人,习惯便利,与夷人无异。"这些入社者,不论家业高下,每户各出一人,由乡民们自己推荐家业富足、武艺出众之人担任社头、社副和录事,大家称这些人为"头目"。平时"带弓而锄,佩剑而樵……私立赏罚,严于官府"。这些"乡社"构成了宋代民间习武组织的主体,其"社约"也成为宋代武德规范的主要形式。

与农村求生自保的弓箭社、忠义社等习武团体不同,宋代城镇中出现了健身和娱乐性质的习武团体。由于商品经济的活跃,城市规模不断扩大,庞大的市民阶层得以形成。这批市民阶层除了对物质生活有较高要求以外,对文化生活的需求也在不断扩大和提高,因而形成了一些以健身娱乐为主要目的的习武团体。这些团体人数少的叫"火",人数多的叫"社"。除了像蹴鞠等由仕宦等又富又闲之辈组成的团体外,还出现了"相扑社""英略社""锦标社"等业余性武术社团,有点类似今天的武术协会。社团的成员因社而异,大都是因为志趣相投而互相结社,不少平民因陋就简,自愿结社,并有自己的"社约"。这些"社友"在一起交流武技,休闲娱乐,并在适当的场合进行表演。

从以上可以看出,不管是北方以习武御敌为目的的弓箭社、忠义社等"乡社",还是注重表演、注重娱乐的相扑社、英略社等"社团",这些组织都有自己严明的组织纪律和要求,有着各自的"社约"和"社规"。这些"社约"和"社规"可以看成是这类民间习武组织的规范和武德准则。

3.3.3 民间武艺表演的娱乐化趋向

宋代也是我国文化发展的一个高峰时期。从北宋开始,社会环境发生了很大的变化。手工业、商业空前繁荣,城市发展非常迅速。在唐代,10万户以上的城市只有 10 多个,北宋时则有 40 多个,其中开封、洛阳、扬州等都是繁华都市。特别是都城开封,人口 100 多万,店铺有 6 400 多家。随着城市的发展,市民们不再仅仅满足于物质生活的需求,对文化生活的需求也空前高涨,此时出现了瓦子(又叫瓦舍、瓦市、瓦肆)这种大型娱乐场所。在瓦子里有勾栏(歌舞表演、江湖卖艺的场所)、酒肆、茶楼,勾栏里有戏台、戏房(后台)、腰棚(看席)等②,武术作为一种娱乐表演形式,加入了"瓦子勾栏"的民艺表演队伍。"瓦舍者,谓其'来时

---

① 任海.中国古代武术[M].北京:中国国际广播出版社,2011:44.
② 任海.中国古代武术[M].北京:中国国际广播出版社,2011:40.

瓦合,去时瓦解'之义,易聚易散也"(《梦粱录》卷十九)。这些游艺场所本来是临时性的,在唐代已初见雏形。随着市民对文化生活的需求逐步增大,娱乐活动越来越成为社会生活的重要组成部分,这些临时性的娱乐场所也就逐渐固定下来,成为宋元社会的一大景象。

一些文学小说充分再现了当时的社会文化环境。《水浒传》展示了中国宋元时期真实的历史图景,它不仅精确描写了当时迫使英雄豪杰铤而走险的恶劣社会环境,而且逼真地再现了宋元时期城市经济快速发展和市民阶层不断壮大的时代特征。汴京的大相国寺、清河县王婆的茶坊、快活林蒋门神的酒店、白秀英卖唱的勾栏,无不散发着浓郁的民族生活气息。它是用美学方法写成的宋元时代的风俗史,就像张择端绘就的《清明上河图》一样具有永恒的美学价值。[①] 宋元时期的瓦舍勾栏除具有娱乐化的功能外,也是武艺人谋生的主要场所。武艺人生存的需要,客观上加速了民间武艺向娱乐化、表演化的方向发展。

从历史记载来看,先秦汉唐虽有武术表演活动,如鸿门宴上项庄舞剑、唐代裴旻将军为求吴道子作画而舞剑等,但都是醉翁之意不在酒。武术表演大多与百戏、舞蹈、杂技等综合表演艺术相交融,单纯的武术表演活动记载甚少。直到宋代,宫廷与民间大兴武术表演活动。虽然宋朝为了抑制武人对军队的控制,实施崇文抑武的国策,但民间武术却由此得到蓬勃发展。此外,宋代武举制的存在,也给民间武术带来了巨大的生存空间。随着武术表演形式的发展,剑舞等表演开始出现在瓦舍和军队中。据记载,宋太宗雅好剑士,"选诸军勇士数百人,教以剑舞……会契丹遣使修贡,赐宴便殿,因出剑士示之,数百人袒裼鼓噪,挥刃而入,跳踯承接,曲尽其妙"(《皇朝通鉴长编纪事本末》卷十四)。武术的娱乐化、表演化趋向越发显现。

3.3.4 武艺审美思想的伦理变迁

宋元时期套子武艺和十八般武艺的出现,使宋代的武艺审美思想出现了伦理化的变迁,不再满足于两两相当的技击之术或单人的徒手之术,而出现了内容丰富的武艺套路和器械表演。据《梦粱录·角抵》载,表演角抵前,先以女艺人"数对打套子,令人观睹,然后以膂力者交争"。打时肘、拳并用,虽是表演,亦颇逼真,可谓戏曲舞台战舞之先声。[②] 在当时,"套路"被分为"套子"和"路"。随着宋代经济社会的发展和城市文化的繁荣,一种新的精神文化和审美文化日渐形

---

① 齐裕焜,冯汝常.水浒学史[M].上海:上海三联书店,2015:450.
② 刘俊骧.武术文化与修身[M].北京:中央编译出版社,2008:16.

成,武术也以"套子"的形式加入市民文化娱乐的阵营。它表达了中华民族对和平的追求,也满足了人们审美娱乐的需要。"套子"在瓦子勾栏、集市庙会等平民场所的兴起,加速了宋代武术套路的形成和宋人武术审美思想的伦理转向,也为武术套路走向民间孕育了文化空间并明确了精神指向。繁华的城市社会生活需要丰富的娱乐活动,同时人们的健身需求也日益高涨,套路武术正好可以满足这两种需要。套路武术不仅可以由江湖卖艺人在大庭广众之下演练、供人观赏,而且满足了社会各阶层对练武、健身、娱乐、审美等不同层次的需要。各种社团的出现也为武术的器械化提供了发展空间,如"棍子社"等习武社团的出现,使得宋代棍术呈现多样化的景象。据《武经总要》记载,"取坚木重木为之,长四五尺,异名有四:曰棒、曰轮、曰杵、曰杆"。该时期棒的分类较细,各地不同的棍术派别争奇斗艳,各有千秋,极大地促进了棍术的发展和演变[①],也丰富了民众的社会文化生活。

宋元武术成熟的一个重要标志就是产生了以拳术为主体、配以十八般武器的训练和表演体系。十八般武艺和十八种兵器是比较相近却不同的两个概念。十八般武艺之说最早出现在宋代的南戏《张协状元》戏文中,泛指各种武艺俱精通的意思。后来文学作品阐述了关于十八般武艺的不同说法,施耐庵在《水浒传·第二回》中说道,"那十八般武艺?矛锤弓弩铳,鞭简剑链挝,斧钺并戈戟,牌棒与枪杈"。然而,这里却没有把《水浒传》中使用最多的兵器朴刀记录其中。明万历年间谢肇淛《五杂俎》称"何也十八般?一弓、二弩、三枪、四刀、五剑、六矛、七盾、八斧、九钺、十戟、十一鞭、十二锏、十三挝、十四殳、十五叉、十六把头、十七绵绳套索、十八白打"。白打指的是徒手格斗,显然这十八般有艺有器,可称为"武艺"。十八般武艺的出现,丰富和发展了武术由艺到器的武术训练表演体系。

十八般武器和武术套路的出现,与宋元时期火器在战场上的使用有关。从宋代开始,火器在战场上的作用越来越大,但还不能完全取代冷兵器。由于热兵器开始大量取代冷兵器,许多曾经在战场上起重要作用的武器从军队中淘汰下来,于是这些武器摆脱军事的束缚,按照娱乐、健身和表演等不同的需要,在民间得到自由发展,并吸取了舞蹈、杂技、气功等各种文化形式,使武术的进一步发展成为可能。五花八门、丰富多彩的武术表演套路的迅速发展,也给民间武术审美思想的伦理变迁提供了可能。

[①] 蔡宝忠.武术与文化:中国武术文化基因的构成[M].太原:山西科学技术出版社,2015:11,138.

3.4 明清时期武德思想

明清时期经济的繁荣为武术的发展提供了坚实的物质基础,明代的兵家思想也推动了武术的发展。火器的广泛使用,促使军事武术淡出历史舞台,民间武术得到了蓬勃发展,导致各种拳种门派林立。而清王朝对民间武术的严厉镇压,使少林武术等民间武术越禁越兴,民间结社秘密兴起。门派与拳种林立,各门各派都需要一定的规矩来管理约束门下弟子,此时武德思想主要体现在各门各派的清规戒律中。明清时期是武侠小说盛产时期。武侠小说通过艺术作品和文学形式塑造英雄侠举的形象,表达对传统忠孝节义、仁义高洁的推崇与敬仰。清朝还形成以武术为基本手段进行商业经营的专门机构——镖局,镖师们的侠骨义胆与高尚武德使清代镖局和镖师们行走天下。

3.4.1 兵家思想对武德思想的贡献

文人谈兵,武将著书,明代兵家军事武艺和武术的相互交融,使戚继光、俞大猷、何良臣等军事武术家在军事理论和武德思想方面取得了较大成就。"兵武同源",明代兵学思想的丰富与繁盛,推动武德思想的成熟和发展。可以说,明代的武德思想主要体现在兵家思想之中。

明代的军事思想家注重军事理论等典籍的整理,明代也被誉为兵家人才辈出、兵学著作丰硕的繁盛之季。这些著作大多出自文武兼备、实战经验丰富的儒将之手。最重要的有唐顺之的《武编》、俞大猷的《剑经》、戚继光的《纪效新书》与《练兵实纪》、何良臣的《阵纪》、郑若曾的《江南经略》等。其中,俞大猷的《剑经》、戚继光的《纪效新书》、何良臣的《阵纪》都具有里程碑式的价值。

《剑经》是俞大猷的经典著作。俞大猷是明代著名的军事家和武术家,他少学兵书,擅长棍法,曾师从武术家李良钦学习棍术(又名长剑),对棍术有着独到的研究。据文献记载,他曾向少林寺僧传授棍法,促进了近世少林武术的发展。他认为棍术为长兵之母,"用棍如读四书,钩、刀、枪、钯各习一经。四书既明,六经之理亦明矣。若能棍,则各利器之法从此得矣"。因此,他博采棍术各家之长,又糅合枪术之法,写成《剑经》一书。他把棍术称为长剑术,实际是取剑为兵器的代称之义,表明"剑文化"的影响之深远,但后世却把《剑经》误为谈剑术的书籍。戚继光评价其所讲"短兵长用之法"为"千古奇秘",还在他的《纪效新书》内全文收录了《剑经》,并称誉道:"向见总戎俞公,以棍示余,其妙处已备载《剑经》内……不惟棍法,虽长枪各色之器械,俱当依此法也。近以此法教长枪,收明效。

极妙！极妙！"何良臣在他的《阵纪》一书中亦称许道："棍法之妙,亦尽于大猷《剑经》,在学者悉心研究……久则可称无敌也。"

俞大猷的《剑经》影响深远,不仅受到同代人的推崇,该书中的许多思想和理论也被后世武术家奉为武理指导。如《剑经》中提到许多阴阳范畴,将武术和兵法同喻。"圣人制兵师之阵,必有奇有正,必有从有伏,必有扬有备,必有前后,有中央,有左右,必有握奇,必有游阙。其阵不一,各有轻重、饶减、盈缩、远近、疏数之权。度大以称小,小以称大,人以称地,地以称人,无不胜也。然则舍万物之情,以求行阵之法者,远矣。"①《剑经》表明兵家阴阳之法用于军事,可能远远早于武术之应用,太极拳、形意拳等内家拳派之阴阳哲理应该同出此理。俞大猷文武兼能、立志报国,是明代抗倭名将,曾转战江、浙、闽、粤诸省,屡立战功,位至参将、总兵等职,他以武报国的雄心壮志和爱国情怀为后世敬仰,与另一位抗倭名将戚继光齐名。

戚继光也是一位文武兼备的武术名家和军事家。他是将门之后,武科出身。16岁时承袭父职开始军旅生涯,40多年中转战南北,在抗倭战斗中为明代立下了赫赫战功,被后世称为民族英雄。他在长期的卫国战争中,改革明代陈腐的兵制,创新出一整套训练内容,并著有《纪效新书》和《练兵纪实》等书籍,为后人研究军旅武术留下了宝贵资料。②他对武术文化的贡献与俞大猷相映生辉。如果说《剑经》是对兵器技理的总结,那么戚继光的《纪效新书》不仅对长短器械、军事操练武艺有全面总结,其中的《拳经捷要篇》还对明代的拳术进行了深入系统的比较研究,对近代武术的发展作出了重要贡献。他明确指出"拳法似无预于大战之技,然活动手足、惯勤肢体,此为初学入艺之门也",练习各种兵器时,"莫不先由拳法活动身手。其拳也,为武艺之源"。《拳经捷要篇》中还收录了古代兵家著作中唯一的拳谱,太极拳的许多架势名称与《拳经捷要篇》中的相同或相似,其对太极拳的影响不言而喻。

这些兵家学者以"短兵长用""长兵短用""后人发、先人制"等兵家思想指导武术,大大促进了武术文化和武德思想的发展。然而,军事武艺和民间武术既相互关联、互为促进,又互相不同、各有侧重,因而表现在价值取向上也有所不同。具体来说,在军事武艺时代,从武的目的只有一个,即上阵厮杀,从肉体上消灭对方。只要敌人还没有放下武器,就要进行无情的杀戮。戚继光在《纪效新书》中写道:"夫武艺不是答应官府的公事,是尔等当兵防身、杀贼立功的勾当。尔武艺

---

① 俞大猷.《剑经》原序,见李良根注释《剑经注解》,南昌:江西科学技术出版社,2002:1-2.(转引自:程大力.少林武术史考略[M].北京:宗教文化出版社,2016:215.)
② 蔡宝忠.明代中日武术文化渗透带来的武道变革[J].沈阳体育学院学报,2004(4):498-500.

高,决杀了贼,贼如何又会杀尔? 若武艺不如他,他决杀了你。若不学武艺,是不要性命也。"① 可以看出,那时军事武艺的价值取向主要是杀敌卫国及保命,训练士兵们积极无限度地杀敌是主要任务,而不主张教育士兵们克制、忍让等仁义道德。真正讲究儒家仁义道德之武德恰恰表现在民间武术之中,如在《少林衣钵真传》中有"八打八不打",其中的"一不打太阳为首、二不打对正锁口、三不打中心两壁、四不打两肋太极、五不打海底撩阴、六不打两肾对心、七不打尾闾风府、八不打两耳扇风"②,就对武术手段的使用进行了限制,规定八处致命处不能打;后来的《少林拳术秘诀》中明确规定了"少林十戒"等内容。这些都体现了民间武术的武德观念。价值观和表现方式的不同,导致军事武艺和民间武艺的武德思想内容也有所不同。

3.4.2 秘密结社与门规戒律的兴起

清王朝对民间武术的严厉镇压,使少林武术等民间武术越禁越兴,逐渐由公开转入秘密,秘密结社由此兴起。这些秘密结社以城镇、乡村为依托,以传习武术为结聚方式凝聚民众。当时的武德思想主要反映了官民之间压迫与反压迫的矛盾,体现出一种对抗思想。

(1) 清王朝的禁武令

禁武曾被写进《大清律例》:"游手好闲不务本业之流,自号教师、演弄拳棒教人,及投师学习,并轮叉舞棍、遍游街市、射利惑民者,并严行禁止。如有不遵,一经拏获,将本犯照违制律治罪";"演弄拳棒射利惑民,容留不报之坊店、寺院,及不行查拿之地保人等";皆被归入"诈教诱人犯法例"。至雍正时开始实行严格的禁武令,"向来常有演习拳棒之人,自号教师,召诱徒众,鼓惑愚民。此等多系游手好闲不务本业之流,而强悍少年从之学习,废弛营生之道,群居终日,尚气角胜,以致赌博、酗酒、打降之类,往往由此而起。甚且有以行教为名,勾引劫盗窃贼扰累地方者。若言民间学习拳棒可以防身御侮,不知人果谨遵国法为善良,尚廉耻,则盗贼之风尽息,而斗讼之累自消,又何须拳棒以防身乎? 若使实有膂力,勇健过人,何不学习弓马,或就武科考试,或投营伍食粮,为国家效力,以图荣身上进,岂可私行教习,诱惑小民耶! 著各省督抚转饬地方官,将拳棒一事,严行禁止。如有仍前自号教师及投师学习者,即行拏究。庶游手浮荡之徒,知所儆惧;好勇斗狠之习,不至渐染,而民俗可归于谨厚矣"(《世宗宪皇帝圣训》卷二十六)。

---

① 戚继光. 纪效新书[M]. 葛业文,译注. 北京:中华书局,2017:134.
② 程大力. 少林武术史考略[M]. 北京:宗教文化出版社,2016:233.

在禁武令下,少林寺及少林武术被控制在清王朝的严厉镇压之下。

由于清王朝严厉禁武,少林寺内部习武活动不得不由公开、张扬而转入秘密、地下。流散在各地的少林寺僧兵,有很多加入了反清复明组织,如天地会等。少林寺素有以武报国的传统,为增强凝聚力和号召力,少林武术成为反清复明的武装技术手段,而少林寺也成为反清组织和运动的象征。清政府禁武连带禁棍,下令严禁民间习学拳棒,于是出现了各类以秘密结社为形式的习武活动。在严格的禁武令下,少林寺僧人的习武练习也由大规模、轰轰烈烈的公开活动悄然转入地下。寺僧们在天色未明前演练武艺,而演练的地点则改在千佛阁里,距离山门相当遥远。至今,千佛阁内铺砖的地面上仍遗留着48个塌陷的坑,坑与坑之间均相距两米,这些就是少林寺僧当初在此练习站桩、砸拳、震脚留下的著名"脚窝"。这些都是少林寺在清王朝的统治下,由于顾忌清廷的禁武之令而秘密练武的明证。[①]

(2) 秘密结社

所谓秘密结社,是指具有秘密而明确的宗旨、社仪,从事特殊的宗教、社会和政治活动的秘密团体。[②] 中国古代比较有名的秘密团体有青洪帮、天地会、大刀会、红枪会、白莲教、天理教、八卦教、哥老会等,这些江湖组织又被称为江湖帮会。这些江湖组织的成员多来自劳苦大众、乡村贫雇农,练武、治病和互济是其主要的组织形式,讲究同根连气、义气为先,与武林门派有着同样的江湖性和宗派性,重视习武。有些组织如红枪会、顺枪会、小刀会、义和拳等就是以练武特点来命名的。但总的来说,这些组织主要有三类,第一类以歃血为盟、重视"忠义"信条和兄弟情谊为特征,以哥老会和天地会为主要代表,其中天地会的影响最大,又称"洪门"。这类组织武风比较激烈,其组织的基本教育内容就包括习武,这类组织又被统称为会党组织。第二类组织以自身教义为信仰内容,其教义内容多与当时统治阶级的观点或维护统治的正统观点相左,因此只能秘密收徒、秘密传播教义,但也不断遭到统治阶级的镇压。由于这类组织系统比较复杂,其被学术界称为秘密宗教或民间宗教,这里称之为教门组织,以白莲教、八卦教和青莲教最为有名。第三类组织以传武习武为主要活动内容,形式比较松散,这类组织被称为拳会组织,主要以义和拳、梅花拳、红拳会、少林会等为代表。但是,随着历史的发展,有些组织受教门的影响,也遭到政府的镇压。比如乾嘉年间,拳会受到教门的影响,被朝廷按上拳教罪名严厉镇压。

---

① 程大力.少林武术史考略[M].北京:宗教文化出版社,2016:169-174.
② 李龙.历史学视野下的中国武术教育[M].北京:北京体育大学出版社,2011:117.

这些秘密民间结社组织非常重视武术，组织内部成员都有习练武术的传统。他们以广袤的城镇、乡村为据点，广泛开展各种武术活动，其规模之大前所未有，对当时社会的政治和武术的发展都产生了深远的影响。[①] 清代很多民众的生存环境还比较恶劣，为求得更好的生存和发展，人们急需团结起来，获得人际依赖和相互援助，这样便结成了规模不一的社，通过日常传习武术来凝聚人心。这类秘密组织随着规模的壮大以及需求的增加，慢慢由最初的习武组织，逐步转变为一种反抗统治阶级的组织。清代的多次农民起义便是由此类结社组织引发的，震惊中外的义和团运动就是在这种背景下产生的。

至清光绪二十六年，清王朝为了挽救腐朽的没落政府，利用"义和拳"反对帝国主义侵略的民族情绪，演武习拳反抗帝国主义。八国联军借口镇压义和团发动侵华战争，并迫使清政府与帝国主义签订了丧权辱国的《辛丑条约》。《辛丑条约》有关义和拳的条款规定：永远禁止中国人成立或参加"与诸国仇敌"的组织，违者处死。对所属地发生伤害诸国人民的事件，所在地的官员必须镇压，违者革职并永不录用。清政府承认"纵信"义和拳的错误，向帝国主义国家道歉。此后，清政府残酷镇压义和拳，在北方几乎杀绝了当时传习拳械的人民群众。武术，一时成为绝响。[②] 总的来说，秘密结社一方面推动了武术活动的普及，另一方面满足了社会下层民众互助、自卫、反抗的需要。秘密结社还加强了各地武术文化的交融和发展，丰富了武术文化思想与内容。

结合以上历史分析可知，当时的武德思想反映了一种压迫与反压迫之间的矛盾，被统治者为反抗统治者的压迫而产生的武力行为，表现了一种官民对抗思想。清初的秘密结社与清末的反封建反殖民斗争，促进了民间武术的蓬勃发展，人民群众以冷兵器与帝国主义洋枪洋炮进行对抗，充分表现出一种自强不息、不屈不挠的民族精神。

（3）门规戒律的兴起

明清时期是中国古代武术发展的繁荣期，在这样一个武术大发展时期，武术流派林立、拳种纷呈。有明确记载的明代拳种就有三十二式长拳、六步拳、猴拳、少林拳等，明代还发展了棍术、枪术、刀术和剑术等器械武术。值得一提的是，明清时期气功在社会各个阶层和群体中得到空前普及。气功的出现，使拳术和器械的种类继续发展，并出现了形意拳、太极拳、八卦掌等内家拳术体系。

随着武术流派的增多和拳种的丰富，几乎每个民族、每个地区都有了自己独

---

① 宿继光，张艳婷. 清代秘密结社对山西武术发展的影响初探[J]. 山西师大体育学院学报，2009，24(2)：64.

② 于志钧. 中国传统武术史[M]. 北京：中国人民大学出版社，2006：20.

具特色的拳种和门派，而且各门各派都定有自己的"门规""戒律""戒约"，如"三不传""五不传""十不传""八戒律"等。所谓无规矩无以成方圆，各门各派都需要一定的规矩来管理约束门下弟子，因此，此时的武德思想主要体现在各门各派的清规戒律中。

如少林武术有十条戒约，要求少林弟子：练武应持之以恒；武艺只用于自卫，不准好勇斗狠；尊敬师长，和善对待同辈，不得恃强凌弱；不轻显技术；戒酒、肉、女色；不轻易传艺给俗家子弟；等等（《少林拳术秘诀》）。[1] 少林《拳经拳法备要》强调"道勿滥传"，应传"贤良之人"。《少林短打十戒》中更强调"强横不义者不传，强横则为乱，无义则负恩"。

明代内家拳明确规定不对五种人传授，这五种人分别是：用心险恶的阴谋家、喜欢斗殴打架的莽汉、酗酒成性的酒鬼、喜欢显示卖弄的浅薄之徒和不能吃苦的愚钝之人（黄百家《内家拳法》）。[2] 永春白鹤拳规定不能给不知礼貌的人教拳（《永春白鹤拳·拳谱》），并有"五戒"：一不纵欲，二不酗酒，三不欺侮老人，四不欺侮儿童，五不欺侮妇女。还有"懔十戒"及"四善"。"懔十戒"，即戒好斗，戒好胜，戒好名，戒好利，戒骄，戒诈，戒浮夸逞能，戒弄虚作假，戒挑拨离间，戒为非作歹。"四善"，即善修其身，善正其心，善慎其行，善守其德。[3] 昆吾剑更规定人品不端者不传，不忠不孝者不传，人而无恒者不传，不知珍重者不传，文武不就者不传，借此求财者不传，俗气入骨者不传等（《昆吾剑箴言》）。[4]

太极拳的打穴法也有"八不传"的规矩，即不传给不忠不孝之人、根底不好之人、心术不正之人、鲁莽灭裂之人、目中无人之人、无礼无恩之人、反复无常之人、得易失易之人。只有确认学艺人是"忠孝知恩者、心气和平者、守道不失者、真以为师者、始终如一者"，才能将这些功夫传给他（《太极拳谱》卷八《杨谱：清代杨氏传抄老谱》）。河南形意拳也有门规："宁可失传，也不乱传。凡忤逆不孝者、贪财如命者、逞能欺人者、贪酒好色者，概不得传。"这些戒律几乎涵盖了人生的方方面面，习武不仅仅是追求技能的提升，也是选择一种生活方式，选择遵守戒律，选择克制欲望，选择慎独反思，这些都能加强自身的道德修养。

各门各派的门规戒律概括起来大体包括戒色、戒财、戒恶、助弱、尊侠、谦让六类，在很大程度上规范了从武之人的一切行为。强调行侠仗义、除暴安良，反

---

[1] 程啸斌,盛敏.传统武德与人文精神[J].江西社会科学,2005(2):136.
[2] 林志刚.儒家"仁礼"思想对武术的影响及其现实价值[J].山东师范大学学报（自然科学版）,2006(2):159-160.
[3] 任海.中国古代武术[M].北京:中国国际广播出版社,2011:151.
[4] 李宗坤.中华武术[M].开封:河南大学出版社,2001:128.

对争强好胜、恃强凌弱,体现着修身养性的特点。但武术的流行局限于民间,使得习武之人没有办法把内容文字化、系统化。很多传习下来的内容跟"拳谱""拳谚"一样,都是由师傅"口授"及民间手抄,比较口语化和通俗化,有的甚至比较粗鄙,需要在学习时求真纠偏,加以鉴别。这些戒约戒规中蕴含的道德养分,能增强习武之人的道德自觉,培养其道德品质,也能对社会民众起到积极的教化作用。

3.4.3 武侠小说中侠者形象的塑造

古之"侠者",常指那种武艺高强、武德高尚、来去无踪、神龙见首不见尾的"武林高手"。侠者形象衍生出一种"侠义意象",表达了广大劳苦大众对社会现实的一种无奈和精神诉求。"侠"在一定条件下几乎成了人们心理上的期望和行动中的楷模。[1] 侠者形象所表现的侠义精神,也是中国民间社会传统文化精神的主要载体之一。慕侠尚义的习俗体现了中华民族追求正义与良善的传统美德,寄托了人们对美好生活的向往。

侠义精神对意识形态领域的影响主要体现在中国武侠文学中。武侠文学中蕴含了丰富的东方哲理和思维方式,折射出中国人的价值取向,它也是中国封建社会平民意识的一种反映。它主要反映了两个永恒不变的主题,即小说人物高超的武艺和武侠特立独行的侠义精神。武侠文学对英雄侠举的形象塑造,表达了对传统忠孝节义、仁义高洁品质的推崇。

明清是长篇小说发展的鼎盛时期,最负盛名的有《水浒传》《西游记》《三国演义》《封神演义》《红楼梦》《聊斋志异》《儒林外史》等。这些小说中,有的着力描写了精彩的武打情节,刻画了生动的武者形象。如明清四大名著中的《水浒传》《三国演义》《西游记》等,都有典型的武者形象和武打情节,小说中精彩的武侠片段独具异彩、侠者形象栩栩如生,堪称经典。关于对英雄人物和武打片段的描绘,三部长篇小说各具特色。

《水浒传》是家喻户晓的一部长篇小说,描写了以宋江为首的一百零八位梁山好汉聚义投诚的悲壮故事。《大宋宣和遗事》可以说是《水浒传》最早的底本,这部成书于宋末元初的话本,着力描写的都是武打情节,如"杨志卖刀""智取生辰纲""宋江杀惜"等。到元杂剧中,这些武打片段又以短剧的形式出现,如《武松打虎》《鲁智深大闹黄花峪》《燕青射雁》《黑旋风大闹牡丹园》等,据《录鬼簿》记

---

[1] 马文友.中国武术审美文化[M].北京:中国大百科全书出版社,2016:110.

载,有十多个。① 经过评话、戏曲和书画才子的描绘,这些英雄人物和故事情节不断丰富,在此基础上,明代作家施耐庵创作出了千古名著《水浒传》。不难看出,小说中英雄人物的侠者形象和武打艺术,是这部小说独放异彩的重要因素。《水浒传》中对草莽英雄、市井豪杰的武打描述非常逼真,很多武术招法和技巧被直接运用,传说这与施耐庵本人武功甚高有很大关系。重要的是,《水浒传》不仅描写了绿林豪杰之举,而且歌颂了其侠义精神,对后世的武林侠义精神塑造影响深远,对后来的武侠文学创作也有很大影响。

《三国演义》写的是东汉末年魏、蜀、吴三国纷争,突出谋略、计谋。虽然在描写具体招法招数上并不细腻,但其描写的战争场面恢宏壮观,备受后人欣赏,作品中的主要人物在战争或比武打斗中充分展现其性格和精神风貌。《三国演义》是根据《三国志》及裴松之的注解而创作的历史小说,丰富了《三国志》中的战争与武打场面。如赤壁之战,《三国演义》中有八回的篇幅,详细记述了在决策阶段孙刘联盟的过程,突出诸葛亮的计谋和智慧,强调谋略第一、攻心为上的兵家思想。作者据史以陈,然而在描写周瑜、孔明斗智时则全为虚构,这样的描写为后世武侠小说树立了"徘徊在历史与现实之间"的典范。②《三国演义》中,刘备、关羽、张飞桃园结义,他们三人抛弃高官厚禄,坚决抵制江山社稷的诱惑,不求同生但愿同死的义举深受后人称颂。三人中的关羽更是被尊称为武圣人,与文圣人孔夫子比肩。关公身上集中体现了武者的宅心仁厚、胸襟磊落、内圣外王的大将风范。③ 另外,作者巧妙地利用了中华民族对武术的崇尚和喜爱,以战争写历史,以武打突出人物性格,通过高超的武艺,塑造了关羽、张飞、赵云、马超、黄忠等五虎上将的人物特征,使这部以现实手法创作的历史题材小说成为传世经典。

《西游记》虽说是一部浪漫主义神魔小说,情节中隐含着谜一般的隐喻,但写到打斗场面时依然是运用了武术的招法和路数。小说讽刺和批判了现实社会的黑暗,歌颂孙悟空敢于斗争、善于斗争、不畏强权、乐观向上的精神和以唐僧为核心的团队齐心协力、同甘共苦、排除万难的团队精神。如孙悟空大闹天宫这一情节,一方面塑造了孙悟空蔑视皇权、神通广大、敢于造反的英雄形象,另一方面表现了作者对反抗传统、反抗权威、蔑视等级制度等反封建思想和斗争精神的热情讴歌,向世界人民展示了不惧艰险、勇往直前、积极乐观的斗争精神和美好品质。小说中大量描写师徒之义的情景,与武德思想中强调师徒如父子的思想观念如

---

① 刘俊骧.武术文化与修身[M].北京:中央编译出版社,2008:82.
② 刘俊骧.武术文化与修身[M].北京:中央编译出版社,2008:83.
③ 马文友.中国武术审美文化[M].北京:中国大百科全书出版社,2016:109.

出一辙。小说通过大量的武术打斗与武器较量等场面,畅快淋漓地表达了人们对惩恶扬善、伸张正义的向往和追求。

这些经典武侠小说中所塑造的侠者形象,不仅是中国古代上层社会士大夫和文人的精神寄托,也是社会大众普遍的精神诉求。传统侠义精神对后世的武侠创作和社会民众道德素养都产生了积极的影响。

3.4.4 镖局和镖师们的行走天下

传统武术不仅是小说中好打不平的游侠剑客和武侠英雄的标志性本领,还是民间江湖卖艺者和保家护院的镖头镖师的一种职业技能。镖局,也称镖行,是清代形成的以武术为基本手段进行商业经营的专门机构。它的建立离不开当时的政治、文化、经济、商业基础,如果以现代的视角来描述,当时镖局的性质类似于保安兼警备性质的机构,其任务就是武装押运,承接一些保护财产和人身安全的业务。镖师也就是现在的保镖,镖师们的任务除了武装押运外,还要对重要的对象和人物进行"武力保护"。镖局的业务主要有走镖和护院,走镖主要是负责人和物的安全转移,可以是私人的业务,也有官方业务,如护送银两、护送新官上任、家眷返乡等。护院则是保障雇主的人员、财物安全,并提供安保服务。在武侠文学和影视作品中,镖局和镖师的故事一直是炙手可热的创作题材,深受文学爱好者的喜爱。其实,镖局和镖师的历史可追溯至唐宋时期,如《兴唐传》中记载了程咬金、尤俊达于长叶岭打劫杨林护送的一十六万龙衣纲的故事,《水浒传》中记载了晁盖、吴用劫了杨志押解的生辰纲的故事等。由于这都是官方派遣的押送任务,还不能算是镖局的业务,二者本质上有所不同。在官方派遣的押送任务中,当时的青面兽杨志就担当了保镖的任务,只是没有使用"镖师"这一名称。而镖局是民间的安保公司,是纯粹的商业行为。镖局镖师的渊源可以追溯到古代的侠客,侠客经过历代的演变,逐渐分为两种:一种是刀客,相当于现在的刺客或杀手;另一种则是镖客。①

比较通行的说法认为正式的镖局始创于清朝康熙末年至乾隆初期。康熙后期,经济发展繁荣,社会比较稳定,人民能够自给自足,在此背景下,商业交往频繁,货物流通需求增加。同时,一些反清复明的组织活动频繁,强盗横流,其中不乏一些组织打着反清复明的旗号干着打家劫舍的事,为保证货物的流通安全和客商的人身安全,以此赚钱谋生的镖局应运而生。

近代学者卫聚贤所著的《山西票号史》记载,乾隆年间,山西的"神拳无敌"张

---

① 徐光兴.国术魂:中国武术的精神世界[M].合肥:安徽人民出版社,2015:180.

黑五领旨在北京前门外大街创立了兴隆镖局。据说,这是我国历史上第一家有据可查的镖局,张黑五也被公认为镖师的鼻祖。① 随着乾隆年间商品贸易的繁荣,商人成了盗匪袭击的主要对象。商户们为了保证商路畅通和自身安全,不得不高价聘请武师押运现银和重要货物,自此镖局作为我国民间早期的安保组织得到迅速发展。至清朝中后期,全国重要的省会和商埠所设的大小镖局已经不计其数,其中较出名的就有 30 多家,最有名的有会友、永兴、正兴、志成、同兴、光兴、义合、义友,俗称"八大镖局"。1911 年辛亥革命后,封建王朝帝制被推翻,西方近代资本主义文化和科技进入中国,随着铁路的修建和武器的现代化,镖局业务开始萎缩,这种组织也渐渐退出历史的舞台。至 1921 年,中国最后一家镖局——会友镖局宣告停业,镖局最终退出了历史舞台。

镖局的镖师们一般都是武林高手,通常会拳术、刀术、枪术等技法,有的甚至还会擒拿、暗器、飞镖、轻功等功夫,这些镖师往往都是同一门派中的师徒、师兄弟等,为的是同门同宗遇事互相照应。镖局作为一种谋生的行业,也有一定的"行规",主要包括以下几点:第一,身世清白。镖局的镖师要自身清白,没有污点,也就是不能干过"黑道""暗卦子"的事,亲友之中也不能与黑道有瓜葛。第二,忠诚守信。镖局忠于雇主,信守承诺,绝不干"监守自盗"的事。第三,镖局要维系与官府的关系。走镖沿途要疏通官府,礼敬四方,尽快拿到官府的"路引",到关卡时方便通行。第四,尊重四方。走镖时要遇山拜山、遇庄拜庄。对当地士绅名流,皆要礼拜;对武林名人,更要礼拜,甚至以武会友。第五,严守规则。此外,镖师在执行任务时,因负有重大责任,必须力戒"酒、色、财、气",严格遵守一些纪律。上路保镖,绝对不许饮酒,以免与人发生斗殴纠纷;每到一地,绝对不准宿娼;住在店内,不得离开镖车他往,以免因失镖而负赔偿责任;除镖局交给自己的任务外,不得给其他客商捎带银钱货物,违者均须责罚追究。② 另外,镖师之间应该团结互助。同行发生事故、需要援助的时候,必须患难相助,不怕牺牲。

以上行规和纪律要求都是镖师们应该遵守的职业道德,镖师们除应具备过硬的本领,精通十八般武艺之外,还要有刻苦学习的精神和坚韧不拔的毅力。虽然有的规定在当下已经不合时宜,但其对镖师的道德品质要求,是任何时代都应该提倡和遵守的。

镖局(镖行)作为一种商业经营机构,要求镖师们精诚团结、师徒配合,以武艺保护好人身和商品安全,具有商业经营和管理的特点。经营镖局,最重要的是

---

① 徐光兴. 国术魂:中国武术的精神世界[M]. 合肥:安徽人民出版社,2015:183.
② 徐光兴. 国术魂:中国武术的精神世界[M]. 合肥:安徽人民出版社,2015:188.

不失镖、按时将货物送达目的地,因此镖师不仅要有高强的武艺,而且应具备忠诚和信用等品质。高度的职业风险和复杂的江湖背景决定了镖局对生存之道的独特见解,以及对镖师武术和德行的双重要求,著名的"镖不喊沧"之说就是对这一点的最好解释。镖局行镖,要打出自家旗帜并高喊名号以亮威,但南来北往的镖车,凡途经沧州便须落下镖旗,不准喊号。因为沧州是传统武术之乡,历代武风兴盛,清代之际更是镖局遍布,镖师纷出。与"镖不喊沧"相应的还有"过沧喊镖"的武林故事。据传,一次山西广盛镖局的新手不慎过沧喊镖,总镖头无奈接受沧州武师挑战,他以一招卓绝的形意拳法既显示了武功境界,又巧妙地给足了对方面子,后来双方互成知己,成就了一段江湖佳话。[①] 镖局和镖师们的武林传统,对稳定社会秩序、保护商业繁荣起了很大的作用。"镖不喊沧"和"过沧喊镖"实质上都是对江湖流传已久的武功传奇及镖师们的侠义风尚的推崇。清代镖行不仅是一个商业机构,从事商业经营活动,而且还经营着中华武术和诚信守诺这样一个道德文化"商品",其经营的优劣,将影响武术的发展和中华武德的传承。

镖师们一般都比较自尊自爱,非常看重自己的名节,他们对内行侠仗义、扶弱除暴,对外御侮扬威,在国家和民族荣辱利益面前坚贞不屈、勇于抗争,显示出可贵的民族大义和气节。著名的顺源镖行创始人王正谊,精通"披挂门""六合门"武艺,因善使超乎寻常的大刀,并且刀法纯熟、德义高尚而被武林人士称为"大刀王五"。他在戊戌变法中扶助谭嗣同,曾率义和团攻打西什库教堂,后被清军抓住被害。他的武功、人品以及深明大义和侠肝义胆的品质,都是武林人士学习的楷模。关于他的事迹,早已广为传颂,清末才子杨圻曾为其专门作诗《哀大刀王五》。

《哀大刀王五》

长安谁健儿,王五四海友。
高颡贯大鼻,河目胆如斗。
策马过其门,遮客不得走。
大臂如巨橡,持我坐并肘。
……
真气见肺肝,愧死肉食臭。
乃知山泽间,奇士或一觏。
人生共天地,流品何薄厚?
苟无义礼心,衣冠有禽兽!

[①] 申国卿,邓方华. 中国武术导论[M]. 重庆:重庆大学出版社,2016:157.

全诗准确、全面地介绍了大刀王五的容貌、性格、品德、思想等方面的特点。从诗中可以看出,大刀王五不是一个简单的赳赳武夫、绿林豪杰、草莽英雄或江湖镖客,而是有头脑见识的奇士英才。[①] 王五在反帝爱国活动中表现出来的鲜明的政治倾向和高度的社会责任感,大大突破了传统民间拳师的行为范畴,为同道树立了典范。[②] 王五以其"慷慨负气,好任侠"得到同行认同,为镖局赢来了"德容感化""义重解骖""尚武""济贫"等民间赠送的牌匾。镖师们的侠骨义胆与高尚武德,使清代的镖局和镖师们行走天下,驰名四方。当然,武德思想的发展并没有停留于此,随着历史的推进,武德继续在社会文化发展中发挥着积极的思想道德教育作用。

3.5 民国之后的武德思想

对传统武德思想的历史进行分期,普遍的观点是要将分析领域集中在清代以前,并认为近代以来尤其是民国之后的武德思想主要是现代武德的组成部分,是对传统武德的运用。但民国之后的武德思想不可能脱离古代武德思想,只是随着时代的不同,其内涵发生了一些变化,侧重点不同。因此,民国之后的武德思想不是本书分析的重点,但为了思想发展的连贯性,本书还是对民国之后的武德思想进行简单介绍。

民国之后的武德思想大体可以概括为三个历史阶段:从清代结束到民国期间,主要体现了强种救国的民族主义思想;新中国成立以后到十八大之前,主要体现强身健体、以武强国思想;走进新时代,武德作为中国传统文化和社会主义核心价值观的主要内容之一,蕴含着丰富的思想道德教育和爱国主义价值,后面章节将会详细论及。

在冷兵器时代,传统武术是保家卫国、杀贼救命的"贴骨勾当"。直到1911年辛亥革命爆发,推翻了两千多年的中国封建帝制统治。随着民国政府成立和西方文化思想的传入,国内思想更加开放,但中国传统武术的思想价值反而更加凸显出来,一些爱国人士积极创建武术协会并积极宣扬中国传统武术精神,最具代表性的是精通中国传统武术的霍元甲创建了上海精武体育会。经过霍元甲的积极传播与实践,中国传统武术由民间乡村走进城市并频频为国争光,大大提升了国威,中国传统武术强种救国的民族主义思想得到进一步体现。当时,孙

---

① 张大为.武林掌故[M].北京:中国当代出版社,2013:14-16.
② 蔡宝忠.武术与文化:中国武术文化基因的构成[M].太原:山西科学技术出版社,2015:174.

中山先生对霍元甲"以武保国强种"的胆识给予很高的评价,并在精武会成立十周年之际亲临大会,亲笔题写"尚武精神"四个大字。精武会以"提倡武术、研究体育、铸造强毅之国民"为宗旨,以"三育训练,文武均能;公正廉明,尊人重己;诚实坦白,博爱和平;坐言起行,证以事实;一言一诺,重于订纳;约会守时,不求原谅;尊重正义,不讲私情;非以役人,乃役于人;乃予于人,非取诸人;爱己及人,视同兄弟"为精神支柱[①],能有效培育人们爱国、修身、正义、助人的精神品德。尤其是在当时的社会背景下,精武会所倡导的尚武精神,有助于激发麻木、孱弱的国民起来抗争。

1927年,曾受业于陆军大学将官班的张之江向国民党中央申请改"武术"为"国术",获得批准。从此,"武术"便改称"国术"。为将武术这个国粹发扬光大,张之江积极呼吁,在南京创办了"中央国术馆",由他本人任馆长。当时的批文云:"吾国技击诸法,渊源久远,传习寝微。设馆研究,具见提倡精神,裨益青年体育。""中央国术馆"成立后,培养了一大批专业武术人才。抗日战争爆发后,"中央国术馆"于1948年宣告解散。然而,"中央国术馆"的设立,促进了武术向社会化和专业化方向发展,大大激发了民众尚武图强的意识,并为武术走向世界打下了良好的基础。

曾在军队任职的马良(1878—1947)曾出面请来一些武术名家,借鉴西方的体操、兵操的形式,组织创编了《中华新武术》,并创办了"武术传习所",改变了以往师徒口授单传的传统传播模式。在此基础上,传统武术进入学校,有关武术及其思想文化价值的理论研究相继出现,如武术史学家唐豪的《少林武当考》和《内家拳》、徐致一的《太极拳浅说》等。1923年,"中华全国武术运动大会"在上海举办,改变了过去传统武术街头表演、庙会献技的形式,这也是传统武术与现代武术产生分野的开端。[②]新中国成立后,在国家和武术高等院校的推动下,中国的武术运动得到蓬勃发展,其强身健体的作用越来越受到重视,简化的太极拳、长拳及器械套路等相继推出。弘扬民族文化、开展体育运动、增强人民体质成为当时主要的武德思想。新中国成立以后的五十多年里,武德思想随着中国武术的蓬勃发展得以跨出国门,武术在健身、娱乐和交流方面的价值不断被彰显。进入新时代,传统武德思想能否在传统与现代、国际与国内多元思想交织影响下,进一步发挥时代价值和现代作用?以及如何发挥它在思想政治教育方面的作用?这些是本书将要关注和探讨的重点。

---

① 李宗坤.中华武术[M].开封:河南大学出版社,2001:41.
② 华博.中国世界武术文化[M].北京:时事出版社,2007:18.

4

中国传统武德思想流派及特征：以少林和武当为例

中国传统武德思想是中国传统文化的有机组成部分，是中国哲学智慧在武术及军事等领域的一种表现形式，更是一种融儒家、道家、佛家、墨家、兵家等道德观念于一体的做人智慧。在传统武德思想发生、发展、演变的过程中，儒家仁爱、道家阴阳、佛家禅定、墨家侠义等哲学思想，都有深刻的反映。可以说，传统哲学中的儒、释、道、墨等思想是中国传统武德的文化之根。

中国传统武术流派众多、内容丰富，有"南拳北腿""东枪西棍""北尊少林，南崇武当"之说。一种文化或文化流派能反映某一历史时期、某一地域的文化特征，武德思想也不例外。武德是人们劳动创造的产物，是在一定的地域环境、生活方式、风俗习惯下形成并传承下来的思想文化，有着明显的地域性、民俗性等特征。它与某一时期、某一民族、某一地域人们的武术活动紧密相连，反映本民族、本地域的传统武德文化特征和武德价值观念，这些传统特征成为武德思想独特的文化标识和精神特质。

从地域来看，南方多山陵水系，加上南方人较北方人矮小聪敏，这种地域和民风形成了南方武术灵活多变、富于幻想的武风武德，而北方人大多泼辣粗犷、潇洒豪迈，因而其武风武德多表现出坚韧朴实、勇往直前、大无畏的特点。由于地理环境会影响人们的性格特征和风俗习惯，因而不同地区的练武之人具有不同的武风武德。"司马迁，良史也，其论列五方民俗，曰种代石北也，地边胡，数被寇，人民矜懻忮，好气，任侠；中山地薄人众，民俗懁急，丈夫相聚游戏慷慨悲歌；郑卫俗与赵相类，然近梁鲁，微重而矜节。濮上之邑徙野王，野王好气任侠，卫之风也；夫燕亦勃碣之间一都会也，人民希，数被寇，大与赵代俗相类，而民雕悍；临淄亦海岱之间一都会也，其俗怯于众斗，勇于持刺，故多劫人者，大国之风也。"①受到中国传统文化滋养以及地域文化影响，中国传统武术形成了风格迥异、各具特色的文化流派，少林功夫和武当武术可谓其中的典型。

4.1 修禅悟道——佛教文化与少林武德

少林精神

南拳北腿少林棍，卫国保寺健自身；
崇禅尚武少林人，爱国护教少林魂；
不争和合少林心，止恶扬善少林根；
以德服人消贪嗔，后发制人少林门。

---

① 梁启超. 中国之武士道[M]. 中国档案出版社, 2006: 22.

孝顺师僧父母亲,守法持戒遵祖训;
农禅立寺为根本,医禅济世救穷困;
慈悲为怀尽施舍,放下名利不是贫;
武医为媒弘佛法,少林弟子正精神。

4.1.1 少林功夫与中原文化

少林功夫是指在嵩山少林寺这一特定佛教文化环境中形成,以佛教神力信仰为基础,充分体现佛教禅宗智慧,并以少林寺僧人修习的武术为主要表现形式的传统文化体系。① 少林功夫也是中国传统文化的一种外在表现形式,它历史悠久,体系完备,源远流长,被视为中国的"国粹"。

作为少林功夫文化源头的中原文化,是黄河中下游地区物质文化和精神文化的总称,是中华文化的母体和主干。中原地区自古以来就是地域要塞,不仅是古代政治中心,也是经济中心,更是主流文化的发源地。在政治上,中原地区的西安、郑州、开封、洛阳、安阳等地历史上均曾被定为首都;在经济上,中原优越的地理位置和顺畅的交通,使得其经济一度遥遥领先,比如昔日的长安城;在文化上,中原地区是整个中华文明的发端,具有母体的地位,坚实的物质基础和浓厚的人文气息使中原文化得到快速发展,并在一定程度上代表中国的传统文化。由于四通八达的交通条件和多元并蓄的文化包容性,中原文化在与其他文化和文明不断交融和促进的过程中,不断得到提升和升华。作为外来宗教的佛教传入中原,被本土的儒道文化所接纳,足以证明中原文化具有兼容并包、海纳百川的气度。少林功夫受到中原文化的滋养和熏陶,具有鲜明的中原文化特色。

河南省社会科学院研究员陆草认为:"少林武术的渊源,只能是北方地区,特别是中原地区的民间武功。"②少林武术的发展离不开少林武僧,很多少林武僧在入寺之前就有一定的武技,加入少林以后,通过系统的学习和取长补短,武艺日益精进,并且武僧之间相互切磋、传授武技,从而推动了少林武术的更快发展。至明清时期,少林寺得以名扬天下。究其原因,少林武术在发展过程中,广泛吸收了北方许多拳派的精华及南方的棍术和枪术,并将之不断融合提炼,使得本寺的武术有了质的飞跃,形成了内容广博、体系完备的少林拳系,也取得了武术正宗的崇高地位。同时,随着僧俗两界武艺的频繁交流以及少林武术的名气增大,北方的一些拳派不断受到少林武术的影响,有些拳派甚至托名少林以自重,少林

---

① 戴成松.中国功夫(下):少林传奇[M].郑州:河南大学出版社,2012:2.
② 陆草.论中原武术文化[J].中州学刊,2007(1):156.

武术也因此成了北方地区武术的总称。最终，在历代少林僧人努力传习、融合的基础上，中国武术文化流派中历史最久、门类最多、体系最大的武术体系——少林功夫得以形成。少林寺的拳谱记载，少林功夫套路共有708套，其中拳术和器械552套，另外还有72绝技。流传下来的少林功夫套路有200余套，其中拳术100余套，器械80余套。①

从地理上看，少林寺位于被称为"天地之中"的嵩山，紧挨着中国古代最重要的都城洛阳。四通八达、得天独厚的地缘优势，使少林寺成为中原大地乃至全国武艺荟萃交流的中心，中原文化也是少林功夫名扬天下的独特文化标记。少林功夫以高超的武技力压其他武术，其崇高的武德在中国大地广为传颂，少林文化更是闻名天下，因此才有"天下功夫出少林"之美誉。少林功夫之所以能成为中国文化的一张名片，不仅在于高超的武功技能，还在于少林弟子对祖国的忠诚和热爱，少林寺"十三棍僧救唐王"以及协助戚继光抗倭的事迹一直被人们津津乐道。具有鲜明的中原文化特征的少林功夫不仅作为一种传统武术流派为大家所熟悉和喜爱，也作为一种民族自尊、自立、自信的精神力量和文明内涵的载体而越来越受到全球的瞩目。中原地区历史地理环境和外来佛教文化的本土化，共同孕育了古老而神奇的少林功夫。

4.1.2 佛教禅宗与少林戒约

少林寺是中国佛教禅宗祖庭，少林功夫即发源于嵩山少林寺。在起源时间上，佛教先于少林武术，但二者在发展过程中相互渗透、不断完善。少林武术之所以广泛传播，主要得益于佛教的宽容和开放。佛教向少林武术渗透最后形成了禅宗。"佛"字是从印度梵文翻译而来的名词，如果音译就是"佛陀"（Buddha）两字，意为"觉者"，包括自觉、觉他和觉行圆满。而禅（Dhyana），梵语为"禅那"，可译为"思维修行、弃恶、功德、丛林"，通常译为静虑。"静虑"一词来自《瑜伽师地论》的一句话："言静虑者，于一所缘，系念寂静，正审思虑，故曰静虑。"②"禅"的意思就是坐禅或定思，是印度各宗共同的修养方法。③ 实际上，"禅"字至少有三种含义，即修持法门、修持境界和佛教。

按传统说法，禅宗起源于北朝，其始祖为印度来华僧人菩提达摩，此后达摩传慧可，慧可传僧璨，僧璨传道信，道信传弘忍，弘忍传慧能。从达摩到慧能，先

---

① 戴成松. 中国功夫（下）：少林传奇[M]. 郑州：河南大学出版社，2012：2.
② 万瑜，蔡宝忠. 少林武术"拳禅合一"的结合点[J]. 山东体育学院学报，2009，25(1)：45.
③ 蔡宝忠. 武术与文化：中国武术文化基因的构成[M]. 太原：山西科学技术出版社，2015：55-56.

后为禅宗一祖、二祖、三祖、四祖、五祖、六祖。[1] 禅宗可以说是佛教本土化的结果,印度佛教传入中国以后,充分与中国玄学文化进行交融,推动古代东方文明的发展。更确切地说,禅宗是佛教中国化的典型。自北魏孝文帝起,印度高僧依托少林寺,向弟子们传授小乘禅法,使少林寺起到禅宗统帅的作用,促进了第一次中印文化交流,中土化的佛教宗派——禅宗逐渐形成。[2] 可以说,"禅"产生于印度,而"禅宗"却诞生于中国。"禅宗"的教义内容充分吸收了儒、道思想和中国宗教内容,其中尤以儒家的心性论、道家的修养论影响最大。也正因为重视本土化、满足本民族心理习惯和文化形式,禅宗在中国的传播才能顺利进行。

禅宗主张"不立文字""以心传心",且由"渐修"过渡到"顿悟"。禅宗把"明心见性"作为"顿悟"的基本目标,以领悟宇宙的永恒和自身具有的佛性。人们耳熟能详的"人人皆有佛性""放下屠刀,立地成佛"等表述都在强调自我参悟的重要性。禅宗讲修行悟道不分场合,主张利用日常生活中的行、动、坐、卧、走来修行悟道。

禅宗与少林武术的结合,可谓佛教中国化的一个样本。禅宗与习武一样凭的是自身体验,而习武本身就是少林僧人修禅的法门,即"武禅"。"武禅"有两重含义:一是禅为武之主,即武是禅的表现,是禅的生命的有形化;二是武为禅之用,即禅是武的精神实质,以禅入武便可达到武术最高境界。[3] 禅和武术本来是两个截然相反的形态,禅以静为其特征,武术以动为其特点。正是少林拳把拳与禅有机结合起来,才形成了独具特色、博大精深的少林功夫。少林功夫强调专注一境、万念一空的境界,不受处境所牵制,身处于万变之中而心中不为所动。学习少林功夫,既是少林寺僧人日常生活的一部分,也是学佛修禅的重要内容。

佛教讲求修行的基本方法是戒、定、慧。戒实质上是一种道德修养途径,定与慧更加强调主观的内在自我控制能力的修炼。依靠人自觉的主观意识的自我控制,使人的心灵超越现实生活中的一切引诱,进入一个自我完善、自我陶醉的精神境界,可能是佛教的价值所在。[4] 佛教通过戒律,使众僧达到专意悟空、由定入慧的境界。最早的戒律主要包括不能杀生、不能偷盗、不能邪淫、不能妄语、不能饮酒,这些戒律是修佛之人的生活准则,充分体现佛教"慈悲为怀,普度众生"的宗旨。

---

[1] 黄钊.隋唐佛学思潮泛论[J].湘潭大学学报(哲学社会科学版),2009,33(1):84.
[2] 朱永光,林群勋,蔡宝忠.少林武术起源五种"创拳说"评述[J].北京体育大学学报,2004(12):1629.
[3] 徐光兴.国术魂:中国武术的精神世界[M].合肥:安徽人民出版社,2015:90.
[4] 乔凤杰.对儒道释思想的武术人文考察[J].上海体育学院学报,2003(3):69-74.

在少林寺的发展过程中,这些戒律又逐渐演化为习武戒约。宋代著名禅僧契嵩总结出的少林戒约为:夫不杀,仁也;不盗,义也;不邪淫,礼也;不饮酒,智也;不妄言,信也。他将佛教"五戒"与儒家"五常"相对应,将佛教的慈悲与儒家的仁德联系起来。在此基础上,又出现了少林"十禁约",即:一禁叛师;二禁异思;三禁妄言;四禁浮艺;五禁盗窃;六禁狂斗;七禁违戒;八禁抗诏;九禁欺弱;十戒(应为"禁")酒淫。[1] 佛教"五戒律"和少林功夫的"十禁约"从内容来看是一脉相承的,而且"十禁约"更突出了佛教和少林功夫的结合。在习武者身上,这些戒律就表现为武德。[2] 戒律不仅代表着少林功夫倡导正义、向善的道德力量,也养成了少林武人节制、含蓄、谦和、内敛的性格特征。少林戒约规定,每一位习武的少林僧人都要严守少林寺的清规戒律,杜绝贪嗔痴,"平时对待师长,宜敬谨将事,勿得有违抗及傲慢之行为"。少林功夫的真实目的是自卫而不是伤害对手,在少林功夫中有"八打八不打"之说,限制了在交手中击打对方致命部位,充分表现少林功夫的修身与修德功能。《少林七十二艺练法》也强调,武术技击"尚德不尚力"。因此,少林功夫在招数上也处处体现自卫为本、重守不重攻的武德传统。

随着时代的发展,少林戒约又有了新的主题和内容,爱国主义、集体主义和为国争光等成为少林戒约新的内涵和要求。如1984年5月,少林寺第二十九代方丈德禅大师顺应时代要求,主持制定了"少林习武新戒约",主要内容更加广泛,不仅在个人层面上要求守纪律、尊教规,明确规定禁酒禁烟、禁止调戏妇女等,而且在国家和民族层面上也作出规定,比如要求报效祖国、为民除害、以民为本等。[3] "少林习武新戒约"中既规定了武僧们日常生活中应该遵守的基本纪律和行为规范,也规定了少林武德的社会主义属性和道德要求,是时代性和民族性的体现和传承。

现代《少林禅修歌》

少林禅院复古风,枯树新芽迎春生;
直指人心观本性,见性成佛定禅宗;
禅文禅武禅医生,禅茶禅食禅农耕;
禅语禅诗禅公案,禅书禅画禅乐鸣;
禅慈禅孝禅法通,禅堂禅师禅宝经;
皈依三宝佛法僧,皈依自性觉正净;

---

[1] 万瑜,蔡宝忠. 少林武术"拳禅合一"的结合点[J]. 山东体育学院学报,2009,25(1):46.
[2] 吕宏军,滕磊. 少林功夫[M]. 杭州:浙江人民出版社,2005:7.
[3] 戴成松. 中国功夫(下):少林传奇[M]. 郑州:河南大学出版社[M]. 2012:41.

清规戒律谨守持,依教奉行度众生;
自力更生勤劳动,依法依己证修行;
行住坐卧戒定慧,消灭妄念是大乘;
少林弟子要牢记,爱国护教佛法兴。

4.1.3 禅拳合一的少林武德

少林功夫形成于少林寺特定的佛教文化环境中,以少林武僧习练武术为表现形式,以少林武僧追求大智大勇为精神目标,以"禅拳合一"为最终目标和理想境界。"禅,赋予了少林功夫更为丰富的内容,使少林功夫表现出特有的轻松、自在和神化之境界;武,赋予了禅宗修行的有效途径,使禅宗的妙悟有了躬身践履之体验。"[1]少林功夫的传习以口诀方式为主,自己顿悟为辅,要想达到高水平的武术水平,离不开心传和顿悟,而这些又离不开日积月累的修养和坚持。可以说,少林武德思想融合在"禅拳合一"的品质内涵和精神境界之中。

一是少林功夫的仁爱之德。禅心运武、透彻人生、内心无畏无碍,这些寓理不仅丰富了少林功夫的文化内涵,而且使本属于暴力和攻击行为的少林功夫与大慈大悲、积善成德、反对杀生的佛教发生联系,直接影响了少林功夫的技术风格和武德内容。少林僧人练习武功,只为自卫,不为攻击,讲究内劲、后发制人,甚至点穴法的创造也是出于仁爱之德。少林秘典《罗汉行功短打》中指出,点穴法的创造是"圣人不得已而为之",是为了使人"心神昏迷,手脚不能动,一救而苏,不致伤人","有志者细心学之,方不负圣人一片婆心也"。点穴这种极其厉害的武艺的出发点是"仁爱"而非残忍。兵刃之举,是圣人不得已而为之,点穴就是为了使对手昏迷不致真伤,正是体现了少林功夫的仁爱武德。[2]

二是少林功夫的精神境界。少林功夫的各种拳功注重静养结合,"禅拳合一"练功法是少林僧徒在长期面壁坐禅时创造出来的,并成为僧人修习少林功夫的目标和理想境界。少林武术深受儒家"天人合一"思想的影响,在武功修炼的过程中,特别强调"空"和"圆":"空"讲究放下思虑,专注一件事;"圆"讲究有始有终,坚持不懈,只有这样才能达到"天人合一"的最高境界。由此,上乘的少林功夫应该是灵活自如、轻灵无阻、循环不息。少林僧坐禅时,通过默默的静思来修身养性,并将这种宁静的习惯贯穿于一生的修炼过程中。长期的修炼也使习武者变得纯朴、自省、沉毅,因此真正武艺高强的人,大多精神虚灵、气质雄厚、言语

---

[1] 阿德,谷文雨,周亚非.走进少林[M].郑州:河南大学出版社,2006:106.
[2] 吕宏军,滕磊.少林功夫[M].杭州:浙江人民出版社,2005:56.

谦和，给人一种武功神秘莫测的感觉。少林功夫以修身养性为宗旨，以禅的养气调神为造诣，以参贯禅机、禅武归一为极致。① 而练武是修禅的法门，练武时专注于手、眼、身、法、步而达到万念尽空的境界，以意导气、以气引力、以力摧形、以形养神、以神见性，从而达到"天人合一"。修禅悟道成了少林功夫健身、修心，并达到形神相融、身心合一奇妙境界的重要途径。

三是少林功夫的民族情怀。少林功夫注重修身养性，"禅拳合一"的精神成为少林武德的重要组成部分，对中国武术文化的弘扬与传承有着非常深远的影响。少林寺僧人将这种"般若性空"精神贯彻到少林功夫的演练过程中，使少林功夫达到中国武术其他流派难以企及的境界，从而形成少林功夫特有的有益于提升人类精神境界的宗教品质。也正是这种宗教品质和文化功能，丰富了中国传统精神文化的内涵。② 少林功夫之所以名扬天下，除缘于少林功夫高超的武艺和禅拳合一的精神境界外，还缘于少林武僧们抗击侵略、爱国爱民的民族情怀。历史上流传着很多少林武僧抵御外来侵略的传奇故事，如十三棍僧救唐王、少林僧兵抗倭、大侠燕子李三等，激励着一代代尚武忠良保家卫国、抗击外侮、惩恶扬善、除暴安良，使得千百年来精通少林功夫的武学高士都保持着一个共同特点，即艺高德重，并使少林武德流芳千古③。

少林武僧们奋勇抗倭的动人事迹在古代典籍中多有记载。如明万历二十三年七月所立碑中写道："嘉靖间，本寺武僧，屡经调遣，奋勇杀贼，多著死功。"同年十月，又一通碑中写道："本寺武僧，强兵护国。"④面对倭寇的疯狂袭击，少林武僧们心系社稷，临患不忘国，修身不忘民，在抗倭战争中奋力杀敌，血洒疆场。这种爱国壮举充分展示了中国传统武德的核心价值思想和内涵，中华传统文化这片精神沃土，培育和滋养着一批批精忠报国、为公忘私的伟大人物。

4.1.4 少林武德思想特征

（1）少林武德的顿悟性

佛教文化是一种外来文化，却能够得到中华民族文化认同。从佛教文化的价值层面来看，由于佛教禅学主张"直指人心，见性成佛，不立文字"的修行，其价值哲学往往追求出世，更多的是一种精神层面的追求，讲求内心的修炼和顿悟。少林武德受佛家思想的影响，注重对少林武术精神和意志力的追求和感悟，"顿

---

① 谢永广，牛英群.少林功夫"禅武合一"思想的价值初探[J].中华武术(研究)，2012,1(Z1):158.
② 永信法师，阿德.禅武合一：少林功夫(连载二)[J].佛教文化，2008(4):25-39.
③ 华博.中国世界武术文化[M].北京:时事出版社，2007:65,84-85.
④ 栗胜夫.中华武术之核心理念[M]//中华武术演进论.北京:人民出版社，2017:7.

悟成佛""意在体悟"的过程也就是一个修行和修炼的过程,即将对少林武技的追求上升到对少林武魂、武道的追求和修炼。希望通过习练过程中的修养和感悟,达到心、技、体互为一体的境界,或通过不断超越和不断体验实现顿悟。① 因此,顿悟与体悟是少林武德的主要思想特征之一。

少林功夫以实战威猛饮誉天下,又因禅武合一而博大精深。少林寺一些身怀绝技的武僧常常自觉或不自觉地将拳禅互渗,将佛教禅宗的"顿悟成佛"等学理纳入少林功夫中,化有形为无形,变有法于无法,由武入禅,由定生慧,最后达到"禅拳合一"的境界。

(2) 少林武德的符号性

随着闻名遐迩的嵩山少林寺与山下由儒、释、道三大教派遗址建筑群形成的登封"天地之中"历史建筑群被列入联合国教科文组织《世界遗产名录》,少林的名声得到进一步传播。因此,少林功夫不是一般意义上的"拳种"和"门派",而是能代表中国文化精神的重要符号之一。从少林功夫的历史发展脉络来看,少林功夫的流传也与政府的态度密切相关。据史料记载,少林功夫在明清时期名扬天下。明代少林武术最先成名的是棍法。除棍法外,明朝少林拳系也不断成熟。到了明末清初之际,少林寺以"拳勇名天下",甚至有"今之武艺,天下莫不让少林焉"之说,以致"今人谈武艺,辄曰从少林寺出来",继而有了"天下武功出少林"的美誉。② 事实上,明清两代朝廷对少林武技所持的态度各有不同。明代的少林武僧曾作为明王朝的准军事力量负有对外御敌、对内维护统治及对军队进行武技训练的职责,这些武僧曾被称为"少林僧兵"。但在清代,至今未见有关少林僧人被官府征调的记载。甚至在入清后,由于清王朝的专制统治及严禁民间习武,素负盛名的少林祖庭受到朝廷的严格监控,少林拳棒只能通过民间和秘密结社的途径向社会传播。也正是由于少林寺僧公开的习武活动遭到清政府的严禁,少林武术在民间的影响力才越来越大,为少林功夫成为中国民间精神力量的象征埋下了种子。

时至今日,少林功夫从一个寺院的看家绝活发展成为全球化背景和多元文化语境下中华民族文化认同的一个重要象征,"少林功夫"一词的意义远远超过了其自身应有的地域影响而成为具有广泛社会意义的文化符号,"少林功夫"也成为中华传统文化在海外最通俗的表述。③ 可见,少林功夫已成为不同文化背景的人们了解中华武术文化、中国古代哲学思想和佛教禅宗文化的重要途径,并

---

① 李岩. 近代以来中国武术价值观的变迁研究[D]. 苏州:苏州大学,2016:28-29.
② 魏真,周伟良. 论明清少林武术文献[J]. 中华武术(研究),2018,7(4):17.
③ 吕宏军,滕磊. 少林功夫[M]. 杭州:浙江人民出版社,2005:10.

成为不同文明之间进行沟通和交流的桥梁。从更深意义上来讲，少林功夫代表的不是一种简单、孤立的技击术，而是一种思维方式、人生态度和人格修养。少林功夫博大精深的文化内涵已远远超过了功夫本身。

（3）少林武德的跨界性

所谓"跨界"指突破原有地域或事物的界域，以期实现不同地区或事物的跨越与整合。武德文化的"跨界"指武德文化可以突破地域、突破单一文化形式或内容、突破国界的跨越与整合。武德文化的跨界性是武德文化在历史的长河中不断开放、流动、融合、发展、演变的产物。武德文化来自武术而高于武术，武德文化的跨界性要求人们在研究武德文化时要高于武术看武术，跨越民族、跨越地区、跨越国界，实现多元文化的整合、创新与转化。[①]

少林功夫及其思想道德的传承与弘扬，除了要遵循文化自身的发展规律以外，还要加强对外交流与展示，这是促进中国文化走向世界的重要渠道。少林寺通过"少林功夫走出去"的形式，为中国传统文化的跨界、跨国传播立下了汗马功劳。中国少林寺武僧团的前身是少林寺僧兵，即历史上曾因"十三棍僧救唐王"而有功的少林寺僧兵。新中国成立以后，少林功夫的平台也得到一系列的发展，从1979年的少林武术队到1989年的少林寺武僧团，历经几次更名和职能的转化。经过一段时间的发展，少林寺武僧团参考以往的僧兵体制，主攻少林武术表演。实践表明此次职能转变取得了良好的效果，通过武术表演，既宣传了少林禅宗正法，又弘扬了中国传统武术文化。少林武僧团多次应邀到国外巡演，其表演的正宗少林功夫受到众多外国民众的欢迎。目前，中国少林寺武僧团已先后在80多个国家和地区进行过功夫表演。2010年8月，包含少林寺塔林在内的登封"天地之中"历史建筑群通过第34届世界遗产大会专家表决，成功列入《世界遗产名录》，成为中国第39处世界遗产。作为少林僧人日常起居和进行佛事活动的常住院，少林寺历史建筑群成为新的世界文化遗产，将更加有利于少林文化在世界范围内传播和弘扬。

少林武德的传承与弘扬，除了传统的教育交流方式以外，商业化的运作也是一种重要途径。在海外进行本地化的融入，也是少林功夫走出国门、扬名天下、传播武德思想的主要方式。释永信在北京大学文化产业研究院举行的"第八届文化产业新年论坛"上发表演讲时表示，少林寺目前发展的重点是在海外，在海外的武僧和法师都用英语、德语、西班牙语在当地传播。只有在海外发展壮大了，才能在国际上拥有话语权。他还透露，少林寺的海外发展必须结合当地的实

---

① 徐锋，徐俊. 中国传统武德文化的当代价值[J]. 体育文化导刊，2017(11)：14-18.

践，才能真正扎稳脚跟。目前，中国武馆遍布世界各地，仅美国就有130多家。虽然有些人对这种文化商业运作的模式颇有微词，认为少林佛门经过商业化的运作失去了佛教的清静、纯净的境界而使现今的少林堕入了物欲的世界和世俗的纷争之中，但任何思想和文化的传承都离不开当时所处的社会经济环境和政治背景，在文化产业大行其道的今天，通过恰当的文化产业化、商业化进行跨界传播，不失为与时俱进、加速中国文化现代化传播的新思路。

4.2　养生修道——道家文化与武当武德

4.2.1　武当武术与武当文化

武当武术是中华武术流派中两大名宗之一，以发源于号称天下第一仙山的武当山而闻名，素称"北崇少林，南尊武当"。武当武术作为武当文化的一个重要部分，已成为武当文化的一张闪亮名片。作为国家首批"非物质文化遗产"，武当武术的文化内涵和思想价值越来越受到世人的关注和青睐。武当武术把太极、阴阳、五行、八卦等中国传统哲学和养生理论融于拳理和拳功之中，形成了具有尚意不尚力、四两拨千斤、以静制动、以柔克刚、后发先制等技击特点，以养身、修身、健身、防身为目的，熔静功与动功为一炉，自成风格独特的武当武术文化体系。武当武术的壮大并自成体系，得益于武当丰富的物质文化和精神文化的滋养与熏陶。

武当文化是人们在以道教精神为主的中国传统哲学影响下，在以武当山为中心的地域内，在长期的社会历史实践中所创造的物质财富和精神财富的总和，是中华民族优秀文化遗产的组成部分。[①]武当文化内容丰富，不仅包括精神生活的内容，还包括物质生产活动的内容。也正是在物质生产和精神创造的活动中，道教思想得以形成。武当文化的道教精神特质就构成了它的典型特征。具体来讲，武当文化内涵丰富，主要包括以下几个方面。

（1）武当山文化

一方水土养一方人，武当武术的形成和发展与武当山的自然景观和地理特征息息相关。武当山又名"太和山"，古有"太岳""玄岳""大岳"之称。"太和"一词出自《周易》，《乾卦象传》说："乾道变化，各正性命，保合太和，乃利贞。"古代把阴阳会合、天地冲和的元气称作"太和"。道家把"太和"看成"道"的演化和表现

---

① 杨立志.武当文化概论[M].北京：科学社会文献出版社，2008：21.

形式。显然,六朝以前古人以"太和"为武当山别称,带有浓厚的道家色彩。其含义有四:一是指此山生成极早,即道经所谓"自有太极,便生是山",因而此山禀太和之元气,能生天立地;二是指此山山势像腾腾燃烧的火焰,直上碧空,而水神玄武(神龟)镇压山顶,可以起水火既济、阴阳调和的效果;三是指此山元气淋漓,蕴藏着无穷生机,太和之气贯通天人,天地赖之以生,人性因之而成,故修真学道之人于此山修炼,"当契太和"。① "太和"之说表达了中国古人希望天地、自然、人人和谐的美好愿望。

武当山峰高壑深,自然景观奇特,有七十二峰、三十六岩、二十四涧、十一洞、三潭、九泉、十池、九井、十石、九台等胜景。相传这些数字并不是真正的景观数量,而是古代修道者用他们的宗教理论概括的结果。"七十二、三十六、二十四"是中国古代颇具神秘色彩的数字,这些数字都是《易经》所谓的天地数,即天数五(一、三、五、七、九),地数五(二、四、六、八、十)。按照古人的观念,天圆地方,而圆方之周径比约为三比四,故天三地四被看作是真正的天地数,而它们的任何倍数也同样是天地数,如八、九、二十四、三十六、七十二等。② 这些数字不仅反映了武当山的至大至极、至善至美,更是寄托着人们祈求天地交泰、天人合一、风调雨顺、万物和谐的美好愿望和理想。

武当山相传为道教玄武(也叫真武)大帝修仙得道飞升之地,历代道教高士在此隐居修炼,赋予了武当山仙踪灵气。作为世界文化遗产和著名道教文化圣地,大岳武当以亘古无双的武当仙境、博大精深的武当文化和玄妙绝伦的武当武术,为世人留下了恢宏奇美的中华灿烂文化。由此,道教文化与武当山文化相互渗透、互为影响,从犹如人间仙境的自然风光和举世无双的皇家宫观等古建筑群,到独具神韵的武当功夫和神秘高深的武当养生之术,形成了独具特色的武当道教文化。明永乐年间,明成祖朱棣下令建造武当山宫观。从建造、落成至补建,计有八宫、二观、三十六庵堂、七十二岩庙,分布于方圆近百里以内。由于年久失修或毁于兵灾天祸,至今尚存者寥寥可数。③ 然而,武当山的历史与文化价值却历久弥新。

(2) 武当武术文化

武当武术文化是武当山道教文化的重要组成部分,理解武当武术文化必须先认识武当武术。武当武术又被称为"内家功夫"。所谓内家功夫,是指历代道士在练习拳术或剑术的过程中,结合内丹气功所形成的一种健身技击之术。武

---

① 杨立志.武当文化概论[M].北京:科学社会文献出版社,2008:10.
② 杨立志.武当文化概论[M].北京:科学社会文献出版社,2008:12.
③ 杨立志.自然·历史·道教:武当山研究论文集[M].北京:社会科学文献出版社,2006:181.

当武术与道教关系密切,尤与道教方术联系最紧密,其中导引术和服气术是武当武术的直接源头。元末明初道士张三丰是其中的佼佼者,他在武当修炼的二十余年里将道教内丹术、导引术等修炼法门与技击之术相结合,创立了武当山内家拳法[①]。张三丰原名张全一,又名君宝,号三丰子、玄玄子,辽东懿州人。明洪武初年入武当山,拜玄帝于天柱峰,并遍游诸山,搜奇览胜、修道传教。张三丰一派的主要思想特点是:强调三教合一,把三教同源而一致之点归结于道;强调忠教伦理实践,调和入世与出世;重视修炼内丹;从宇宙生成角度探索人的生命之源。张三丰既精于内丹仙学,又擅拳剑武艺,是武当武术的集大成者[②],他将内丹、导引等与技击术结合,创立了武当内家拳法。正是由于张三丰及其弟子的创新与传播,内家功夫逐渐传入民间,并繁衍出太极、形意、八卦等拳种和门派。明清以后,武林多称张三丰为武当内家拳、太极拳的创始人。武当武术也发展成为中华武林的重要流派,逐渐在民间传播开来,派生出众多的门派和种类。武当武术目前拥有 120 多个拳种,其中包括太极门的无极功、太极养生功、太极拳、太极剑、太乙五行拳等,八仙门的八仙剑、八仙棍、八仙拳等,武当北派的龙化拳、龙化剑、玄功拳、三十六路弹腿等,还有养生功、内气功、硬气功和童子功等养生健体法[③]。武当武术体系非常庞大、内容非常丰富,除了以上门派及拳种,还有形意、八卦、太乙、两仪、八宝、八极、乾坤、天罡、清虚、榔梅、奇门、天风、犹龙、闾山、龙门等众多的派别,更有数不清的奇兵异械和药功的传承。2006 年,武当武术被国务院认定为中国首批"非物质文化遗产"。[④]

武当武术深深根植于数千年华夏文化的沃土中,蕴含着深刻的中国传统哲理,并结合道教医学、易学、内丹养生学等人体科学的共性和规律,把武术技击与健身强体融为一体,形成了讲究人体经络穴位,注重练好坚实内功根基的内外统一功夫,并具有刚柔相济、避实就虚、灵活圆转等"内家派"特点。武当武术之一的武当拳的技击原则就是后发制人、以静制动、以逸待劳,要求斗智不斗勇、尚意不尚力。武当拳还有独特的养生功能,武当拳将内功精、气、神称为内三宝,筋、骨、皮称为外三宝,通常练功是练内三宝,通过内养为本、外练为辅的兼修过程,达到炼精化气、炼气化神、炼神还虚、拳道合一,最后达到养生的新境界,即心如止水、境由心造的修炼境界。

---

① 杨立志. 自然·历史·道教:武当山研究论文集[M]. 北京:社会科学文献出版社,2006:257-259.
② 杨立志. 武当文化概论[M]. 北京:科学社会文献出版社,2008:60-61.
③ 曹流. 山水有道:武当太极文化产业发展研究[M]. 武汉:华中科技大学出版社,2014.
④ 华博. 中国世界武术文化[M]. 北京:时事出版社,2007:92-95.

(3) 武当太极拳文化

天下太极出武当。水之阴,山之阳,武当山凝聚成阴阳交融、天生太极的和谐意境。武当太极拳讲究柔和自然,圆融通贯,与宇宙的规律、天地的呼吸相一致,这也是武当武术的一大文化特色。

"太极"指天地未分时的混沌元气,世间万物皆由这种元气变化产生。太极拳的理论基础来源于太极理论,太极拳像气一样,虽有无穷的变化,但万变不离其宗。因此,太极拳也叫作"哲拳"。最初,太极拳被称为"长拳""绵拳",这是因为太极拳的出招特征既像长江大河在流淌,滔滔不绝,又像行云流水,绵柔不断。太极拳主要由八种基本的劲法和五种步法构成,故又称"十三势""八门五步"。直到著名太极拳家王宗岳著书《太极拳论》,用太极阴阳学说来阐述拳理,太极拳的名称才最终固定下来并沿用至今。[①]

王宗岳的《太极拳论》云:"太极者,无极而生,阴阳之母也。动之则分,静之则合。无过不及,随屈就伸。人刚我柔谓之走,我顺人背谓之粘。动急则急应,动缓则缓随。虽变化万端,而理为一贯。由着熟而渐悟懂劲,由懂劲而阶及神明。然非用力之久,不能豁然贯通焉。虚灵顶劲,气沉丹田。不偏不倚,忽隐忽现。左重则左虚,右重则右杳。仰之则弥高,俯之则弥深。进之则愈长,退之则愈促。一羽不能加,蝇虫不能落。人不知我,我独知人。英雄所向无敌,盖皆由此而及也。斯技旁门甚多,虽势有区别,概不外乎壮欺弱,慢让快耳。有力打无力,手慢让手快,是皆先天自然之能,非关学力而有为也。察四两拨千斤之句,显非力胜,观耄耋能御众之形,快何能为?立如平准,活似车轮。偏沉则随,双重则滞。每见数年纯功不能运化者,率皆自为人制,双重之病未悟耳。欲避此病,须知阴阳。粘即是走,走即是粘。阴不离阳,阳不离阴。阴阳相济,方为懂劲。懂劲后愈练愈精,默识揣摩,渐至从心所欲。本是舍己从人,多误舍近求远。所谓差之毫厘,谬之千里,学者不可不详辨焉。是为论。"[②]从中可以看出,太极拳的理论基础极为丰富。太极拳充分吸收了道家的阴阳学说和古代气功等思想,并在学习实践中不断发展和壮大。

关于太极拳的起源,众说纷纭,仅宋代以前有关太极拳起源的传说就包括老子创拳说、南北朝韩拱月创拳说、唐朝许宣平创拳说、唐朝李道子创拳说及宋徽宗时期武当丹士张三丰(又说张三峰)创拳说数种。在各种太极拳起源的说法中,年代最久远的就是老子创拳说。老子(约公元前 571—前 471 年),姓李,名

---

① 任海.中国古代武术[M].北京:中国国际广播出版社,2011:68.
② 常怀民.中国太极拳学[M].武汉:武汉大学出版社,2016:13.

耳,谥曰聃,字伯阳。他是我国古代伟大思想家,道家的始祖,其撰述的《道德经》,大部分内容可以和太极拳的体用相印证,并且能够指导太极拳的理论和实践。如"坚强者死之徒,柔弱者生之徒。是以兵强则灭,木强则折""柔胜刚""弱者道之用""为道日损"等理念,使太极拳从"拳"上升到"道",进入"无为而无不为"的境界。无论太极拳是否是老子所创,但可以肯定的是,老子的道德思想和哲学思想对太极拳的发展产生了巨大的推动作用。

还有一种说法是,张三丰将《易经》《道德经》的精髓与武术巧妙融合在一起,开创了内家拳,后经历代武术家不断创新、充实与推广,形成了以太极拳、形意拳、八卦掌为主体,由剑、棍、刀、枪等内外功法组成的武当武术。后学者黄宗羲及其子黄百家将"内家拳"和"外家拳"系统化,尤其是黄百家编著的《内家拳法》,较全面系统地介绍了武当武术的拳理拳法,之后武当武术开始以"内家拳"自居。武当"内家拳"重在修内,偏重精、气、神的内部修炼,注重意念的训练,所谓"尚意不用力",体现的是一种"安舒、沉稳、圆活"的"内劲"功夫。纵观武当武术的发展过程,道教文化始终是其最基本的理论来源和精神内核,道教的精神透过武当武术的招法动作和武学原理得以存续和弘扬。[①]

作为太极拳的集大成者,张三丰在研习前辈所创造的太极拳的基础上,融合了太极原理与丹道修炼,使武当派太极拳独树内家武术名宗。后世传人各擅其长,在原有拳架基础上演绎了风格各异的太极拳式,极大地丰富了太极拳的文化内涵。

4.2.2 武当道教与养生

武当武术深受武当道教文化的影响,道教文化中的一些思想观念和固有传统深深影响着武当武术及其思想文化的发展,同时也促成了武当道教养生思想与方法的形成。

(1) 武当道教的历史渊源

武当道教是中国道教的一个主要流派。道替山扬名,山为道增色。武当道教由于武当山清幽独特的地理环境而吸引了历代隐居修道之士来此修炼,武当山也由此享有盛名。先秦至东汉末年,武当山活跃着许多神仙方士和炼丹家,是古代宗教活动的重要场所。据《太和山志》记载,老子见周期将衰准备归隐时,不但在函谷关给尹喜留下了《道德经》五千言,而且还点化他到武当山归隐。

神仙信仰是中国古人的重要精神寄托。武当道教信奉的主神玄天上帝,或

---

① 曹流.山水有道:武当太极文化产业发展研究[M].武汉:华中科技大学出版社,2014:94-95.

称真武大帝,来源于中国古代宗教中的玄武崇拜。"玄武"之称最早见于《楚辞·远游》:"玄武,谓蛇龟。位在北方,故曰玄;身有鳞甲,故曰武。"龟蛇在原始动物崇拜中被视为灵物、神物,并成为一些部族的图腾。道教在东汉后期兴起之后,玄武最初常与青龙、白虎、朱雀一起作为道教的护法神。由秦汉文献及后世道经可知,玄武神在古人心目中具有司北方、司水、司命等职能。①

据记载,道教产生于东汉顺帝年间(126—144),由张道陵首创的五斗米道,为最初定型的道教。其孙张鲁割据汉中,建立政教合一的政权二十多年,此间,武当山盛行五斗米道。后来五斗米道发展为天师道,属于道教符箓派,在南方民间影响很大。宋代以前,武当道士多有以符箓为民除疾的习俗。其中,天师道所奉祖天师张道陵,则是武当山符箓派道士信仰和供奉的尊神之一。

至魏晋南北朝时期,由于战乱,社会动荡不安,人们在现实社会中已经找不到苦难发泄的途径而只好转向宗教,从而大大促进了道教的发展,但这种发展并不顺遂。由于受到统治阶级镇压,民间道教只能以分散、隐蔽的方式,在远离统治中心地区开展活动。在此背景下,选择到武当山修炼、学道、隐居者络绎不绝,一些士大夫也因为仕途不顺而寄希望于通过修道来排解内心的苦闷。由此,武当山成为这一时期华中地区隐居修道者荟萃的道教仙境。相对于中原来说,当时的武当山还是一个相当偏僻荒凉的地方。武当道教规模扩大始于唐朝初年,李唐自称老子的后裔,因而推崇道教,使道教位居三教之首。唐贞观年间(627—649),天下大旱,飞蝗遍野。由于祈雨成功,唐太宗下旨在武当山建五龙祠,此后又相继建立多座寺庙。在这一事件的推动下,武当山香火兴盛,许多著名高道隐居武当山修道,如孙思邈、陶幼安、吕洞宾等。②

宋朝是武当道教发展的高峰期,也是武当山真武神信仰的兴起和武当道教的形成时期。由于宋太祖起事于北方,对真武信仰十分虔诚,对与此相联系的阴阳五行相生相克的天人感应观念也十分推崇,因此武当道教备受皇室青睐。元朝时,武当山成为元朝皇帝"告天祝寿"的重要道场。元成宗大德八年(1304)颁旨称武当山为"福地",真武也一跃成了天帝。之后,武当山成为"神仙炼性修心之所,国家祈福之庭",与道教正一派祖庭龙虎山齐名,被尊为道教圣地。当时,北方兴盛的全真派,南方流行的清微派、正一派等先后传入武当山,与武当山原有道派相互融合。至明代,由于明室诸帝皆信奉道教神灵,武当道教在明代达到全盛和辉煌时期。明太祖朱元璋即位后开始奉祀真武神,他定都南京后,在鸡鸣

---

① 杨立志.武当文化概论[M].北京:科学社会文献出版社,2008:38-39.
② 曹流.山水有道:武当太极文化产业发展研究[M].武汉:华中科技大学出版社,2014:81.

山建真武庙,规定"诸王来朝还藩,祭真武等神于端门"。由于明朝历代皇帝对武当道教的重视和礼遇,武当道教的宗教地位被推崇到中国道教史上前所未有的高度。

(2)武当道教与养生

古代道家学仙之人把导引术看作是健身长寿的修仙手段,而道教导引术最核心的内容首推五禽戏。《后汉书·华佗传》云:"古之仙者为导引之事,熊颈鸱顾,引挽腰体,动诸关节,以求难老。吾有一术,名五禽之戏,一曰虎,二曰鹿,三曰熊,四曰猨,五曰鸟。亦以除疾,兼利蹄足,以当导引。体有不快,起作一禽之戏,沾濡汗出,因上著粉,身体轻便,腹中欲食。"华佗五禽戏就是将静功与动功相结合,导气令和,引体令柔,以达到宣导气血、锻炼肢体和疗病健身之目的。

炼气之术是在上古时期的方仙道中就流传的方术。战国时代的《行气玉佩铭》是目前所知最早的古代方士炼气的史料记载。其铭文为:"行气,深则蓄,蓄则伸,伸则下,下则定,定则固,固则萌,萌则长,长则退,退则天。天几舂在上,地几舂在下。顺则生,逆则死。"这里把行气分为九个阶段,即深、蓄、伸、定、固、萌、长、退、天。这九个阶段其实就是修炼内气的一种功夫。道教的导引术、服气术和后来的丹术皆以健康长寿、修炼得道为宗旨。在长期的修炼实践中,许多道士兼习技击武术。武当道教的行气、导引、调息、按摩等养生方术也成为武当内家拳的主要修炼技术。

从武当武术与武当道教的渊源可以看出,武当武术的理论体系根植于中国道教文化,可以说道教"三玄"学说即《易经》、《老子》(又名《道德经》)、《庄子》是武当武术的理论基础。"三玄"学说以"有无""本末"等概念或理论得出"寄言出意""忘言得意"等思想方法,探讨"玄远""玄虚"的"虚胜之道"[①]。"玄"这个概念首见于《道德经》。《道德经》第一章开宗明义:"道可道,非常道;名可名,非常名。无,名天地之始;有,名万物之母。故常无,欲以观其妙;常有,欲以观其徼。此两者同出而异名,同谓之玄。玄之又玄,众妙之门。"《道德经》用"有"和"无"来表征"道"之"玄",认为"有"和"无"相互统一,有无相生、生生不息。在此基础上,老子又提出了"有为即无为"的"无为"观念。老子的"无为"思想是道士们修炼养生的重要思想来源。后来庄子继承老子的观点,把老子的"无为"思想进一步发展,提出了"静以养生"的思想,主张"心斋""坐忘"等,以求得精神的超脱,达到"真人"的理想境界。庄子还提倡人要尊重自然,知足常乐。庄子说:"吾在于天地之间,犹小石小木之在大山也。"(《庄子·秋水》)他认为人在天地之间所占据的位置,

---

① 康中乾.魏晋玄学[M].北京:人民出版社,2008:7.

不过是像大山之中的小石子或小草小枝而已。而小草小石之所需,也许只是一滴雨露和一缕阳光,所需甚少。这些都告诫人们要遵循自然法则、顺应自然。古代发明创造武当武术的高道名士无不精通"三玄"哲理,尤其是太极拳、八卦掌、形意拳等内家功夫,深受"三玄"理论的影响。从这个意义上来看,武当武术又是一门养生艺术。

4.2.3 道家思想与武当武德

道家思想来源于道教,但道家与道教有着本质的区别。道家是学术,道教是宗教。前者讲哲理,后者讲信仰。道家思想是中国传统文化的重要组成部分,也是塑造中国传统观点的思想源泉之一。道家崇尚自然、返璞归真,主张唯道是从、无为而治,强调人与自然、人与人之间的和谐关系。[①] 道家认为"道"是万物之源,它自然无为而无不为,生养万物而不私有,它无形无象、无法言表,它超越一切而存于万物之中。道家认为,无为和无不为的"道"是宇宙的本原和根本法则,人应该以"道"为法,清静无为,朴素自然,保持无知、无欲、无争的状态,这是人性之"常然"。达到并保持这种境界,就是与"道"合一。因此,人应该推崇自然,效法"道",做到"生而弗有,为而弗恃,长而弗宰"(《道德经·第五十一章》)。道家之"道"从另一方面,也体现了武德之"道"。

(1) 无为之道与武德

老子是道家思想的代表人物,其思想主要反映在他的著作《道德经》中。老子倡导清静寡欲、与世无争,表现在其"无为""守柔""不争"等思想体系之中,深为后世养生家和道家所重视。中国传统武术素来以技艺高超服人,但崇尚武技而不崇拜低级的拼搏打斗,也正是缘于"无为"和"不争"的思想。

"无为"一词源于《道德经》一书。老子说:"我无为而民自化,我好静而民自正,我无事而民自富,我无欲而民自朴。"此即著名的"无为而治"的主张。在此基础上,老子进而提出了"不敢为天下先"的思想。"无为"最简单的解释就是所谓"以辅万物之自然而不敢为",主张顺应万物本性,不矫揉造作,不乱为,不强为。无为也是一种明智而宽厚地对待他人他物的良好心态。老子的"无为"思想主张出世的做人智慧,被武术人吸纳成为武术道德中的重要观念[②]。在老子"无为"思想影响下,武术及武德文化的最高境界也体现在"无法、无形、无象"等"无"字上,正所谓"大象无形""大道无痕"。因为"有",心会有所累,只有"无",才能从心

---

① 支川. 论太极拳与中国传统文化的融合与发展[J]. 南京体育学院学报(社会科学版),2008(5):48.
② 乔凤杰. 文化符号:武术[M]. 北京:社会科学文献出版社,2014:165.

所欲。只有"无为",才能达到"无不为",才能使天下万物莫能与之争,从而达到"拳无拳,意无意,无意之中是真意"及"以无法为有法""以无限为有限"的至高境界和崇高的道德修养。

由于现实和历史因素的影响,现实生活中还存在自我中心主义等错误的人生观。个人主义泛滥,个人私欲膨胀,相信人定胜天,武断妄为,使得人与人之间失去了相互的尊重和理解。道家的无为思想为解决这些道德现象起到了很好的作用,是治愈现实世界中浮躁妄为的一剂良药。然而,无为并不代表消极和不作为,也不是对他人的冷漠与不尊重,而是在尊重自然的条件下不过分强求结果。正如《道德经》中所言,无为是为了无不为,是在达到心灵的充分自由后的最有为。

而庄子的"无待"思想则是对老子无为、守柔思想的进一步发展。"无待"源于《庄子》,意为不依赖任何外物的帮助。无待的实质是不对他人他物存有任何期待,平静地接受他人他物与一切结果。庄子的无待思想,对于身处物欲横流的世界的人们来说是一剂良药。无待的实质也是一种不期待,是明智而宽厚地对待他人的一种良好心态。[①] 人们在生存过程中,除了自身努力,还常常需要借助诸多外在客观因素的支持和帮助。但随着人们对外在力量依赖程度的加大,失望甚至痛苦也会加大。若要不被外界因素困扰,只有无待即不依赖他人他物对自身的帮助和恩赐。无待思想也是追求武德至高境界的修身法宝。

(2) 贵柔之道与武德

贵柔、守雌、示弱、不争是道家主要传统思想,中国传统武术文化中的刚柔思想主要受老子贵柔之道的影响。老子"柔胜刚,弱胜强"的观点,在太极拳中表现得尤为明显。老子说:"将欲歙之,必固张之;将欲弱之,必固强之;将欲废之,必固兴之;将欲夺之,必固与之,是谓微明。"又说:"天下之至柔,驰骋天下之至坚。"这些话充分体现了老子"反者道之动,弱者道之用"的思想法则。

老子思想中的贵柔之道作为道家的方法论,是道在具体事物中的运用。老子的贵柔之道思想在武术的实战战术中随处可见,目的是在争斗中出其不意、克敌制胜,如太极拳中的以静制动、以柔克刚等。这种示弱的方法论在现代生活中仍具有重要的价值,表现为在现实生活中低调、不张扬、谦虚、不争强。示弱的实质是对自己的欲望有一定程度的克制和限制,是一种自我保护。示弱既是一种自我要求,也是一种个人修养,更是在竞争中谋求胜算的一种策略。庄子把老子的思想具体用到剑术上,"夫为剑者,示之以虚,开之以利,后之以发,先之以至"

---

① 乔凤杰. 文化符号:武术[M]. 北京:社会科学文献出版社,2014:167.

(《庄子·说剑》),主张以静制动、以柔克刚、后发先制,也就是要在虚实变化中以己之长克敌之短,随机应变诱使对方中招。

道家"贵柔守雌""不敢为天下先"的战略思想,主要受到对水性认识的影响,老子认为水既柔弱、卑下,又坚强、至善。水滴石穿,柔弱可胜刚强。因此,老子说:"天之道,不争而善胜","上善若水,水善利万物而不争","夫唯不争,故天下莫能与之争"。老子的"不争"主张和"贵柔"之道是中华传统文化中的智慧之道。以道家思想为基础的中国传统武术不仅仅是以武服人,更强调以德服人。中国传统武术以技艺高超服人,而不以凶狠残暴折人;崇尚高超的武技,而不崇拜低级的搏斗,这些都体现了"不争而善胜""柔弱胜刚强"的武德思想。

(3) 阴阳之道与武德

阴阳之道是一种变易之道,《易·系辞》中"一阴一阳之谓道",揭示了世间万物相互联系、互为因果的发展规律。阴阳之道其实就是武德中的辩证之道,武术要求的"动静相生、刚柔互补、快慢相间"等,都建立在阴阳辩证观念之上,不懂阴阳则不懂武术,也更难理解武德文化中的奥秘与精髓。"阴阳不测之谓神",武术动作讲究虚实、进退、起伏、内外、开合、显藏之间的配合,其实质就是阴阳互补和配合。早在先秦时代,剑道和拳技就孕育了阴阳观念。越女论剑时说:"其道甚微而易,其意甚幽而深。道有门户,亦有阴阳。开门闭户,阴衰阳兴。凡手战之道:内实精神,外示安仪;见之似好妇,夺之似惧虎;布形候气,与神俱往;杳之若日,偏如滕兔;追形逐影,光若佛仿;呼吸往来,不及法禁;纵横逆顺,直复不闻。斯道者,一人当百,百人当万。王欲试之,其验即见。"[①]阴阳之道构成了武德文化独具风格而又丰富多变的辩证模式。清代王宗岳《太极拳论》则开宗明义,在拳理和实践中充分展示阴阳辩证之道。"太极者,无极而生,阴阳之母也","阴不离阳,阳不离阴;阴阳相济,方为懂劲"。太极拳的拳理中充分展示了动静之机、开合之道和阴阳之理,只有掌握了太极拳的"阴阳不测"之功,才能掌握太极拳"以柔克刚、舍己从人、后发先至"的技击之理。

阴阳的相分相合,造就了天地万物的生化,从而保证了生命的存在与延续,对于天地宇宙来说,是一种大仁与大智,是道家自然大法的最好体现。中国传统武术历来就不是单纯的体育格斗之术,而大多贯穿了习武悟道、参禅养生的东方哲理。中国传统哲学中许多根本概念如天人、形神、刚柔、阴阳、动静等辩证思维,正是易学中阴阳的产物,都是传统武德文化的哲学基础。"柔中有刚攻不破,刚中有柔力无边""彼静我乱,彼乱我静,静中有乱,乱中有静"等武谚武训,正是

---

① 赵晔. 吴越春秋译注[M]. 张觉,译注. 北京:北京联合出版公司,2015:261.

阴阳相济、阴阳互补的辩证之理。中国传统武术的拳派拳路、器械套路中的攻防技击，都贯穿着虚实、开合、刚柔、快慢、动静、内外等阴阳对立并能相互转化的哲理。因此，刘俊骧先生认为武术是中华元文化最生动的载体。那么，作为元文化的中华传统武术的阴阳之道当然称得上是武德文化的哲学基础之一。

(4) 自然之道与武德

"人法地，地法天，天法道，道法自然"是道家遵循的自然法则和追求的最高境界。受道家思想影响，古人对自然充满敬畏之心，注重人与自然的和谐。在实践中强调人要顺应自然，在遵循自然发展客观规律的基础上利用自然、改造自然，达到"天人合一"的境界。

"天人合一"是一种天人和谐的境界，指个体融入自然大化之中，实现个体生命与宇宙万物的融合。天人合一观对中国传统武德的影响至深。"天道与人道本是一道"的观念，使武术形成了师法造化、师法自然的鲜明特征。[①] 太极拳的很多拳种和拳式自觉或不自觉地受到这种观点的影响，有些拳式灵感来源于花草树木的生长走势，有些拳式灵感来源于飞禽走兽的姿势，还有些拳式灵感来源于山川云海等等，此即"象形"。"取意"则是指象形中所蕴含的意义。中国武术和舞蹈都有象形而取意的传统和特色，天人合一观是其根本的哲学基础。天人合一观强调人是自然宇宙中的一部分，人与天地具有同形同构之理，只有符合自然之道，处处与天地相合，不违背其运行规律，才能达到出神入化、人与自然相契相融的武德最高境界。

最能体现中国哲学与武术密切关系的著作是《易经》和《易传》。《易经》与《道德经》的有些主张相同，都把宇宙看作一个有机的整体，认为人和客观世界是统一的，对人的认识与对自然的认识相互联系，可以通过对人自身的认识来理解自然界，也可以按照对自然界的认识来理解人自身。《系辞传下》说："古者包牺氏之王天下也，仰则观象于天，俯则观法于地，观鸟兽之文与地之宜，近取诸身，远取诸物，于是始作八卦，以通神明之德，以类万物之情。"八卦是对"万物之情"即宇宙本质的把握，八卦的获得来自"近取诸身，远取诸物"，说明作为主体的"身"和作为客体的"物"是一致的，都受八卦规律的支配，在认识次序上一般也是由近及远，即由自身而至天地鸟兽植物。由此可知，中国古代哲人认为宇宙万物和人一样，都是有生命的存在，都按照正常的生命历程那样生存和演进，追求的是一种自然之道。

总之，道家讲究道法自然、天人合一，而武当武术追求的也是一种自然之

[①] 刘俊骧.武术文化与修身[M].北京：中央编译出版社，2008：35.

道,即一种修炼身心、重视个人生命体验的东方人体文化,也叫养生文化。而且,东方养生文化不仅有助于延年益寿,还有助于践履天道,是自觉地执行天道的一种责任和境界。正如太极拳能够通过松静、自然、流畅、和谐的太极推手,使人达到一种如入"无人之境"的空灵状态,最终由术而至德,由德而达道,通过"返璞归真"达到另外一个境界,即为武德之最高境界。

4.2.4 武当武德思想特征

对武当武德文化进行多层次的分析和总结,是科学认识武当武德思想特征的重要途径。从技击战略的角度将武当武术与少林武术对比,武当武术具有以静制动、以弱胜强的特征;从武术的文化功能来看,武当武术具有技击性、健身性和艺术性的特性。[①] 然而,结合武当武术与道家思想的文化渊源,武当武德思想主要表现出以下几个方面的文化特征。

（1）武当武德的融合性

文化的融合性是指一个民族的文化在其发展的过程中对其他民族文化的有机吸收。融合性也是中华文明在人类文明史上能够延续至今的一个重要原因,文化的有机吸收能力和独特的文化融合性是彰显文化活力的重要特征。武当武术博大精深,以太极、形意、八卦等内家拳法为主要手法,形成了丰富的武当武术文化体系。可以说,武当武术文化正是在其发展过程中有机吸收了其他文化形态和其他武术流派的文化内容,才奠定了其在中华武术中的地位。武当武术文化形成于元末明初,是武当道士张三丰将道教内丹养生术与少林武术有机结合的结果。而成熟的道教内丹养生术以道家修道文化为理论基础,有机融合道教各类炼养方术以及佛教的修炼思想和修炼方法,这无疑是武当武术强大的文化融合力的具体体现。[②]

武当武术曾将中国古典哲学中的阴阳、八卦和五行学说等融合进自己的体系,阴阳消长、八卦演变和五行生克都可以视为武当武术的理论核心。武当武术还受中国传统养生思想的影响,形成了集健身、防身和养身为一体的武术风格,动静皆宜的武术气质,是道家理论与武术、艺术、气功的完美结合。太极拳的开发和创立就是武当武术融合性的充分体现。太极拳是根据道家"道法自然""贵柔守雌"等理论,把道家的养生导引术和武术的拳法加以糅合、创编和演化,创造了以柔克刚、以静制动、后发制人的武当内家拳,给后世留下宝贵的世界文化遗

---

① 龙行年.神秘与科学:武当武术的文化探源与展望[M].北京:北京体育大学出版社,2017:164.
② 龙行年.神秘与科学:武当武术的文化探源与展望[M].北京:北京体育大学出版社,2017:166.

产。同时,武当武术以柔克刚、后发制人的技术特点,遵从"刚柔、动静、曲直"等矛盾辩证关系,是《道德经》道法自然和《易经》阴阳理论的结合体。根据《易经》和《道德经》的观点,道家哲学的本体是"道",永恒存在天、地、人之间。道生万物,又制约万物。道没有形状也没有具体表象,没有开始也没有结束。道的行为是贵柔守雌、无为不争。道的表现是柔、静、虚、空、圆、中、正、和等。这些观点都融合了太极、阴阳、五行、八卦等中国传统哲学思想。正是由于武当武术融合了这些丰富的哲学思想和道德思想,武当武术文化才如此博大精深,武当武德思想才得以走向世界、福泽天下。

(2) 武当武德的守柔性

武当武术以退为进、以柔克刚等技击特性,决定了武当武德的守柔特性。武当武术在技击术上讲求柔弱似水、以守为攻,追求"上善若水"。"上善若水"一词出自《道德经》。《道德经》说:"上善若水。水善利万物而不争,处众人之所恶,故几于道。"也是说至高的品性像水一样,水泽被万物而不争名利,不与世人争长短,至柔却能容天下,所以水的德行最接近于"道"。《道德经》又说:"天下莫柔弱于水,而攻坚强者莫之能胜,以其无以易之。"故:"弱之胜强,柔之胜刚,天下莫不知,莫能行"。"道"无处不在,所以水无所不利。在老子的道家学说里,"水"无形无状、能容能下,此大道之象也。它善于处在下游的位置,所以成为百谷王;它滋养万物、造福于万物却不求回报,这样的德行,乃至仁至善;它滴水穿石,这样的品性至柔至刚。水因不争而独具善德,也是不言之教的典范。"上善若水"也表明,对于个人来说,最好的品德应该是谦虚谨慎、积极奉献、乐于助人,不争名夺利、不居功自傲。在武当武术中,太极拳就是这种体用的典范,抱雌守柔是武当武德思想的主要文化特征之一。

(3) 武当武德的传承性

武当武术名扬天下,传承性是武当武德又一基本特性。武当武术与武德思想的继承与传播,离不开那些武功高绝、德行高远、有深厚造诣的武林前辈与大师。这些大师不仅具有炉火纯青的武当功夫,还具有渊博的理论知识。他们致力于武当武术的传承与传播,通过自己的言传身教和积极推广,将中华文化和中华民族的传统美德发扬光大。如武当派第十四代传人游玄德大师,一直致力于武当武术和道教文化的传播。[①] 游玄德大师曾说过"要让武当走向世界,让世界了解武当"。如今通过武当功夫的展示与传承,武当武德文化在世界各地开花结果。武当武德的继承和传播,还得益于文化形式的创新。在现实中,将太极文化

---

① 游玄德. 秘传武当太极拳[M]. 北京:人民体育出版社,2009:1.

舞台化，也是传承武当太极文化和太极哲学、弘扬武当武德思想文化的一种创新形式。如在太极祖庭武当山下，由太极文化旅游产业集团携手好莱坞国际制作团队共同打造的大型歌舞剧《太极传奇》，在国内外都引起了强烈反响。这既是文化与产业结合的创新之举，也是太极文化走向国际的重要举措。《太极传奇》采用"舞武"结合的方式，在创作中充分吸收中原文化的特征和中原的地域风貌，具有浓郁的中原文化特色，它向全世界展示了大山、大水、大人文的武当太极文化，诠释了大武当和谐之美的极致文化意境。

　　武当武德的传承还建立在对武道文化的认识和认同上。"武"有双重意义，其一指玄帝真武，其二指武当功夫；而"道"既受庄子"道"的影响，又受武当派张三丰真人所创的丹道体系的影响。武当以其源远流长的历史、博大精深的文化、宏大的建筑群体、无与伦比的风水布局与艺术风格，成为世界宗教史上的辉煌典范，铸就了天下第一仙山的盛世人文。武当古称太和山，在道经中有所谓"抱阴负阳，冲气以为和，保和太和"之论，和谐大道、玄机哲理暗藏于山水之中，玄而又玄。作为易经物化的典型，武当秘传太极拳法大开大合如日月运行，进退似江海潮涌，随屈就伸，中定安舒。武当太极拳法是道家智慧留给人类的宝贵文化遗产。[①] 武当功夫由武达道，是中华文明在探索生命科学、寻求人生哲理、造福人类过程中留下的知识宝藏和思想宝库，这种文明成果应该为全世界人们所共享。

---

① 游玄德.秘传武当太极拳[M].北京：人民体育出版社，2009：69-71.

5

中国传统武德思想的历史价值与转化

中国传统武德思想是武术文化精神层面的"道"和物质层面的"术"相结合的产物,而且是一种动态的文化产物,随着时代的前进、发展而变化①。在漫长的历史发展过程中,中国传统武德思想与中国古代的政治、经济、军事、文化相互交融,形成了一套内容丰富、思想全面的思维方式、社会意识、价值观念和行为规范。这些历史所遗留下来的思想文化内容,不尽然都是精华,有些已经过时或是糟粕,已不能为今天的社会主义道德建设所用。然而,正如马克思主义唯物史观所认为的,社会意识虽然是第二性的,但有些社会意识的存在并不随着社会存在而消失,有可能依附于新的社会存在而保留下来,这就是社会意识具有相对独立性的体现。② 也就是说,历史遗留下来的文明成果,包括物质文明和精神文明,不是只为一个阶级或某一个时代所独有或独享,而是由不同阶级或经由几个时代共同创造并共同享有。优秀的思想文明成果不会过时,有些会成为优秀传统美德和优秀民族精神为现时代所倡导。简单粗暴地抛弃前人的思想遗产,只会犯历史虚无主义的错误。因此,正确处理好传统文化的继承性、借鉴性和超越性,发掘和总结中国传统武德的优秀思想成果,对于社会主义思想道德建设具有不可低估的理论意义和现实价值。

"以史为鉴,可以知兴替",这是古人对于历史经验的科学总结;"取其精华,去其糟粕",这是千百年来人们对待历史文化所持有的态度和做法。对待传统文化,如何"取其精华,去其糟粕",是我们面临的重大问题。历史唯物主义告诫我们:对待传统文化,不能全盘否定,也不能全盘肯定,既不脱离传统,也不停留在过去。认识自己的历史传统,既要有自尊自爱的态度,又要有科学清醒的认识,要采用科学的态度和方法。既要弘扬传统文化中优秀的东西,又要勇于批判与自我超越,敢于否定和抛弃传统中一切落后、消极、负面的思想、意识、道德和行为。而且,历史不能被割裂,要对历史进行学习和反思,只有与历史对话、以史为鉴,社会才能进步。

因此,中国传统武德思想的发展,历经产生、分化、演变、转型的过程,合乎历史的运动规律,反映了中华民族的文化传统和当时特有的时代背景。精华与糟粕混杂、积极与消极并存、传统与现代交融,这使得继承与批判成为当代文明传承与文化创新的永恒主题。中国传统武德思想中蕴含着古老的东方文明和深奥的哲理,充分表现出中国礼仪之邦、仁义之国的民族特征和伦理特色。通过理性批判,积极吸收传统武德中有益的传统和经验,对社会主义精神文明建设和社会

---

① 栗胜夫.传承武术文化精华与批判封建糟粕[M]//中华武术演进论.北京:人民出版社,2017:233.
② 黄钊.中国古代德育思想史论:上[M].北京:中国社会科学出版社,2011:26.

主义核心价值观的深化具有重要的借鉴意义。

5.1　中国传统武德思想的历史进步性

中国传统武德思想是中华民族在长期的生活与斗争实践中逐步积累和发展起来的宝贵文化遗产，具有深厚的传统文化特质和古典哲学特色。以中国文化为理论基础的中国传统武德思想，在儒、释、道、墨等思想的影响下，形成了一套对现代社会仍然具有积极影响的价值体系和行为规范。

中国传统武德思想中蕴含的"仁、义、礼、智、信、勇"等内容，是中华民族的传统美德。仁爱之心、正义之行、礼让之举、诚信之为、奋勇之力等，无论在何种社会阶段都具有弘扬社会正气、维护社会安定、造福于民等重要作用。武德思想源远流长，其哲学核心是儒家的中和养气之说，同时又融合了道家的守静致柔、释家的禅定参悟等诸多理论，呈现出三教合一的文化风貌。[1] 中国传统武德思想蕴含的伦理内涵反映出中华民族仁者爱人、坚持正义、热爱和平、不畏强暴、严于律己的品格要求。

5.1.1　仁爱为本的伦理核心

中国传统武德思想在发生、发展、演变的过程中，始终以"仁爱"为伦理思想核心。传统武德深受儒家"仁"思想的影响，因此，"仁爱"在传统武德思想中具有突出的地位。"仁也者，人也。""仁"在中国传统道德思想中居于重要地位，如"五常"中的仁、义、礼、智、信，"四端"即"四心"中的恻隐之心、是非之心、辞让之心、羞恶之心，"三达德"中的知、仁、勇等，都把"仁"放在突出位置。

"仁"是儒家伦理思想的核心，中国数千年文明史中所形成的爱人、忠恕、孝悌、恭敬等观念都是"仁"的具体表现。可以说，"仁"在中国传统道德范畴中具有统帅作用。孔子认为"仁"是一种至德，所以孔子的最高理想就是"天下归仁"。孔子在办学时，设立德行、言语、政事、文学四科，也是以德行为首。孔子提倡要行仁，就是倡导要做个好人。

"仁"的基本内容是爱人、忠恕，所以孔子的伦理思想首先强调"仁爱"。"仁爱"既是现实的要求，又是对理想的追求，"仁爱"是最高的道德标准和道德境界。在儒家伦理中，"仁"以"爱人"的道德意识和道德情感为基础，以"孝悌"的亲亲之情为出发点，通过"忠恕"环节推己及人，"己立立人，己达达人"，以维护社会正统

---

[1]　王广西. 中国功夫[M]. 北京：五洲传播出版社，2008.

的伦理道德规范。为此,儒家还提出了"恕、忠、孝、悌、忍"、"恭、宽、信、敏、惠"、"温、良、恭、俭、让"、"诚、敬、慈、刚、毅"和"克俭、克己、中庸"等思想,而这些思想都以"仁"为基础。儒家还提出了一系列以"仁爱"为核心的伦理思想,如"己所不欲,勿施于人","亲亲而仁民,仁民而爱物","仁者以其所爱,及其所不爱","仁,人心也"等,表达了儒家仁慈、善良、宽容、谦逊等传统伦理价值准则。孟子也说过"仁也者,人也","仁"就是做人的原则。孔子还认为,"仁"是"礼"的基础,没有"仁","礼"就徒有形式而没有实质的价值;"礼"以"仁"为标准,没有"礼","仁"就是说不清道不明的虚化构想。

儒家的"仁爱"思想对武德思想的影响非常深刻,武德思想中的仁,也体现在孔子关于"武"的言行和思想中。孔子善于射箭骑马,常常带领弟子于射圃习射;对军旅之学精通,并传于冉求、樊迟等弟子。据《史记》记载,"孔子身长九尺六寸",身材十分高大。但是孔子"劲能拓国门之关,而不肯以力闻"[1],"不以力自矜,知夫筋骨之力,不如仁义之力荣也"(《论衡》)。在他看来,处理从武之事也应该应用仁爱。孔子说,"仁者静""克己复礼为仁",仁者追求的是内心的平静,人只有克服私欲、达到内心的宁静,才能达到"仁"的境界。如太极拳,除了追求道家的清静、自然、无为,实际上也十分注重儒家伦理,太极拳中以柔克刚、以退为进、后发制人的手法技巧,都要求习练者脾气温顺、待人和善,并有极强的自我控制能力。儒家的仁爱、中庸、忍让、忠孝等品德修养对太极拳的影响深远,使太极拳形成了一种谦虚礼让、博大宽容而又奋发进取、百折不挠的太极文化[2]。"仁爱"作为武德伦理思想的核心,强调习武练兵过程中对人要谦虚礼让、宽容,不举无名之兵,不逞匹夫之勇。"不知者不与言,不仁者不与传。谈元授道,贵乎择人"(《峨眉枪法·戒谨篇》),就是要求习武之人要秉持"仁爱"之德,净化思想,端正从武作风,弘扬高尚的武德。

"仁"还体现为崇高的为国献身精神。孔子说"好仁者无以尚之",认为仁义道德是至高无上的。孔子把"仁"甚至看得比生命还重,"志士仁人无求生以害仁,有杀身以成仁",主张为高尚的道德精神而献身[3]。历史上为了大仁大爱舍家卫国、血洒疆场的民族英雄不胜枚举,如南宋抗金名将岳飞、南宋末年的抗元英雄文天祥、明代卫国保民的抗倭英雄戚继光、清末"以武保国强种"的霍元甲等。这些杰出的民族英雄也是武林界公认的英雄,他们以崇高的"仁"德和"武"德激励着一批批后来者前赴后继、保家卫国,成为所有中华儿女履行

---

[1] 余水清.中国武术史概要[M].武汉:湖北科学技术出版社,2006:41.
[2] 华博.中国世界武术文化[M].北京:时事出版社,2007:127.
[3] 黄钊.中国古代德育思想史论:上[M].北京:中国社会科学出版社,2011:10.

自身职责和追求最高理想的榜样。

5.1.2 贵义轻利的价值导向

在中国传统武德思想中,"义"历来占有非常重要的地位。从武用武过程中涉及的仁义、忠义、侠义、大义、恩义之举都离不开一个"义"字,习武之人强调"义"当字头。可以说,"义"为传统武德思想提供了价值导向。"义"原指"宜",即行为要适当、合于"礼"。《礼记·中庸》解释:"义者,宜也。""义"意为合于一定的道理,符合一定的标准。韩愈《原道》认为"行至宜之之谓义",恰当地去实现"仁"就是"义",引申含义即为追求公正、正义、公利、公道等。"义"几乎包括了一切处理人与人之间关系的道德观念。在中国传统思想中,虽然不同的学派对"义"有着不同的表述和看法,但对于"义"的价值追求都是一样的,都是为了追求一种合理性。"义"在武德思想之中尤为突出。

(1) 儒家倡导的"义"

在儒家思想中,"义"占有重要的地位,是仅次于"仁"的重要德目。《论语·阳货下》中,子路问孔子:"君子尚勇乎?"孔子说:"君子义以为上,君子有勇而无义为乱,小人有勇而无义为盗。"[1]孔子告诉我们,"义"是君子应具备的内在素质,也是最可贵的素质,君子只有勇没有义,就会造成混乱和破坏;而小人如果只有勇没有义,就会变成土匪或强盗。这里也可以看出,侠如果没有"义"的价值引导,也许就会成为盗侠或匪侠。

义中不仅包含了正义、公义、大义,还包含了舍己为人、仗义疏财、施恩不图报,甚至为国家和民族利益、为理想正义而献身等精神。孟子说:"生,亦我所欲也;义,亦我所欲也。二者不可得兼,舍生而取义者也。"主张为了真理和正义可以不惜牺牲生命。重义是中华民族的优良传统,武林中也一直以重义尚侠作为习武者的重要品质。在重义尚侠思想影响下,习武者见义勇为、锄强扶弱、慷慨乐助、施恩不图报,留下了无数脍炙人口的英雄故事,至今仍为人们所传颂。武林豪杰风雨同舟,肝胆相照,皆以"义"字当头,"义"字还是联系侠客或整个豪侠集团的纽带。另外,儒家文化提倡的"见利思义""义以为上"的重义轻利观,也为侠者行为树立了道德标杆。"见义不为,无勇也,勇而不义,不可为勇"(《论语·为政》),"义"是君子行为规范中的一个重要标准,更是侠者为人处世的原则[2]。

武林门派的规定中也有关于"义"的内容,如《少林罗汉行功·短打十戒》规

---

[1] 程树德. 论语集释:下[M]. 程俊英,蒋见元,点校. 北京:中华书局,2013:1422.
[2] 马文友. 中国武术的审美文化研究[D]. 上海:上海体育学院,2012:63.

定:强势霸道、不讲仁义的人不予传授,因为强势霸道容易造成争乱,不仁不义之人则容易忘恩负义;即使身怀绝技,也不能恃强凌弱、恣意妄为;"主持正义,信守武德,不因自己的艺强而骄傲,亦不以功夫去行无德之事……为人正直,见不平事,遂挺身而出"……①这些规范和戒律都要求习武之人要树立坚持正义、见义勇为、扶弱锄强的"仁义"之德。

（2）墨家宣扬的"义"

在墨家思想中,"义"是一种精神气节和思想境界,表现为抑恶扬善、舍己为人、锄暴安良等侠义行为。墨子是墨家代表人物,墨子十分重视"义",认为"万事莫贵于义"②,由于天下已没有人在行义,所以更要提倡大家行天下之"义"。墨子极富侠风义气,坚持社会公正和正义的信念,以惊人的毅力和牺牲精神果断行事。"义非侠不立,侠非义不成",侠必称义。在"侠义"思想的引导下,墨家为社会作出了重要贡献。墨家弟子多为武艺高强、慷慨侠义之人,他们凭借高超的武艺行侠仗义、惩恶扬善,把武术这一本具有攻击性的手段用来维护社会的"义",他们重义轻生、已诺必诚,为后世侠者树立了典范。

墨家思想的形成与墨子坚持劳动人民立场有莫大的联系。墨子出身于劳动人民之家,常常为了劳动者的利益奔走呼号,向往政治清明、社会和谐、国家富裕、财政充裕、百姓都能吃得饱穿得暖、生活无忧无虑的理想社会。③ 他针对当时社会的弊端,提出了"兼爱、非攻、尚贤、尚同、节葬、节用、非乐、非命、天志、明鬼"等思想学说。他还创立了与儒家对立的墨家学派,反对儒家的"亲亲有术、尊贤有等"的宗法伦理思想,提倡爱无差等的"兼爱"伦理思想④。"兼爱"是墨家伦理思想的核心内容,他主张人与人之间都要相亲相爱。墨子在政治上主张"尚贤",即主张"官无常贵而民无终贱,有能则举之,无能则下之";随后又提出"尚同"的政治主张,即强调一个国家各个层级的官吏都要跟上一级保持一致,做到层层上同,最终上同于天。

实际上,墨子的兼爱说、非攻说等都与"义"有着非常紧密的联系,都体现了为天下所有人的利益服务的精神。墨子认为:"义,利也。"(《墨子·经上》)他认为凡是"利天下"和"利人"的都是道德的(即义)。在他看来,"国家百姓人民之利"是判断一切价值的标准,也是兼爱最可取的主要标准。墨子认为,社会的动乱起于人与人之间的不相爱,他要求所有人"兼相爱,交相利",提倡"视人之国,

---

① 蔡宝忠.武术与文化:中国武术文化基因的构成[M].太原:山西科学技术出版社,2015:40.
② 李小龙.墨子[M].北京:中华书局,2007:204.
③ 黄钊.中国古代德育思想史论:上[M].北京:中国社会科学出版社,2011:11.
④ 华洪兴.体育伦理学[M].南京:河海大学出版社,1999:16.

若视其国;视人之家,若视其家;视人之身,若视其身"。墨子认为,如果平等相爱,那么就会出现一个人与人相亲相爱、国与国和睦相处的理想社会。既然讲兼爱,就不应该去攻打别的国家,从这一点来说,墨子是一个反战主义者。他还提出,要制止别人打仗,自己就要有一套军事防御技术,这也是"以武止武"在道德上的另一种表达。以墨子为代表的墨家主张和平,主张兼爱和非攻。但在战乱纷争的时代,却没有人愿意倾听他们和平的劝导,所以墨家只能选择用行动来帮助弱小、抵抗侵略以实现自己的主张。墨家认为不仅个体可以行侠仗义,而且组织纪律严明的团队也可以实现侠义精神和主持社会公道。

墨家组织严密,纪律严明,经常以"严师、贤友、良臣"来勉励其门下弟子。墨子的弟子出仕之后,如果出现曲学阿世、见利忘义等行为,便要被逐出师门,免其官职。弟子对墨子是绝对的服从。墨家成员绝大多数来自平民社会,他们与侠客有共同的源流,因而他们之间有着密切的联系。墨家倡导互制互助,提出"万事莫贵于义"的崇义精神,体现了平民阶层追求人格平等的价值取向。墨家还对侠客现象进行了观察和研究,提出了"任侠"观念和主张。《墨子·经上》言:"任,士损己而益所为也。"其实践方式为"任,为身之所恶以成人之所急"[1],明确了侠客的行为准则。

墨家的规矩和纪律也成为"墨侠"行侠仗义的道德基础和精神激励,影响至今。孟子说:"杨子取为我,拔一毛而利天下,不为也。墨子兼爱,摩顶放踵利天下,为之。"(《孟子·尽心上》)意为墨子之门多勇士,他们从头到脚彻底地献身于天下,没有保留[2]。《淮南子》称:"墨子服役者百八十人,皆可使赴火蹈刃,死不旋踵。"意思是说他们面对死亡也不后退,随时准备为墨侠事业去牺牲生命[3]。由"义"生"侠","侠义"精神由此而出。尚武重义的"侠义"精神塑造了重义轻利、仗义行侠的民族性格,也造就了先秦游侠、两汉豪侠、隋唐隐侠、宋明义侠等武侠义士,这些义士无不表现出重诺守信、重义轻生、重义轻利等伦理道德力量和崇高的侠义精神,为世人传颂。

5.1.3 尊师重道的礼教风尚

尊师重道是中华民族的优良传统,是尊重知识、尊敬师长、虚心好学、传承创新、不断进取的可贵精神。[4]"蜡炬成灰泪始干",教师是人类灵魂的工程师。从

---

[1] 蔡宝忠.武术与文化:中国武术文化基因的构成[M].太原:山西科学技术出版社,2015:165.
[2] 徐克谦.先秦诸子精华[M].北京:高等教育出版社,2016:93.
[3] 徐光兴.国术魂:中国武术的精神世界[M].合肥:安徽人民出版社,2015:33.
[4] 栗胜夫.中华武术之核心理念[M]//中华武术演进论.北京:人民出版社,2017:19.

古至今，无论是帝王将相，还是庶民百姓，都离不开教师的栽培和引导。"一日为师，终身为父""师徒如父子"是武林中尊师重道的基本形式。师者，传道、授业、解惑也。正是有了尊师重道的传统和习俗，才有了今天门派各异、精彩纷呈的武术文化流派，才使得武德思想绵延几千年，传承至今，生生不息。

武德的尊师重道传统诞生于中国的农耕文明社会。这一时期的社会文化是一种自在文化，带着质朴的原始风貌和乡土气息，武术的各流派之间多是以"拜师授徒"的方式进行传承。这种教习方式是一种带有明显地域宗派特征的民间习俗，将中国封建家庭伦理渗透到武术研习的全过程。所谓"师徒如父子"，师徒在授艺习武期间必须同时承担类似父子的礼法和义务。① 这种以封建宗族关系为纽带的乡土式文化也是中国传统武术民俗的一大特色，成为传统武术文化的重要组成部分。然而，文化的传承与发展，不能只在一个自我封闭的空间内独立发展，而是要与不同文化相互交流、吸收、融合。因此，习武者学武到一定程度后会离师远游，采用"游学"的方式寻访天下名师，从而达到提高武艺的目的。武林界的"游学"也是尊师重道的一种表现。

传统武德尊师重道的传统还来自中国传统社会的"礼文化"。关于"礼"的起源，可以追溯到原始社会时期的祭祀仪式。许慎在《说文解字》中表示"礼，履也。所以事神致福也。"凡事要履而行之。② 近代学者王国维考证说，卜辞中的"礼"像是用两块玉盛在器皿中去作供奉，表现的是对祖先或上帝的崇敬。随着社会的发展，"礼"的内涵和外延都有所变化，"礼"成为宗法制度中的行为规则，形成一种区别尊卑、贵贱、亲疏的意识形态。随着历史的进一步推进，"礼"的约束力不再局限于宗族内部，而逐渐扩展到国家政治生活领域，并形成严格的社会等级制度。西周以后，"礼"进一步发展成为维护统治阶级利益的核心政治思想，并形成了一套完整的"礼治"理论体系，最终形成一系列维系人们共同生活和社会正常关系的规矩和准则。

"礼"的产生得益于道德仁义观念及公序良俗，但仅仅依靠人们内心的善意尚不足以成形，还需要一定的社会规则来维护。儒家强调社会教化，就是通过外在道德力量的熏习不知不觉地改变人，"礼"就是长期遵循道德而凝聚成的社会习惯或风俗，是一种"社会善良风俗"③，对人具有某种外在的约束力。"礼"既是道德的外在化和形式化，也是自发产生的道德秩序。因此，"礼治"实际上也是

---

① 李印东.武术释义：武术本质及功能价值体系阐释[M].北京：北京体育大学出版社，2006：114.
② 许慎.说文解字[M].汤可敬，译注.北京：中华书局，2018：8.
③ 蒋庆.儒学的真精神与真价值：在厦门大学的演讲[J].理论参考，2007(7)：22.

"德治"①。伦理正常秩序必须由"礼"来维护,伦常有"礼"也是政治清明、社会和谐的基础。"礼"可以节制人欲,杜绝争乱,可以使贵贱、尊卑、长幼、亲疏有别,从而建立和谐的社会秩序,使社会臻于治平。孔子以"礼"作为"六艺"之首。"礼"也指德育,是统治阶级为了治理社会而形成的一套社会规范和道德秩序。可以说,为了维持封建统治地位,政治道德化、社会化是必然要求。儒家建构的社会治理体系就是要用"礼"建立一个道德社会。

"礼"的教化能辐射到社会生活的各个方面,包括武艺和武术活动。《管子·七法》中提到"成功立事,必顺于礼义。故不礼不胜天下,不义不胜人"②。不合礼的战争不能取胜于天下,不合正义的战争不能战胜他人。成功立事,一定要合乎礼义。在武艺方面,比较有影响力的礼是古代的"射礼"。射礼是射术与礼乐相结合的产物,是一种贯穿于射箭活动的道德礼仪观念和规则。射箭的过程,就是整个礼仪道德培养的过程,实际上就是一种以武为内容的"礼教"。"射礼"形成了最初的武德教化风尚。自此,"武礼"也成为传统武术活动的一种重要形式和内容。孔子还对武德礼仪标准进行了提炼,提出应"志于道,据于德,依于仁,游于艺"③。就是说,规范的文明武德礼教,首先是要树立高远的志向,然后行事要以道德为根据,还要养成待人接物的爱心,最后才能对礼、乐、射、御、书、数六艺游刃有余,熟稔于心。孔子还提出"不学礼,无以立",表明礼是每个人安身立命之根本,他首次将礼与技联系起来。④ 据此,以礼相待、礼让为先、点到为止也成为武术交往的重要原则。孔子还提出"礼尚往来",《礼记·曲礼上》亦有"往而不来,非礼也;来而不往,亦非礼也",意在教导人们,在尊重对方的前提下,双方都有责任讲"礼"。

礼还可以从儒家其他伦理道德规范中表现出来。儒家讲究"孝",朱熹说:"为子须孝,为父须慈。"其实"孝"就是晚辈服从长辈的一种礼节。如"师徒如父子",孝敬师傅就是一种最大的礼节,就应该像《论语》里说的那样:"生,事之以礼;死,葬之以礼。"因此,孝敬师傅也成为一种义不容辞的"天理",成为武林中人千百年来不能违背的"天理"。据《宋史·岳飞传》记载,民族英雄岳飞少年时期曾拜民间拳师周同习武,尽得师傅真传,学得一身好武艺。师傅周同去世后,岳飞每逢初一、十五都提着祭品到师父的坟上祭祀,以表达对师父的感恩之心和缅

---

① 戴熙宁.中国引领世界:文明优势、历史演进与未来方略(上)[M].北京:中央编译出版社,2017:373.
② 朱少华等.中华武德名论[M].北京:解放军出版社,1998:4.
③ 朱熹.四书集注[M].王华宝,整理.南京:凤凰出版社,2016:90.
④ 蔡宝忠.武术与文化:中国武术文化基因的构成[M].太原:山西科学技术出版社,2015:42.

怀之情。① 我们在武侠小说中也常会看到一些入师门前的誓言：如有欺师灭祖，将遭天打五雷轰等。这说明，他们认为对师傅不忠不孝就是违背天理，要受到惩罚。另外，武术界对于"不孝、有辱门风、武德败化"或"心无恒念、不仁不义"之流，轻者逐出师门，重者废除武艺或进行其他惩处。武林中流传的江南八侠中的七人围攻击毙八侠之首——恶僧了因和尚，采花大盗马宁儿因出卖少林、投靠朝廷而被南少林追杀等故事②，都表明对违背师礼或师道等有失武德行为的态度和将采取的惩罚措施。可见，"师礼""礼教"在武德思想教育中的重要性。

古代曾有天、地、君、亲、师的提法，把师同天、地、君、亲相提并论，更有"一日为师，终身为父"等尊师重道的传统，这些都突出老师的重要地位。武术界尤其重视师承关系，强调"尊师重道"的传统，"凡吾习武之徒，必须以贤为师，谦虚好学，尊敬师长，崇扬武德"③。也就是说，凡是习武之人，必须拜贤能之人为师，学习过程中要谦虚谨慎，尊敬师长，发扬武德精神。正所谓"无水则冰无从生，无蓝则青无从出"，学成归来、功成名就，也不能忘记师傅的栽培之恩，这是习武之人最基本的礼节和道德标准。

5.1.4 忠诚守信的精神气节

守信重诺自古以来就是习武之人的道德要求。《说文解字》解释："信，诚也。从人，从言，会意。"④由人和言会意，得出诚实。唐代著名学者孔颖达在注疏《礼记·礼运》中"讲信修睦"时说："讲，谈说也；信，不欺也。……谈说辄有信也。"孔子在他的教育生涯中，始终以"文、行、忠、信"四个方面的内容来教育他的学生，"信"是其中的内容之一。"信"即是"诚"，"忠"也是"诚"，因此"忠"和"信"都包含着"诚"。

孔子认为"信"是一个人必须具备的五德之一。在《论语·阳货》中，孔子的学生子张问仁于孔子，孔子回答说："能行五者于天下为仁矣。"子张进一步请问具体内容，孔子解答说："恭、宽、信、敏、惠。恭则不侮，宽则得众，信则人任焉，敏则有功，惠则足以使人。"⑤孔子认为，诚信就能得到信任。孔子主张"谨而信""言必信"，提倡"与朋友交，言而有信"（《论语·学而》）。孔子说"民无信不立"（《论语·颜渊上》），无信则虽生而无以自立。戚继光在《纪效新书》中曾引用孔

---

① 栗胜夫，栗晓文.论中华武术之核心理念[J].体育科学，2014，34(11)：31.
② 李龙.中国古代学校武术教育回眸[J].山东体育学院学报，2008(6)：26.
③ 蔡宝忠.武术与文化：中国武术文化基因的构成[M].太原：山西科学技术出版社，2015：38.
④ 许慎.说文解字[M].汤可敬，译注.北京：中华书局，2018：483.
⑤ 程树德.论语集释：下[M].程俊英，蒋见元，点校.北京：中华书局，2013：1374.

子的话"去食,去兵,不可去信。自古皆有死,民无信不立",所以他认为:"原信夫人无信不立。而军中之信,犹如冬之裘,夏之葛,不可一时缺者。"孔子认为统治者治理国家可以没有粮食,没有武备,但不能没有百姓的信任,否则国家就存在不下去。戚纪光援引孔子的话,强调将帅在军中树立威信的重要性。① 韩非子也认为:"小信成则大信立,故明主积于信。赏罚不信,则禁令不行。"② 小的信用树立了,大的信用才能建立。所以,英明的君主靠守信用积累声望。③ 从古至今,"信"是治国和治军必备的品德之一。

"信"的道德观念与"侠"的概念同时出现于春秋时期。司马迁《史记·游侠列传》曰:"今游侠,其行虽不轨于正义,然其言必信,其行必果,已诺必诚,不爱身躯,赴士之厄困,既已存亡死生矣,而不矜其能,羞伐其德,盖亦有足多者焉。"④ 墨侠重诺轻生、行侠仗义,墨侠所倡导的一诺千金、锄强扶弱、惩恶扬善、不惧生死、不矜其功等武侠精神成为后世武侠精神的典范,可见司马迁对侠之赞美溢于言表。历史上多少侠客为实践自己的诺言,慷慨赴死,可歌可泣。近代著名武术家佟忠义的《武士须知》中说:"信义为立身之本,讲德之源。昔季布一诺,楚人许以千金;关公三约,匹马终于归汉。"古人尚且如此守信笃义,今人也应该向之学习。

"信"也指练武要有信心、恒心、毅力。俗话说,"有志之人立长志,无志之人常立志",练武之人一定要有锲而不舍、专心致志的意志品德和坚持不懈的执着信念。"骐骥一跃,不能十步,驽马十驾,功在不舍。锲而舍之,朽木不折;锲而不舍,金石可镂。"(《荀子·劝学篇》)练武之人只有坚定信念,持之以恒,才能成就武业。研习武事,必须持之以恒,刻苦练习,一些谚语如"要练武、不怕苦,要练功、莫放松""冬练三九,夏练三伏"等,也激励着练武之人刻苦练功,坚定不移。

总言之,中华武林在漫长的历史发展过程中,十分重视对习武之人的武德思想教育,除了注重对习武之人的"仁、义、礼、智、信"等武德"五常"伦理教育⑤,还注重对习武之人伦理道德、价值导向、礼教风尚、精神气节等方面的培养,这些优秀品德既是习武者追求崇高事业的精神力量和人格力量,也是当今社会主义精神文明建设需大力弘扬的优秀传统文化。

---

① 戚继光.纪效新书[M].葛业文,译注.北京:中华书局,2017:254.
② 王先慎.韩非子[M].姜俊俊,校点.上海:上海古籍出版社,2015:321.
③ 陈明,王青.韩非子全译:下[M].成都:巴蜀书社,2008:521.
④ 司马迁.史记·游侠列传[M].韩兆琦,主译.北京:中华书局,2008:2432.
⑤ 钟海明,马若愚.中华武道概论[M].北京:中国民主法制出版社,2009:101.

5.2 中国传统武德思想的历史局限性

张岱年先生认为,我们的民族文化里有四个方面的不足或缺陷,即封建的等级特权思想、家族本位传统、直觉神秘主义和笼统的思维方式①。作为中国传统文化的重要组成部分,武德思想中也存在一些不足或缺陷,尤其是重人伦、重礼教、重门派的传统不可避免地使传统武德思想具有了封建、保守、狭隘、神秘等特性。习近平在多次讲话中强调,对历史文化特别是先人传承下来的道德规范,要坚持古为今用、推陈出新,有鉴别地加以对待,有扬弃地予以继承。② 因此,对待中国传统武德思想,应充分发挥文化自觉,明辨其精华和糟粕,通过批判的继承,积极发挥优秀传统武德思想的当代价值。

5.2.1 传统武德思想的封闭性

由于中国传统社会是以小农自然经济生产方式和家国一体的宗法社会结构为基础,家族本位、家族伦理及家国一体等概念在民众心里根深蒂固,形成了传统社会家族、宗族、民族三位一体的伦理道德结构和价值追求。在这种伦理结构和价值追求下,传统武术在传承和发展过程中不可避免地受到家族本位思想、宗派门户思想和封建迷信思想的影响,这就导致了传统武德思想的封闭性、狭隘性和局限性。这些思想实质上是一种封建的人身依附主义思想,其严重阻碍了武德思想的发展,在新时代的今天,必须坚决予以批判和剔除。

(1) 家族本位思想的狭隘性

传统社会是宗族社会,其本质上是重人伦关系的社会,主要依靠伦理道德来维系和协调人际关系。宗族社会以血缘为纽带、以家长制为基础,因此,在这样的社会中,家族伦理成为个体安身立命的重要法宝。家族伦理导致了家族本位思想的产生,直到今天仍具有影响力。比如,汉儒提出的"君为臣纲、父为子纲、夫为妻纲"的"三纲"伦常,实际上就受到狭隘家族本位思想的影响。"三纲"要求臣、子、妻绝对服从君、父、夫,但君、父、夫都不以臣、子、妻为重,"三纲"否定了君臣、父子、夫妻的平等人格,严重束缚和禁锢了民众的心灵和自由,我们今天应该彻底消除这种封建特权思想。

在家庭本位思想的影响下,武术各门派常常将单性结社关系血缘化,十分讲

---

① 邱丕相.中国武术文化散论[M].上海:上海人民出版社,2007:71.
② 谢环驰.认真贯彻党的十八届三中全会精神 汇聚起全面深化改革的强大正能量[N].人民日报,2013-11-29(1).

究辈分和秩序,即所谓尊卑有别、长幼有序,表现出较强的家族观念倾向。在这种家族式的封建宗法制度下,师父与徒弟的关系成了封建宗法结构下的特殊关系,这种关系类似于有血缘的父子关系。"一日为师,终身为父",师父的地位至高无上,同时师徒之间应遵守父子之间的礼法,承担类似义务。徒弟要拜的是"师父",而不是仅有一技之长的"师傅"。拜师收徒意味着此后徒弟要"事师如父",而师父则要"视徒如子"。

在这种特殊关系下,儿子或徒弟如有任何背离和反抗,则要受到父亲、师傅或家族或整个门派的严惩或驱逐。"言不称师谓之畔(叛),教不称师谓之倍(背),倍畔之人明君不内(纳),朝士大夫遇诸涂不与言"。[①] 在"师命不可违"的要求下,没有师傅的允许,徒弟不能有任何"僭越"。师傅教什么,徒弟只能学什么。没有得到师傅的允许,徒弟不能改动老师的动作,否则就是"欺师"或"不尊敬师傅"。徒弟视师若父,必须遵师命,守师训,忠心耿耿,决不能三心二意。在封建家族本位思想的负面影响下,师徒传承忽视了徒弟的主观能动性,使徒弟成了没有独立人格的灌输对象。久而久之,徒弟或受教育者的思想变得僵化,缺乏灵性,形成迷信、愚昧、盲从甚至奴化的品性。同时,这种师徒制下的武德文化传承是线性的,具有传承面上的局限性和狭隘性。

这种由家族本位导致的师徒关系的异化现象,在武侠影视片中皆有体现。在武侠片中,我们常常看到各派的掌门人各自都有特殊的衣饰和标志以示尊贵。而且师徒之间天然不平等;父子之间无法随便谈笑。徒弟对师傅言听计从,不能反驳或反抗;子女唯父亲高高在上,不能打闹或玩笑。可见,传统社会家族本位思想已经渗透到武术传习的所有领域。在这种家族本位思想影响下所形成的师徒人伦关系,体现的是徒弟对师傅的人身依附关系,有着极大的伦理狭隘性,是历史遗留下来的封建糟粕,包括"一徒不可二师""传男不传女"等封建残余,在今天的武德思想发展过程中必须坚决予以批判和抛弃。

(2) 宗派门户思想的封闭性

宗派门户思想在传统武术界根深蒂固。自传统武术脱离军事和战争以来,门派便逐渐兴起,如人们耳熟能详的武当派、少林派、形意派、昆仑派等,同一拳种也会慢慢衍生出多个派系,如现代人常常谈论的太极拳的陈氏、杨氏、武氏、孙氏等各个门派。中国传统武术也正是在各个门派的生发、继承与创新过程中逐渐汇合成一个浩瀚的武林世界。然而,门派的日益复杂和丰富并不能杜绝门派之间的封闭性和竞争性,传统武术的宗派之争和门户之见始终存在。宗派斗争

---

① 李龙.历史学视野下的中国武术教育[M].北京:北京体育大学出版社,2011:93.

是封建社会典型的行业竞争所表现出来的特点,体现在武术界就是为争正宗而相互攻击、谩骂甚至大打出手。如明代的内家拳与外家拳之说,将内家拳看成是有别于外家少林拳的高超拳种而引发与少林派的论争。① 在现代社会,武术的宗派门户之争还来自门派生存和争夺市场的压力。宗派门户之争的根源在于几千年封建社会狭隘落后的生产力制约下形成的封闭的思维方式,它是自给自足的自然经济条件下的产物,带有极大的盲目性和片面性②。在宗法社会,祭祖是一种地位的象征,宗法制度规定只有嫡亲的子孙一系才有祭祀始祖的权利。同样在武术界,"正宗"或"正派"非常看重嫡亲的地位③,由此不难理解传统武术中"正宗"和"嫡传"对于从武之人的重要性。

  宗法制度的这些规定,导致传统武术宗派门户中最常见的做法是师傅用"家谱"的形式自立门户、论资排辈,并立下"只传门里,不传门外""传男不传女""传媳不传女"等规矩。宗派门户思想的确立,导致徒弟对师傅的话奉若圣经,不敢创新,也使得许多独门功夫由于受到诸多限制,在传承中失去了其最本真的特色。由于受严格的传统门规所限,大多数拳种如"八极拳""谭腿""三阳散手"等传统武术今天已经很少见。虽然"太极拳"传播极广,但大多数练习者也只能得其形而无其意,没能真正领略太极拳的真意。对于有志武学的人来说,外出择师只是学习武艺、打下良好基础的第一步。但拜师学艺的教习方式封闭单一,为了弥补传统武术宗派门户制的弊端,习武者一般会通过"游学"的方式来达到提高武艺和以武会友的目的。因此,对于武术中的门规、戒律,人们应该打破门户之见,吸取精华、剔除糟粕,批判地继承,更好地将传统武德中的优秀思想发扬光大。对于此,前人已提供了好的思想和做法。

  据《永年县卫生志》记载,永年太和堂药店将太极拳文化从怀庆府带到了广平府,使太极文化在广平发扬光大。杨氏太极拳的创立者杨露禅,自小在太和堂药店学习太极拳,由于天资聪慧,被太和堂药店东家推荐前往河南陈家沟学习陈氏太极拳。当时,跟从陈氏太极拳第十四世传人陈长兴学习拳术的都是陈氏族人,异姓徒弟只有杨露禅和他的同乡李伯魁两个人。旧时代的武师教徒往往都保留一手,陈长兴也不例外,对外姓徒弟更是有所保留。由于没能得到真传,杨露禅多次与人较量时都未能得胜。为此,杨露禅三次去而复归陈氏门下,执礼恭顺、求进诚恳、刻苦习拳,终于精诚所至,金石为开,师父将平生所学全部传给杨露禅。杨露禅学成后回到故里,在教拳实践过程中,根据当地习性,将陈氏太极

---

① 栗胜夫.传承武术文化精华与批判封建糟粕[M]//中华武术演进论.北京:人民出版社,2017:237.
② 蔡宝忠.武术与文化:中国武术文化基因的构成[M].太原:山西科学技术出版社,2015:35.
③ 旷文楠.中国武术文化概论[M].成都:四川教育出版社,1990:200.

拳原有的套路改编成杨氏太极拳。由这一事例可知,只有突破家族本位思想的封闭性和狭隘性,才能使传统武术及其武德思想更好地发挥作用。

孙氏太极拳的传承与传播也是打破门户之见并得以发扬光大的又一典范。自孙禄堂创立孙氏太极拳,其传承一直择人而授,很少在社会上流传,限制了孙氏太极拳的传播范围。直到20世纪80年代,在孙禄堂的女儿孙剑云的积极推广下,孙氏太极拳才开始在社会上广泛传播。由于孙氏太极拳具有较强的健身作用,能够增强人体呼吸、循环、消化系统的功能,同时还能够畅通经络,强健肌肉关节,孙剑云便立志要将孙氏太极拳推广开来,造福于广大人民。1983年,在孙剑云的倡导下,北京孙氏太极拳研究会成立,开始在北京的公园设立太极拳辅导站,无偿传授孙氏太极拳。继孙剑云之后,同姓不同宗的孙永田先生成为孙氏太极拳第三代掌门人。在重视家族荣誉的武术界,破门规需要很大的勇气,但只有坚持择优而用,才能促进孙氏太极拳的传播和发展①,这也是武德思想打破封建家族本位思想的一大进步。

(3) 封建迷信思想的局限性

传统武术产生于民间,民间文化的地域性和乡土化使民间的一些陈规陋习不可避免地影响了武德思想的发展。如传统武术讲究尊师重道,尊祖拜师的习俗也非常浓厚,形成了续家谱、立牌位、恪祖训、守祖道的风气和传统,也由此制定了许多清规戒律。这些陈规陋习和清规戒律烦琐沉闷,不仅扼杀了习武者的创造性和能动性,而且由于其带有较重的封建迷信色彩而影响了武德思想的发扬和传播。以传统"拜师"为例,武林界的拜师仪式和程序非常烦琐而隆重,不仅要经人介绍、递帖子,还要选择良辰吉日,最后才举行正式的拜师仪式。拜师时,首先要设置祖师"灵位",由师傅率领按辈数排列成行,先叩拜祖师,再拜师傅和长辈,接着要跪着"明大誓",即同辈分中的长师兄发问"拜师后不能欺师灭祖,如要欺师灭祖?"则拜师者要高声回答:"我如欺师灭祖,便天打五雷轰!"然后是师兄弟互拜。拜师仪式结束后,才可将拜师人的名字写在拜师帖子上。自此,拜师人才成为"门中人"。成了"门中人"后,必须遵从"一日为师,终身为父""师徒如父子""唯师命是从"等规矩和传统,这些规矩和传统维系着武林一代又一代的师徒传承。今天看来,这些"传统"和"规矩"存在明显的封建意识和历史局限性,有的甚至有违人道,应该予以批判和改进。

武林中的封建迷信思想建立在封建小农经济基础之上,清代很多秘密结社就是背负着宗教神灵观、皇权主义和极端排他主义等思想出现在历史舞台上的。

---

① 华博. 中国世界武术文化[M]. 北京:时事出版社,2007:113.

这些秘密结社有着不畏强暴、伸张正义的积极一面,也有难以克服的消极一面。武术活动中表现出来的最典型的消极影响就是宣扬宗教神灵观。乾隆以后,结社组织中的神秘主义色彩日益浓厚,特别是一些教门和拳会组织,宣扬只有入教入组织才能得到神灵的保佑,不入教或组织就要受到上天的惩罚,在"宁可信其有,不可信其无"的心理作用下,很多贫困老百姓选择入教入组织,使得这些教会和组织的武术价值发生扭曲。清代以后的少林武术被神秘化,出现了"隔空打人""飞檐走壁"等具有明显原始巫觋色彩的内容,使少林武术所表现出来的武德传统被遮蔽。另外,秘密结社帮会创建之初的正义要求,经过多年的组织发展也逐渐发生变化,有些组织甚至变成巧取豪夺、敲诈勒索的暴力团伙[①]。今天要弘扬优秀传统文化,就必须去除传统武术中封建迷信的内容,杜绝个别帮会或个人谋取利益的工具价值取向,积极宣扬武术活动所具有的强身健体、休闲娱乐等积极作用,让优秀的武德传统发扬光大。

5.2.2 传统武德思想的神秘性

作为武当山道教文化的重要组成部分,武当武术具有明显的道教文化色彩。武当武术中阴阳结合、五行相生、以静制动、以柔克刚等要求,均与道教观点一致。然而,武当武术在受到道教积极影响的同时,不可避免地有带有道教的负面思想。概括来说,道教的求仙问道、直觉坐忘及宗教戒律等造成了武当武德的虚静与神秘化。其中一些消极、落后的神秘主义思想,显然已不适应时代的发展,应予以摈弃。

(1)"求仙问道"的神秘主义

由于道教与武当武术同源,导致一些求神拜仙的思想影响到武术领域,使武德思想带有一定的神秘主义色彩。道教追求"长生久视""返璞归真"的养生方式及"真人""神人"的理想人格。因此,道教方士为追求仙道而致力于神仙方术,大多有"苦身劳形,入深山,求神仙,弃二亲,捐骨肉,绝五谷,废诗书,背天地之宝,求不死之道"之有违人道的迷信思想。他们为成仙成道,热衷于"入深山,求神仙和不死之道"等封建迷信行为。这些道教方士或道教徒为了神化自己、吸引信徒,会给迷信披一件神秘的外衣。

传统武术的神秘主义思想还来自各门各派对于本门武术的自我宣扬,他们试图通过神传仙授、附会伪书等无中生有的说法来增加本门武术的神秘性。众所周知,传说和神话不过是托神名以示"拳贵",使人们信服,从而易于传播,以增

---

① 周伟良.中国武术史[M].北京:高等教育出版社,2003:78-82.

加本门拳术的习练人数,终其目的逃不过一个"利"字。纵观传统武术的门派沿革,各门各派虽各有特色,但为了以示神秘贵重,大多会将各自的武功附会佛祖、神仙、帝王传授而贴上"仙气、帝王气、神气"等标签,大肆吹捧,故弄玄虚。他们常将本门武术拳谱弄得像"经文""咒语""佛经"一般,神仙鬼佛、帝王名将一起上阵,牵强附会,神乎其神,人为地给中国传统武术蒙上了一层神秘主义面纱。如传说武当道士张三丰在武当山修炼时,曾看到喜鹊和蛇的一场争斗,"喜鹊上下飞击,而蛇蜿蜒轻身摇首闪击"的姿势启发了张三丰,他从中悟出了太极的原理,并创造了风格独特的武当内家拳①。其实,每门武术都是各门派自己创造的,任何神传仙授的说法都只是一个神话而已,在现实中并不存在。

(2) 直觉的神秘主义

道家思想是武当武德思想的主要来源,然而道家的许多思想来源于直觉,这使得传统武德思想不可避免地带有一定的神秘性。儒家和道家都讲直觉,不同程度地否定抽象思维,最终陷入直觉神秘主义②。《道德经》曾多次突出"道"的神秘性,第一章"道可道,非常道",就是说,可以言说的"道"不是"常道"。言下之意,真正的"道"是无法用语言来诠释的。这就给"道"蒙上了神秘面纱。整部《道德经》有许多关于道"玄之又玄"的言论。在《道德经》中,"道"是"视之不见""听之不闻""搏之不得"的,"道之为物,惟恍惟惚。惚兮恍兮,其中有象;恍兮惚兮,其中有物"。这些言论从不同角度描述了"道"的神秘性。正是由于"道"具有神秘性,所以道家的另一个代表人物庄子,借一个名叫"知"的人之口向"无为谓"问了一个问题,即:"何思何虑则知道?何处何服则安道?何从何道则得道?"这些问题也为后来的道教徒们追求"知道""安道""得道"开了思想之先河。③

可以说,庄子既是一个愤世嫉俗的隐士,又是一个直觉神秘主义思想的倡导者。在认识论方面,庄子揭示了人类认识的矛盾性、真理的相对性。感官和思维都存在局限性,但庄子却夸大了这种局限,认为"真知"是无法通过感官经验和思维获得的,给"真知"套上了一层神秘的面纱。④ 庄子由直觉而进入神秘,由神秘进入一种虚静状态。在这种意识主导下,庄子鄙视世俗追求名誉地位、声色犬马的生活,而想要达到精神上的绝对自由。庄子认为,对于外界一切变化和干扰都要做到"安知若命"、自然而然、不期待、不依赖,庄子谓之"自适"。在庄子看来,只有不依赖于任何外物,才能算得上真正的自由和洒脱。庄子有感于现实世界

---

① 王林.武术传播论纲[M].武汉:湖北人民出版社,2011:172.
② 张岱年.中国国学传统[M].北京:北京大学出版社,2016:235.
③ 黄钊.中国古代德育思想史论:上[M].北京:中国社会科学出版社,2011:469-470.
④ 张岱年.中国国学传统[M].北京:北京大学出版社,2016:336.

的昏暗和人生在世的悲忧,试图寻求一种解脱,由此产生了这种"自适"的思想。他的《逍遥游》充分显示了他想要摆脱鄙俗、超越功利、使心灵走向自由和超越的人生理想。庄子在现实中也是这样一个"王公大人不能器之"的人,以"神龟"喻己,"宁游戏污渎之中自快",自由自在,自得其乐。庄子的这些思想显然带有消极避世的成分,庄子认为生死、贫富、毁誉、贤与不肖皆由命,不必措意,也就是宣扬"生死由命"观。庄子的这些思想虽然肯定了事物的客观规律,对养生有一定借鉴价值,但这种思想下的所谓养生,完全忽视了人的主观能动性,只不过是一种消极的适应而已。而且,庄子想要的自由,实际上是一种对自我的否定、对人生的否定、对社会尘网的否定,是用虚幻的想象进行自我安慰。庄子认为,人们在认识上的失误在于人们在"有己"的基础上只看见千差万别的"物",没有将"物"归结到"物"背后的无形之"道"上①。庄子的"无己"论显然是一种直觉的神秘主义思想,这些思想表现在道教戒律和内家功夫的修炼中,不免会因为过于追求"丧我"境界而进入一种虚静的消极状态。

(3) 宗教的神秘主义

道教的宗教主义色彩,也使传统武德具有一定的宗教神秘主义色彩。道教提出"我命在我,不在于天"的主张,主张通过后天修炼来达到强身健体、脱胎换骨、超凡入仙、永享仙寿的目的。道教以"道"和"德"作为宗教信仰和行为实践的总原则,以清静为宗,以虚无为体,以柔弱为用,提倡无为、主静、抱一、守朴、寡欲、贵柔、尚雌、崇阴及炼精、炼气、炼神等。② "体道""悟道""得道"是信奉道教之人梦寐以求的境界。这些原则使信奉道教之人借助宗教戒律等形式,行戒守教,不敢有丝毫懈怠。

古时关于戒律的解释为:"戒者,解也,界也,止也,能解众恶之缚,能分善恶之界,又能防止诸恶也。律者,率也,直也,栗也。率计罪愆,直而不狂,使惧栗也。"(《道教义枢》)从戒律的词义不难看出,奉戒的目的是禁制"恶心邪欲",不令其放逸。道教著名的"老君二十七戒"将道教戒律分为上、中、下三个级别。上九戒为:勿费用精神,勿食含血之物,勿伤王气,勿贪宝货,勿忘道,勿妄动,勿枝形名道,勿杀生,勿贪功名。中九戒为:勿为耳目鼻口所娱,常当谦让,举百事详心勿惚恫,勿学邪文,勿资身好衣美食,勿求名誉,勿贪高荣强求,勿轻躁,勿盈溢。下九戒为:勿与人净曲直,得失避之;勿为诸恶;勿厌贫贱,强求富贵;勿多忌讳;勿称圣人大名;勿强梁;勿祷祠鬼神;勿自是;勿乐兵。③ 戒律要求道士修真必须

---

① 陈宁宁,等.庄子十讲[M].上海:上海人民出版社,2009:165-166.
② 华博.中国世界武术文化[M].北京:时事出版社,2007:36.
③ 杨立安.自然·历史·道教:武当山研究论文集[M].北京:社会科学文献出版社,2006:720.

遵守既定的戒条和戒规,以达到内心的宁静、良善与节律。

武当武术汲取道教养生的思想和方法,注重内功的修炼和提升。然而,道教的宗教性质使得其戒律和清规要求非常严格,道教的清规戒律制约着武当武术的发展。道教的清规戒律分为戒条和律文、饮食戒条、清静规定、禁止和忌讳四种,其中戒条和律文、清静规定的影响最为明显。所谓戒条和律文,是教团以天神之名,用来约束教徒思想言行的规范,是教徒必须遵守的生活准则。道教认为,学道之人必须积善、定念、修德、理身,然学道而不受戒也是无法飞升上天的。[①] 道教的戒律类似于佛教的戒律,有五戒律、八戒律和十戒律等。武当武术的戒律基本上照搬了道教的戒律,劝诫习武之人内炼外修、修道积德。

除了道教戒律,清规对武当武术的影响也很直接。由于清规是各道观自己制定的,其处罚的针对性和目的性更强,如破坏清规会受到罚跪、责仗、驱逐甚至处死的处罚。各道观的清规内容主要参考《道德经》的三条基本教义,即"一曰慈,二曰俭,三曰不敢为天下先",体现老子"修之于身,其德乃真;修之于家,其德乃余;修之于乡,其德乃长;修之于邦,其德乃丰;修之于天下,其德乃普"的"至德至善,以求真人"的德行修养。实际上,道教虽建立在"道"的哲学基础之上,但其实质还是宗教。道教追求长生不老、得道升仙,使其无法摆脱敬祀鬼神、重生贵术的教理教义,对武当武术产生一定负面或消极的影响。因此,武当武术中宗教迷信和神秘主义思想应该予以摒弃和废除。

5.2.3 传统武德思想的虚幻性

传统武德思想的虚幻性主要表现在以江湖故事为叙事的武侠小说或武侠影视作品中,尤其是在大笔勾勒绝世武功和进行心理描写的武侠小说中。武侠小说为了满足大众的娱乐心理和审美需要,极富想象力和创造力地虚构出完美的侠者形象和理想的伦理道德世界。虚幻的完美侠士及其精神和道德世界造成了大众对英雄主义的盲目崇拜,在现实中应该清醒地认识并进行批判地吸收。

对英雄的盲目崇拜首先来源于对侠者武功的虚幻描述。大家在武侠小说和影视作品中看到的主人公往往练就了不凡的身手或盖世的武功,如水浒中描写鲁智深力气过人、倒拔垂杨柳,武松在景阳冈赤手打虎,都运用夸张渲染的手法塑造了两人气力过人、勇猛威武的武者形象,满足人们对侠者形象的幻想。在金庸武侠小说中,有盖世武功的人物往往都有独门绝技,如郭靖和乔峰的降龙十八掌、令狐冲的独孤九剑、虚竹的天山六阳掌、杨过的黯然销魂掌等。然而,有学者

---

① 蔡宝忠. 武术与文化:中国武术文化基因的构成[M]. 太原:山西科学技术出版社,2015:45.

调查大学生对金庸武侠文学的评价,结果显示,绝大多数被调查者认为那些排山倒海、古怪刁钻的武功虽然让人非常喜欢,但都是虚幻的。这些虚幻的武功跟传统武术相比,在"刚与柔"、"阴与阳"、"攻与守"及"招式与心法"方面都做了大胆的想象和虚构。① 然而,正是这类不同于现实的虚幻性武功,导致人们对武侠英雄的盲目崇拜。

对英雄的盲目崇拜还源于对侠者江湖伦理道德的虚幻构想。武侠小说一般都构造了一个神奇虚幻的江湖世界,在这个虚幻的世界里,侠客们一方面展示着独立的、理想化的人格魅力和侠者形象,另一方面又受制于侠义精神和民间道德引申出来的虚幻的江湖道德。《射雕英雄传》中的郭靖可以说是个毫无缺点、堪称完美的理想人物,其武侠武德在前文中已有提及。他不但武功高强,而且勇于维护江湖法统和社会传统伦理道德。他对国家忠,对父母孝,对爱情贞,对朋友义,是儒家忠、孝、节、义的理想化身。然而,像他这种无可挑剔的完人,实在太过完美,在世俗社会里几乎不太可能存在。

武侠小说中塑造的理想人格往往既具有强烈的社会责任感,又具有独立的人格和崇高的精神追求,这种人格是为了满足大众的现实需求而建构出来的乌托邦式的理想人格。因此,作家笔下的江湖乌托邦大多给人们描绘了这样一幅幻境:但凡英雄都能凭借一身出神入化的盖世武功锄强扶弱、救国救民,并以满腔侠骨与柔情笑傲于江湖。这样的幻境,满足了大众的审美理想和对传统伦理道德的完美追求。在传统伦理道德的束缚下,对英雄的崇拜和入世的情怀,使人产生了盲目的英雄主义渴望。

武侠小说中侠者们虚幻的武功和伦理道德,在一定程度上反映了作者们对传统侠者"武"之境界和"德"之崇高的完美追求,是中国传统文化与现代意识的融合与展示。在这些英雄身上实现了最高的武功境界和中国传统"天人合一"思想的完美结合,满足了人们对侠客形象的全部想象和现代人对英雄侠士替天行道、伸张正义、为国为民赴汤蹈火的伦理道德需求。这些虚幻的英雄主义,虽然在现实中不太可能真实存在,但作为一种精神追求和道德理想,则可以成为人们积极向上、追求正义的动力,应理性地予以继承和创新。

5.3 中国传统武德思想的创造性转化

文化兴盛是国家发展和民族兴盛的先决条件,中华民族伟大复兴离不开中

---

① 高尚. 论金庸武侠文化学对现代大学生武术观念的影响[D]. 太原:中北大学,2013.

华文化的发展繁荣。而文化的兴盛与发展，离不开传统文化资源，离不开对传统文化中优秀、健康、积极的精神遗产的继承及创造性的现代转化，即文化具有继承性。正如马克思、恩格斯所指出的，"宗教的、道德的、哲学的、政治的、法的观念等等在历史发展进程中固然是不断改变的，而宗教、道德、哲学、政治和法在这种变化中却始终保存着。"① 对于我们的传统文化，毛泽东指出，"不应当割断历史。从孔夫子到孙中山，我们应当给以总结，承继这一份珍贵的遗产"②。然而，对于这些传统文化，我们必须要采取正确的、科学的态度，即"清理古代文化的发展过程，剔除其封建性的糟粕，吸收其民主性的精华"，从而达到"将古代封建统治阶级的一切腐朽的东西和古代优秀的人民文化即多少带有民主性和革命性的东西区别开来"。③ 习近平总书记指出："要坚持古为今用、以古鉴今，坚持有鉴别的对待、有扬弃的继承，而不能搞厚古薄今、以古非今。"④ 习近平总书记2014年9月在纪念孔子诞辰2565周年国际学术研讨会暨国际儒学联合会第五届会员大会上强调，要"科学对待文化传统"。不忘历史才能开辟未来，善于继承才能善于创新。我们要"善于把弘扬优秀传统文化和发展现实文化有机统一起来，紧密结合起来，在继承中发展，在发展中继承"。⑤

中国传统武德思想受儒、释、道等文化影响深远，是中华民族在长期的生活与斗争实践中逐步积累和发展起来的宝贵的文化遗产，具有浓厚的传统文化特征和古典哲学气息，而传统文化中有些不合时宜的思想也会给武德思想造成一定的消极影响。因此，对于中国传统武德思想既不能毫无保留、毫不鉴别地加以吸收，也不能将之视为历史糟粕全盘否定，而要随着时代的进步在批判中继承，在继承中创新。中国传统文化源远流长，是中华民族生生不息、开拓进取的精神动力。因此，坚持创新就要在几千年悠久的中国文化传统中汲取养料，去伪存真、去粗取精，并结合时代特点进行创造性转换，做到在创新中传承与发展。

5.3.1 仁勇结合的武德境界

"仁者不忧，勇者不惧"，仁勇是传统武德思想的精华，是中华民族传统道德的重要组成部分，是激励人们奋斗拼搏的精神动力，也是国家强盛、民族复兴的

---

① 中共中央马克思恩格斯列宁斯大林著作编译局. 马克思恩格斯选集：第一卷[M]. 3版. 北京：人民出版社，2012：420.
② 毛泽东. 毛泽东选集：第二卷[M]. 北京：人民出版社，1991：534.
③ 毛泽东. 毛泽东选集：第二卷[M]. 北京：人民出版社，1991：707-708.
④ 习近平. 习近平谈治国理政：第二卷[M]. 北京：外文出版社，2017：313.
⑤ 习近平. 在纪念孔子诞辰2565周年国际学术研讨会暨国际儒学联合会第五届会员大会开幕会上的讲话[N]. 人民日报，2014-9-25(1).

强大精神支柱。"勇"可以指身体无所畏惧之"勇",也可以指与对手拼搏的"勇",而我们所要提倡的是古代第一武圣孔子之"勇",即"仁勇"。孔子说:"仁者不忧,知者不惑,勇者不惧"。这些都是从武之人的个人道德品质和修养。"仁者必有勇"(《论语·宪问》),"仁勇"是习武之人的最高道德境界。

《礼记·中庸》中说:"智、仁、勇,三者天下之达德也。"智、仁、勇三者相互促进又相互制约,智是勇的灵魂,仁是勇的保障。没有智的勇是蛮勇和匹夫之勇,而没有仁的智就是奸智。智是实现仁的手段,勇离开了仁就是恶霸和强盗。所以,勇是仁者之勇,是智者之勇,而绝非匹夫之勇。孔子说,"勇而无礼则乱""以之军旅有礼,故武功成也",将礼与勇二者相提并论。实际上,礼就是仁的表现形式,这里也是在提倡仁勇。

仁勇结合彰显武德。历史上大凡侠客皆武功超群,以行侠仗义为己任,面对危险临危不惧,关键时刻挺身而出,并且勇气过人。其实这些勇气和行为都是侠客身上表现出来的仁义和道德。"侠客不怕死,怕死事无成",无勇者不能称为侠客。墨子门下多侠客,墨子服役者百八十人,皆可使赴汤蹈刃,死不旋踵,其勇可嘉。一般来说,真正的侠士就是这些既勇又武、武技超群而又品德高尚之人。但社会上也有一些武林打手,好勇狠斗,喜欢滋事闹事,这样的武士为社会所不齿,为武林所不齿。虽然也有一些人在品德方面没有问题,但其武艺不精、缺乏自信和勇气,也不能成为武德高尚之人。可见,只有大仁与大勇相结合,才能培养出具有良好武德之人。

"仁者无敌"(《孟子·梁惠王上》),实行仁爱之政的人,无敌于天下。因此,仁者无敌而勇者必胜,仁勇之士必然重信义、轻生死、敢赴难。"勇"也源于习武者的信念和信心,必须经过长期的培养。俗语所言的胆越练越肥,就是说勇气是可以通过武功来提升的,一般来说,勇气的大小与武功的深浅成正比。"练胆"历来是拳家公认的第一要务,戚继光《拳经》第一势开宗明义道:"对敌若无胆向先,空自眼明手便。"他还在《纪效新书·拳经·捷要篇》里提出这样的练胆法:"既得艺,必试敌,切不可以胜负为愧为奇。当思何以胜之,何以败之。勉而久试。怯敌还是艺浅,善战必定艺精。古人云:'艺高人胆大',信不诬矣!"[1]《耕余剩技》中记载的程宗猷练胆生勇法为:"手足整则胆练,而欲骋于敌。意气清则心练,而知忠于上。心练则智自出,胆练则勇自生,心胆俱练则兵与时俱无不合。而练心胆,则又在练器艺为要耳。"[2]这就是"艺高人胆大"的勇气修炼法。何良臣《阵

---

[1] 蔡宝忠.武术与文化:中国武术文化基因的构成[M].太原:山西科学技术出版社,2015:169.
[2] 蔡宝忠.武术与文化:中国武术文化基因的构成[M].太原:山西科学技术出版社,2015:169.

纪·教练》曰:"教练武艺、节制行列者,总为张胆作气之根本。……故善练兵者,必练兵之胆气。"①此乃艺生胆,胆气勇。

然而一味地追求勇气、勇敢而不善于用智用仁,则会适得其反,甚至牺牲生命。孔子传授的"六艺"之中的两项都是武艺,说明孔子对"勇"和"仁"的重视和推崇。孔子对子路直率、刚烈、勇猛而又鲁莽的豪侠性格是又爱、又恨、又担心,曾忧心忡忡地说,"由也,好勇过我","岂能保七尺之躯哉?"孔子的话不幸言中,子路果然以勇毅的侠者精神而"暴虎冯河,死而无悔"。孔子的"好勇过我"也正好表明孔子除了倡导仁勇,自己还身体力行成为刚猛精进之人。回顾中国历代名圣、名将、大儒,无不是文武全才,讲求大仁与大勇。自古以来,中华民族就有尚勇尚武之美德和传统,提倡"乃文乃武,相与并论"(《尚书·虞书·大禹谟》)。《诗经》中讲"无拳无勇,职为乱阶"(《诗经·小雅·巧言》),没有力量没有勇气,将会造成祸乱。庄子也强调:"临大难而不惧者,圣人之勇也。"(《庄子·秋水篇》)。

"勇"字也是西方体育精神中的传统德性。古希腊伦理学家认为勇敢、智慧、节制和正义是道德中的四种主要德性。作为传统德性的勇敢,最早可以追溯到古希腊英雄神话故事中,勇敢是英雄最主要的德性,是先民们在恶劣的自然条件下不愿屈从于外界的意志觉醒和自主拓展生存空间的本能要求。进入文明社会以来,伦理学家们对"勇敢"进行了深入的反思,并为其注入了丰富的道德内涵,认为"勇敢"不仅包括肉体力量(武力),更重要的是果敢、刚毅、坚韧等精神特质。② 勇敢也表现为一种敢为人先的精神或气质,而这种精神或气质是习武练武之人必备的德性和品质。勇敢作为一种优良传统,突出的是顽强、刚毅、不屈不挠、大无畏的精神和坚强品质。从这里也可以看出,勇与仁是相互依存、相辅相成的,勇敢可以激励人们不畏艰苦、不断超越,仁可以培养人的勇毅德性。仁勇结合、尚武崇德,是武德思想追求的最高境界。

5.3.2 内外相应的武德呈现

外养身体,内修心性,表达的是身心和谐发展的道德伦理观。一个武德高尚的人应该是德技双修、技道并重的人。常言道,只有"尊其师",才能"信其道",只有武德高尚、武艺精湛,才能拥有大师魅力,才能真正做到传道、授业、解惑而享誉武术界。要想达到文武兼备、德技双修,必须实现外练与内求相结合。

练武先练心,即修炼内功。传统武术是一种修身养性的方式。静心能排除

---

① 何良臣.阵纪注释[M].陈乘才,点注.北京:军事科学出版社,1984:22.
② 杨其虎.追寻竞技正义:竞技体育伦理批判[M].长沙:中南大学出版社,2015:103.

杂念,塑造心思纯净、清静无为、无怨无欲的境界。内炼能锻炼意志,打造坚韧的品质和器宇轩昂的气质。练武时的静心与忘我,使内心归于平静而不嘈杂,无欲无求自会一身正气满乾坤,中国传统武术的精神气质油然而生。内练的实质就是进行心性的修炼。在我国古代,传统武术既是一种军事格斗技术,又是一种修身行为,历代智者贤士都重视文事与武事。所谓"习文备武,君子之业也",就是强调文武兼备、内外结合,达到真正的修身养性、尚武崇德。《论语·雍也下》中,孔子强调:"质胜文则野,文胜质则史。文质彬彬,然后君子。"[1]也就是说理想的人格追求应该既注重外在形象,又注重内在品德,两者统一才能成为理想人物。武德追求的理想人格也是儒家所倡导的君子人格,具体而言,就是追求"内圣外王"的理想人格。中国传统武德中最难能可贵之处就在于找到了一条内外修行的可行路径。在己所欲而施于人的和谐共生理念下,中国武术已不仅仅属于东方,而成为全球的、普世的,能让现代人在过度物欲化的世俗追求中反求诸己、回塑自我,达到内修心性、止于至善的目的。[2] 总而言之,传统武德强调只有注重内心的修炼与行为规范的外化,方能达到身心高度统一的精神境界。

"心者,身之主;身者,心之驱",武术文化更是一种整体文化观,视生命为一个大系统,认为身心和谐才是整体和谐。首先,身心和谐的前提是必须修身,武术就是修身的重要途径。武术外可塑造形体,内可提神养气。其次,身心和谐的重要条件是正心,"欲修其身,先正其心",武术文化强调心、神、意的作用,兼修精气,形神兼备、身心统一是武术的重要原则。长拳以"手眼身法步,精神气力功"为练功八法,太极拳强调"心静体松,身心合修",形意拳视"易筋、易骨、易髓"为三步功夫,南拳讲究"以形为拳,以意为神"等。[3] 通过修习武术,达到一种内外合一、身心和谐、全面发展的理想状态,是现代武德要致力追求和完善的目标。

修炼心性跟获取知识密切相关。一般来说,知识丰富、聪明智慧之人也是心性高洁、德行高尚之人。因此,获取知识也是修炼身心的一种方法。关于知识的来源,孔子曾说:"生而知之者,上也;学而知之者,次也;困而学之,又其次也;困而不学者,民斯为下矣。"(《论语·季氏》)也就是说,知识来源于"生而知之"和"学而知之"两种,但只有最上等的人才能生下来就通晓知识,这种人是圣人,他们具有最高的理性和智慧,但绝大多数人都要后天学习。孔子既推崇"生而知之"的大智慧,又重视"学而知之"这种通过后天学习提高智慧的方法。作为习武之人,唯有用脑、用意、用心去领悟武技中的丰富内涵和思想精华,才能由"智"

---

[1] 程树德. 论语集释(上)[M]. 程俊英,蒋见元,点校. 北京:中华书局,2013:462.
[2] 马文友. 中国武术审美文化[M]. 北京:中国大百科全书出版社,2016:177.
[3] 申国卿,邓方华. 中国武术导论[M]. 重庆:重庆大学出版社,2016:131-132.

"悟道"，最终达到身心和谐发展、德技双修的完美境界。

5.3.3　古今相继的武德传承

中国传统武德思想从古到今，生生不息，代代相传，思想内容和文化内涵不断丰富与发展，这些都源于对历史的继承。只有坚持古今相继、不忘过去，运用当下、展望未来，才能使传统武德在传承中保持时代生命力与活力。

(1) 武德内容上的传统与现代相结合

随着社会的发展，传统武德中的一些内容已不适应现代社会的要求，阻碍和影响了武德的发展和进步。如有些戒律条款是在当时封建宗派思想指导下制定的，存在一种人身依附关系，山头主义色彩浓厚，有些传统的提法是不合时宜和封建落后的，必须加以改造和调整。又如古代武德大力提倡路见不平、拔刀相助，劫富济贫，行侠仗义等江湖义气行为，与现在和谐社会武德所提倡的坚持正义、见义勇为等价值导向不完全相符，必须改造这些提法与内容，实现传统与现代的融合。

(2) 武德传承上的传统与现代相结合

武术界门派之分、门户之见积习日久且根深蒂固，害人害己，严重阻碍了武术的发展。在现代道德建设过程中，一定要打破门户之见及陈规陋习，使传统师徒传承中的精华部分与现代社会相结合，将中国传统武德中的思想精髓世代相传。固然，择师是严守武德的第一步，这一点在古代择师的道德入口上把握得非常严密而谨慎，其中有许多道理直到现代社会还在流传，如择徒时看重对方道德品性，"不仁者不与传"，"不事一师者不与传"。当然，如今选师择徒已不像旧时那样保守，所以更应该打破旧时宗派门户思想的界限，凡品行端正、尊师重道、有志于武术研究和发展或仅以习武健身之人，都可以选择自己喜欢的武术老师或民间武术大师作为师傅，以达到习武强身或以武会友的目的，实现传统武德在师徒间的现代传承。如武术大师万籁声，年轻时便毫无门户之见，只要自己想学或对方有可学之处就主动拜师学艺，先后师从多位老师学艺。对于门户之见，他认为："我国武术，乃强国强种之利器，互相秘密，分门别户，殊为非计。""其有分南北以衡浅深者，实系皮相之论！且同为中国人，同系中国拳，何必断断自分门户，争高低乎？矧处今武术垂绝之秋，吾人正当努力提携之不暇，何事畛畦小见，以误大旨？"在20世纪二三十年代，年纪轻轻就能有此见地，可谓胸怀博大，高瞻远瞩。[1] 因此，现代习武者一定要在精于本门武技基础上，集众家之所长，融冶诸

---

[1] 韩金龙.万籁声武言录[M].北京：北京体育大学出版社，2013：116.

家,兼收并蓄,做到取长补短、去伪存真、去繁就简,将武德思想中的传统精华与时代精神紧密结合。

(3) 武德实践上的传统与现代相结合

传统武德思想源远流长,有些思想对于今天的社会主义道德建设仍具有十分重要的作用。其一,以武会友。现代有不少习武之人提倡以武会友,以武崇德,倡导"天下武术是一家",坚决反对唯我独尊、门户之见,支持通过切磋武技,达到广交朋友、共同提高的目的。其二,比武对抗。如今以擂台形式的对抗比武有散打、太极推手、短兵和长兵等,是在规则约束下进行的对抗比赛,目的是提高技术水平。参赛选手要尊重对手、尊重裁判,在规则允许下有效发挥技术。其三,以武扬威。习武之人在国家需要时挺身而出,保家卫国,扬我国威,这是习武之人武德的最高境界。古代戚继光、俞大猷抗击倭寇,花木兰替父从军,岳飞尽忠报国等故事中表现出来的优秀武德至今激励着中国人民忠贞爱国、无私奉献、扬我中华之国威。在如今和平年代,这种习武爱国之风依然是当今时代弘扬的主旋律。

5.3.4 真善相随的武德追求

传统武德思想的实质要求是达到真与善的完美结合。传统社会的道德准则、礼仪规范、社会制度、法律体系等都是为了达到善的愿望和目的而人为建立起来的。荀子"伪"的概念就强调了人为的作用。但这个人为建构起来的东西发展到一定程度,往往会走向反面,甚至会出现异化。如"礼教吃人""以礼杀人"都是过分讲究"礼"所产生的恶果。因此,必须注意"伪"的真假和"礼"的尺度,追求真正的善。庄子就强调"真"而否定一切的"伪",反对一切人为的东西,如仁义道德、礼法制度、机械设备,他主张抛弃一切人为的东西而强调返璞归真,一切回归到最原始的"真"。而这个"真"的世界应该是一个怎样的世界呢?根据庄子的设想,"真"的世界应该除了天生的自然物之外什么也没有,更谈不上现代的物质生活和丰富的精神文化生活。当然,这样"真"的世界不可能实现,在现代更无法追寻。

荀子批评庄子说"庄子蔽于天而不知人",这句话可以理解为庄子"蔽于真而不知伪"。然而,这个"伪"也不能走向反面。荀子因对"伪"过分推崇而创造出一个新的概念,即"性伪合"。"性伪合"是解决外在和内在冲突和矛盾的方式。他说:"无性,则伪之无所加;无伪,则性不能自美。性伪合,然后成圣人之名。"(《荀子·礼论》)表明把自然和人性结合起来需要一定的人为力量,但又不能过分使用人为力量而走向另一极端,避免过分的人为教育与人性发生冲突,"性伪合"才能实现求真与求善相统一。

  中国文化与西方文化存在诸多不同,中国文化求善,西方文化求真。众所周知,东方价值体系追求"伦理本位",而西方价值体系表现为"多元并重"或"个性本位"。武术的"真"表现为各种技术技法的真实性,是对客观事物、社会生活的真实升华;武术的"善"表现为积极"向善"的人生态度、"高尚"的理想追求。[①] 人们对"善"的追求在武术技法中有明确的体现。如太极拳"舍己从人""引进落空""随屈就伸"等技术动作,主张用巧力化解外力,而不是用蛮力克敌,表现了武术技法向"善"的特性。另外,受"和为贵"等中国传统文化的影响,比武时"点到为止"更是蕴含着"向善""求善""不征服"等文化特质和伦理向度。其实,传统武术追求真的过程就是求善的过程,真善相随是中国传统武德思想最本真的追求。

---

① 吴松.中国武术艺术论纲[M].北京:北京体育大学出版社,2016:126.

6 中国传统武德思想对当代思想政治教育的启示

坚持以文化人，培育社会主义核心价值观，是新时期中国特色社会主义文化建设的核心理念。文化的根本价值和意义在于培养和造就高素质的优秀人才，应大力发展文化教育事业，培养适应新时代中国特色社会主义现代化建设的优秀人才，创新培养方式。同时，文化事业是中国特色社会主义建设事业整体布局的重要部分和关键环节。正如习近平总书记所指出的："文化是一个国家、一个民族的灵魂。文化兴国运兴，文化强民族强。没有高度的文化自信，没有文化的繁荣兴盛，就没有中华民族伟大复兴。"[1]中国传统武德经过几千年的历史传承，并在近百年来"取其精华、去其糟粕"的文化自觉过程中，留下了宝贵的、优秀的思想精华及独特的精神内涵，这种精神财富越来越闪烁出时代的光芒。张岱年先生说过，一个独立的民族文化，与另一不同类型的文化相遇，其前途有三种可能：一是孤芳自赏，拒绝交流，其结果是自我封闭，必将陷入衰亡。二是接受同化，放弃自己原有的，专以模仿外邦文化为事，其结果是丧失民族的独立性，将沦为强国的附庸。三是主动吸收外来文化的成果，取精用宏，使民族文化更加壮大。中国文化与近代西方文化相遇，应取第三种态度。[2] 应该说，任何有影响力、生命力和持久力的思想文化，不仅要具有民族性、继承性和时代性，还要具有包容性和共享性。所以，当前深化优秀传统文化与思想政治教育研究，在重视文化发展的关键作用、提升文化软实力的同时，可以把优秀传统武德思想与思想政治教育结合起来，以传统武德思想中的优秀传统丰富思想政治教育的时代内容；在舞蹈、书法及文艺作品等武德思想的外在表现形式中充分挖掘思想政治教育内容，创新思想政治教育的文化载体；通过武德思想对人格、礼仪等的培养和塑造，发挥武德思想在思想政治教育中的道德优势；充分利用各环节使武德思想能够进校园、进课堂、进教材、进头脑，实现传统武德思想融入高校思政教育全过程。最后，通过中国武术在国际上的传播，展示中国传统武德乃至中华文化形象，不断增强中国特色社会主义文化自信，拓宽思想政治教育的国际视野。

6.1 丰富思想政治教育的时代内容

中国文化博大精深，源远流长。通过长期的冲突、融合、改造与吸收，古代中国逐渐确立了以儒家为主，儒、释、道三足鼎立而又互融互补的基本格局。[3] 这

---

[1] 习近平. 决胜全面建成小康社会 夺取新时代中国特色社会主义伟大胜利：在中国共产党第十九次全国代表大会上的报告[N]. 人民日报，2017-10-28(1-5).
[2] 张岱年. 张岱年全集：第七卷[M]. 石家庄：河北人民出版社，1998：63.
[3] 楼宇烈. 中国文化的根本精神[M]. 北京：中华书局，2016：183.

里所说的儒、释、道,分别建立在对其他学派不断吸收融合的基础之上,是发展的儒、释、道,具有鲜明的时代特征。植根于中国传统文化的武德思想流传至今,不仅具有鲜明的中国传统文化思想特质,也彰显了民族复兴、国家兴旺的时代精神,这些精神特质可以为新时期思想政治教育提供更为丰富的资源,尤其是这些精神特质在涵养人的思想品德、提升人的行为境界、提高人的自我修为、塑造和谐的人际交往等方面有着非常深刻的现实意义。

6.1.1 刚健有为、自强不息的进取精神

"刚健有为、自强不息"是传统武德的主要精神之一。传统武术受到中国传统文化的浸染,一直被烙上鲜明的文化和精神印记,自强不息就是其中的主要特征之一,具体表现为坚持不懈、勇往直前、无所畏惧、坚贞不屈的民族气节和强烈的爱国热情等。在中国传统武术中,练就任何一门精湛的技术都需要长年坚持,冬练"三九"、夏练"三伏",需要有刚健有为、自强不息的精神支撑。"拳不离手,曲不离口""十年磨一剑""英雄好汉需十年磨炼""一日练武一日功,一日不练十日空"等武谚和武训,都要求习武之人持之以恒、长年不辍、永不言弃。刚健有为、自强不息的进取精神历来是练武之人秉承的传统美德。历史上"闻鸡起舞""纪昌学射"等典故,都是刚健有为、自强不息精神的光辉写照。刚健有为就是要求人们不畏艰险、知难而上,自强不息就是要求人们不甘屈服、自强拼搏、积极进取。中国传统武术流传至今、延绵不绝,依然闪烁着时代的光芒,正是中华民族坚持刚健有为、自强不息精神的有力证明。"刚健有为、自强不息"也是儒家倡导的积极向上、永不停息直至达到最高境界的道德观念。如今这种精神仍能鼓舞人们奋发图强、报效祖国、建功立业,以实现自身生命价值和存在意义。

"刚健有为、自强不息"一语,出自《周易·乾卦·象传》,原文是"天行健,君子以自强不息"。其意思是说天的运行刚健有为,君子仿效其德,就应奋发图强,永不停息。它是《易传》刚健之德思想的升华。《乾卦·文言传》曰:"刚健中正,纯粹精也。"《同人卦·象传》曰:"文明以健,中正而应。"《大有卦·象传》曰:"其德刚健而文明,应乎天而时行,是以元亨。"以上都体现了《易传》中尚刚的道德追求,而自强不息就是尚刚之德的集中体现。从字面上来看,自强不息即强大自己必须要通过坚持不懈的努力,也可以理解为:一个人即使身处困境,但只要努力不止,同样可以成就一个强大的自己。进一步引申为若想强大自己,必须坚持,永不放弃。

中国传统社会以自强不息作为做人、做事的基本信念与人生追求。《孔子家语·五仪解》有"笃行信道,自强不息",《朱熹集传》有"武王持其自强不息之心,

故其功烈之盛,天下莫得而竞",中国近代以来,更有许多思想名家将"自强不息"作为座右铭,励志勤奋,勇立战功,报效祖国。"自强不息"在仁人志士心中有着不同的注解,其中有"发愤著书"的执着,有"志在千里"的雄心,有"重振河山"的爱国情怀,更有"民族复兴"的时代抱负。我国著名哲学家、哲学史家、国学大师,北京大学哲学系教授张岱年先生把"自强不息、厚德载物"概括为中华民族精神。"自强不息"作为中华民族的精神象征,是我们人生奋斗的不竭动力。正是在自强不息精神的鼓舞下,中国文化才有了持久而强劲的生命力。"自强不息"也是清华大学校训中的主要内容。民国时期,梁启超在清华大学的一次演讲中用"自强不息、厚德载物"来激励学生,希望清华学子能够继承和弘扬中国传统美德。此后,清华人便把"自强不息、厚德载物"八个字写进校规,最终成为清华校训。现代人将"自强不息"四个字分开来理解,"自"可以理解为"自主、自信、自尊",就是说要独立自主、勇担责任,不依靠或依附于别人,自己的命运自己主宰;"强"可以理解为"强大、强健、顽强",即通过自己努力拼搏、坚忍不拔、刻苦练习,达到自我强大与强健;"不息"就是"不歇、不止、不停",就是"鞠躬尽瘁,死而后已""不屈不挠,坚定不移",就是强调对自强之追求永不停息,对未来之追求永不停止。"自强不息"是中国人安身立命之本,也是莘莘学子的人生信条,是中华民族开拓进取、振兴中华的精神支柱。

自强不息,而止于至善。中国传统武德思想追求精益求精、持之以恒,所谓"台上十分钟,台下十年功",就告诉我们:为了达到至臻至善的完美境界,就必须坚持不懈地努力。这就意味着,不达到完美的境界,就不停止努力的决心和毅力。"止于至善"语出《大学》:"大学之道,在明明德,在亲民,在止于至善。"①那么,何为"止于至善"?"止者,必至于是而不迁之意。至善,则事理当然之极也。言明明德、新民,皆当至于至善之地而不迁。"②止者,所当止之地,即至善之所在也。"止于至善"就是要求人们在修身方面达到尽善尽美并长久保持,它是对"明明德""亲民"的最高要求,也是道德修养的至高境界。《诗》云:"穆穆文王,于缉熙敬止。"为人君,止于仁;为人臣,止于敬;为人子,止于孝;为人父,止于慈;与国人交,止于信。③ 端庄谦恭的文王,一直保持光明磊落,同时又做到了敬。做君主就要做到行仁,与国人交往就要做到守信。仁人之止无非至善。《大学》又讲:"知止而后有定,定而后能静,静而后能安,安而后能虑,虑而后能得。"④也就

---

① 傅佩荣.止于至善:傅佩荣谈大学中庸[M].北京:东方出版社,2012:6.
② 朱熹.四书集注[M].王华宝,整理.南京:凤凰出版社,2016:5.
③ 傅佩荣.止于至善:傅佩荣谈大学中庸[M].北京:东方出版社,2012:37.
④ 傅佩荣.止于至善:傅佩荣谈大学中庸[M].北京:东方出版社,2012:6.

说,只有通过实践才能达到至善的境界。实践出真知,只有通过实践,才能真正领会至善的真谛,人生才有方向。心定才能心静,心静才能心安,心安才能处事精详,处事精详才能"面面俱到""恰到好处"。这就要求我们脚踏实地、实事求是,做好自己分内之事,朝着"最高的善"努力。"自强不息,止于至善"也是著名爱国华侨陈嘉庚先生在创办厦门大学时为激励师生积极进取、努力开拓、追求至善至美而定的校训。刚健有为,自强不息,直至止于至善。我们要积极发挥主观能动性,勇于站在时代前列,为民族复兴、国家强盛而不懈奋斗。新时期,发挥武德思想中这些积极向上、奋发图强、追求至善、永不停息的精神,能进一步丰富思想政治教育的内容,激励人们更好地立足岗位、回馈社会。

6.1.2 厚德载物、贵和尚中的包容精神

刚柔相济、动静相宜、阴阳相生,是武术拳理技法的核心思想,也是武术文化精神的重心所在。这种包容性很强的文化体系,充分体现了中国武术兼容并蓄的精神厚度和包容天下的文化襟怀[1],具体可以用"厚德载物、贵和尚中"来进行概括。"厚德载物、贵和尚中"体现在武术各家拳法风格上就是不走至刚或至柔的单一技术路线,而是注重阴阳协调配合,追求无过无不及、中和的状态;表现在现实生活中,就是坚持不亢不卑、有礼有节的礼仪之道和处事原则,有"海纳百川,有容乃大"的胸襟和情怀,能对各种异质文化兼收并蓄、兼容并包。

"厚德载物"一词,出自《周易·坤卦·象传》,原文是:"地势坤,君子以厚德载物"。其意思是说,大地笃实和顺,君子效法其德,就能承载天下万物。"厚德载物"内在表现为宽容意识,外在表现为载物行为,两者相辅相成、相得益彰。一个具有厚德载物品质的人,能包容他人或他物;当能包容他人或他物时,必然具有宽容的道德意识。[2] 厚德载物者,就是宽容博大之人。"厚德载物"在今天仍具有现实的价值和意义,它告诫众人应该胸怀博大,以宽厚的德性包容天下万物,践行历史使命。"厚德载物"体现的是一种包容精神,像大地一样无所不包、无所不容、无所不载。这种包容精神在武德思想中多有体现,如太极拳文化中蕴含的时中、守中、中和等思想。因此,"贵和尚中"也是武德思想的基本精神之一。

"贵和尚中"也强调武技与武德结合的重要性。武术大师万籁声曾说,纯文不武,容易走入避重就轻一途;纯武不文,容易走入粗犷暴戾一途。拳如其道,练武必定要讲道,而且要讲至善之中道。而所谓至善者,不刚不柔,不过不及而恰

---

[1] 申国卿,邓方华.中国武术导论[M].重庆:重庆大学出版社,2016:132.
[2] 乔凤杰.武术哲学[M].北京:社会科学文献出版社,2007:78-79.

到好处。要文武合德、身心健康才能成为武林正才,即传统文化中所谓的文武合德而契于道。①

中华文化的包容精神与中国古代先哲提倡的"和而不同"的文化观有密切关系。② 中国传统文化讲"仁"、重"人和",处处讲求"人际"之道,在武术文化中亦有体现。受传统儒家"和合"思想的影响,练武之人非常重视和谐的相处之道,武者之间的较量讲究的是点到为止,双方比武的目的主要是"防"与"卫",而不是"攻"与"击"。然而,儒家的和合文化并不是没有原则的调和,而是在礼的约束下的和合。传统武术注重礼仪规矩,追求合乎礼教的和谐氛围,提倡"未曾学艺先学礼,未曾习武先习德"。所谓"不以规矩,不能成方圆",武术的各门各派都制定了自己的"门规""戒律""戒约",如"三不传"、"五不传"、"十不传"以及"八戒律"等来管理和约束门下弟子。武术各门派之间的结交也是遵循"和而不同"的思想理念,在宣扬自我的同时,不排斥、不贬低别的门派和拳种,形成各门各派自成一体、和平共处的局面。根植于传统武德文化和精神的包容的气度和风范延续至今,仍具有时代价值和现实意义③。

崇武尚德、德艺双修是武德思想的鲜明标志,"厚德载物、贵和尚中",就是要求人们向天地、山水、日月学习,天无私覆,地无私载,水无私流,日月无私照。天地讲仁慈,日月讲和谐,人应该大公无私,崇德向善。在现代社会中处理人与人之间的关系时特别强调包容、谦让、节制与仁爱,因此,在思想政治教育内容中加入这些精神内容,有助于塑造现代人宽大为怀、虚怀若谷、宽宏大量等品性。

6.1.3 内外兼修、知行合一的实践精神

"内外兼修、知行合一"是中国传统武德的基本思想。练武尤其注重内外兼修、形神兼备,即在运动过程中实现人的内在精神与外在形态的完美合一。知行分离掌握不了真正的技击动作,也成就不了武圣人。武术的技术传授和武德教育都包含着知与行两个方面。正如戚继光所云:"既得艺,必试敌。"这是一个从"知"到"行"的过程,要求练武之士不仅要掌握和了解武艺的深浅,还要对武德有内心认同,并通过行动来践行。所谓"知是行之始,行是知之成",只有在较量中了解透彻,方能知己知彼;智勇结合才能无往而不胜。"内外兼修、知行合一"告诫众人,要达到外在形态的完美呈现,一定要注重内在的学习与修养。只有通过不断学习与实践,并且做到学思结合、身体力行,才能达到形神兼备、内外合一的

---

① 韩金龙.万籁声武言录[M].北京:北京体育大学出版社,2013:82.
② 费孝通.中华文化在新世纪面临的挑战[J].文艺研究,1999(1):4-7.
③ 徐锋,徐俊.中国传统武德文化的当代价值[J].体育文化导刊,2017(11):14-18.

成就。

"内外兼修"历来被古代圣贤看作立身处世、实现人生价值的根本。在武艺界,"德艺双馨"是对技术与品德"内外兼修"的最高评价。中国古人强调练体不如修身,意在强调修身对艺术造诣的重要性。习武之人功夫练习到一定境界,一般会转入另一个境界,即涵养性情,正所谓"武之极则文"①。练武不只是为养浩然正气,"内外兼修、德艺互补"才是中华传统武德追求的精神境界、道德境界、形神境界互相统一的集中概括。《大学》中曾提出"明明德""内外兼修",这里的"内"指品德修养,"外"指技艺修炼。中华传统武术特别讲究形神兼备、内外兼修、知行合一,既要求外在动作形态规范,又强调内在精气传意,做到内外合一、物我合一、人械合一。拳谚曰"内练一口气,外练筋骨皮",就是说在气息运行上要以意领气,以气催力;在行拳时,追求外在的行健和内在的神韵,既练"内",也练"外",达到"内三合"(即心与意合、气与力合、筋与骨合)和"外三合"(即手与足合、肘与膝合、肩与胯合),做到上下协调、内外一致。② 中国传统武术在与中华医学养生理论相互影响的过程中,形成了独特的武术内功理论。气功与内家拳的出现,开启了中国武术内外兼修的传统。气功是中国医学最早的体疗方法,它以吐纳导引等方法传承已久,与中华武术的渊源相同。③ 正是出于对内功的无限追求,中国传统武术才令人心驰神往,也给武侠小说和武侠文艺创作提供了丰富的养料和想象。

"知行合一"是中国传统文化中道德教育的重要原则,"知行合一"不是一般的认识和实践的关系,"知"主要是指人的道德意识和思想意念,"行"主要指人的道德践履和实际行动。因此,知行关系就是指道德意识和道德实践的关系,而"知行合一"意在传达做人和为学过程中要达到的一种境界。④ "知行合一"最终的目的归于"一",即形成道德自觉。正如马克思所说,"全部生活在本质上是实践的。凡是把理论引向神秘主义的神秘东西,都能在人的实践中以及对这种实践的理解中得到合理的解决"⑤。

人生就是通过身心实践形成体察和感悟,再回到实践的循环往复过程。"知"的最终目的是为了"行",也叫躬身践履。"知行合一"也是王阳明"心学"理

---

① 马文友.中国武术审美文化[M].北京:中国大百科全书出版社,2016:103.
② 李龙.历史学视野下的中国武术教育[M].北京:北京体育大学出版社,2011:80.
③ 刘峻骧.中国武术文化与艺术[M].北京:新华出版社,1991:20.
④ 徐永春.中国传统文化与思想政治教育[M].北京:光明日报出版社,2016:129.
⑤ 中共中央马克思恩格斯列宁斯大林著作编译局.马克思恩格斯文集:第一卷[M].北京:人民出版社,2009:501.

论的主要思想。他曾说过"知是行的主意，而行是知的功夫"。知而不行，不是真正的知道；行而不知，则不是真正的行为。知识和行为应该并行不悖，合而为一。由"知行合一"原则衍生的"内省""躬身""慎独"等方法，也成为我国传统道德教育的基本方法。要达到"知行合一"，就要强调任何行动都要有知识或意识来指导，而任何知识或意识都可能来自实践中的行动。从这个意义上讲，"知行合一"的过程也是一个修身的过程，而要达到修身，就要有相应的诚意和诚信。一个人如果意念不诚实、心神不宁、惶恐不安，甚至自欺欺人，就难以获得真知，也无法实施正确的行为，不可能达到"知行合一"的境界。同样，如果一个人缺乏诚信，口是心非，表里不一，也很难"躬身践履"而达到"知行合一"。

"内外兼修、知行合一"在武德思想中最直观的体现是"见义勇为"。"见义勇为"充分展现了知行合一，突出英雄所见和所行的统一。在《辞海》中，"见义勇为"一词被解释为"看到合乎正义的事便勇敢地去做"。在现实中，"见义勇为"泛指为保护国家和集体利益或人民生命财产安全，不顾个人安危的英雄行为。如面对违法犯罪分子时的临危不惧和大义凛然，路见不平时的大声喝止和挺身而出，以及抢险救灾时的奋勇向前和视死如归等，这些见义勇为的壮举在习武之人中多有表现。英雄们在见义勇为时表现出来的大义、正义、侠义、忠义和仁义等都是武德思想的核心价值观念，在和平年代依然值得大力倡导。

从另一方面来讲，中国传统文化讲究"道""艺"结合，如果只知"道"而不会"艺"或只去探究理论指导而忽略技艺训练，就无法领略中国传统文化的真谛。①"道"和"艺"要相互结合，才不至于丢失其中合理的行为规范和礼仪习性。如果光是心里知道而没有采取相应的实践行动，那也只能是虚有其表，不能到达真正的"道"。道艺结合表现在武术方面就是悟练结合。悟练结合的过程，实际上也是实现武术从"形而下"的"器"转化为"形而上"的"道"的过程。练武的最高境界就是要从较低的有形的"器"的层面转化为无形而高深的"道"的层面，达到无形的神明境界。由此可见，由道艺结合引申出来的内外兼修、知行合一，就是传统武德思想所要表达的最高境界。拳理与武德、技术与修养相结合，是达到内圣外王理想境界的重要途径。

6.1.4 天人合一、和谐共生的合作精神

"天人合一、和谐共生"也是传统武德思想的基本精神之一。"天人合一"思想是中华文化的精髓，也是传统武术文化中的一个重要观念。传统武术作为一

---

① 楼宇烈.中国文化的根本精神[M].北京：中华书局，2016：171.

种在东方审美思想影响下的人体运动,一招一式无不体现着中国古代哲学中的"和合"理念。受"天人合一"思想的影响,习武者"顺应规律,依时而行",按自然规律去运动,展示人与自然的和谐之美。在实际习练过程中,传统内家拳把人体作为一个小天地,外家拳把宇宙作为一个大天地,练拳的最高境界就是把人体这个小天地融入宇宙这个大天地之中,最终在人与自然的和谐相处中达到"吸天地之精华,悟人生之真趣"的至高境界。① 可以说,追求"天人合一"的和谐境界,成为习武之人的终极目标。在现代社会中,"天人合一、和谐共生"就是强调人与自然、人与人、人与社会及中华文明与其他文明之间要相互依存,和谐共处,互相融通,共同发展。

"天人合一"思想在中国传统文化中占有重要的地位,中国古代许多哲学家都提倡"天人"观念,从诸子百家到宋明理学,历代学儒先哲都对"天人合一"思想有过论述。综合而言,"天人合一"就是强调天、地、人的和谐统一,强调通过对立统一的整体思维方式,形成对自然和社会的整体性认识。具体表现为:在人与自然的关系中,倡导人要崇尚自然、顺应自然,强调人与自然的和谐共处;在人与人之间的关系中,倡导推己及人,与他人和睦相处,强调"君子之争,以和为贵";在人的自我身心关系中,倡导形神兼备、内外兼修,强调"身心和谐"。在武术文化中,人与自然和谐相处的景象十分常见。比如拳种的名称,有根据地域特色命名的武当拳、峨眉拳、关东拳、嵩山少林拳等,有根据自然界中的飞禽走兽命名的龙拳、虎拳、豹拳、蛇拳、鹤拳、螳螂拳、猴拳等,有根据自然景象命名的犀牛望月、青龙出海、迎风摆柳、古树盘根等。这些拳种和名称的由来,大多就地取材、象形取意,从大自然中获取灵感与激情,受大自然的启发和滋养,表达武术人对自然万物的崇拜和感恩之情。东汉华佗创编的五禽戏的灵感就来自虎、鹿、熊、猿、鸟的日常姿态,充分表达了古人对物我合一、师法自然的技术要求和精神追求。② 练武之人持之以恒、长年修炼,也是促使人与人、人与社会及人与自身达到身心和谐、道德升华、人格完善的有效手段。

关于"和谐",《尚书·舜典》中提出"八音克谐""神人以和"的著名命题,这是中国历史上最早的关于和谐的阐述。孔子主张中庸之道、"乐而不淫,哀而不伤",讲求"君子和而不同,小人同而不和"(《论语·子路》)、"礼之用,和为贵"(《论语·学而》)、"致中和,天地位焉,万物育焉"(《中庸》),儒家思想的"中和之道"一以贯之。道家更是崇尚和谐守中,老子说过"多言数穷,不如守中",又说

---

① 徐锋,徐俊.中国传统武德文化的当代价值[J].体育文化导刊,2017(11):14-18.
② 申国卿,邓方华.中国武术导论[M].重庆:重庆大学出版社,2016:132.

"万物负阴而抱阳,冲气以为和",认为宇宙万物都产生于阴阳二气。这种和谐的文化特征既表现在人与人的和睦相处中,也表现在对大自然的尊重和崇尚之中。在人与人的相处中,和谐传达着一种浓厚的人文精神,即谦虚、恭敬、宽厚、容忍、约束等品质和德行;在人与自然的关系中,和谐与融合精神包括与天时、地理、气候、季节、方向等自然界的同构与相通。因为万物与人同源而来,万物与人同世相处,所以人利用万物,也应该善待万物,与万物和谐相处。具体表现为人与自然之间应该和谐共生,人对自然应该有取有予、取之有度、取之有时,不能违背天然地理和春夏秋冬四时之序;人与人之间应该互为诚信、相互负责并各司其职。

和谐才能共生共存、共同发展。因此,和谐共生可以理解为人或事物各方面协调配合,共同生存和发展。表现在发展问题上,就是要求实现人与自然、人与人、人与自身的和谐共生。要实现人与自然的和谐共生,就要以自然生态的平衡和可持续发展作为发展之维度;要实现人与人的和谐共生,就要以平等、尊重、关爱为交往原则[①];要实现人与自身的和谐共生,就要身心统一、内外兼修。表现在对待其他文明的态度上,就是要求我们以包容的精神来实现与其他文明的互通互融、共同发展。和谐是中国武术最为核心的文化精神,和谐价值取向贯穿整个武术思维方式与实践规范,因此,武术文化追求身心和谐、人际和谐、天人和谐,以和谐为武术的真善美。[②] 再者,中国传统武德思想主张不战而屈人之兵,追求的就是这种和谐与包容,提倡公平比武、诚实竞争,能不出手就不出手等拳理和哲理。钱穆曾说过:"中国文化是一种现实人生的和平文化,这一种和平文化的主要泉源,便是中国民族从古相传一种极深厚的人道观念。"[③] 这种人道观念和包容和谐理念,促进了武术套路的产生和形成,避免了残酷的竞争和血腥的对抗,彰显了我国传统武德崇尚和平、追求和谐共生的思想和精神追求。

"天人合一、和谐共生"体现了现代人生存、交往、合作、发展的基本精神,包含"和生、和处、和立、和达、和爱"等相处原理。在当前政治多极化、经济全球化、社会信息化、文化多样化的时代背景下,世界面临的不稳定性不确定性突出,世界经济增长动能不足,贫富分化日益严重,地区热点问题此起彼伏,恐怖主义、网络威胁、重大传染性疾病、气候变化等非传统安全威胁持续蔓延,人类面临许多

---

① 徐锋,刘魁.新时代中国共享经济的伦理意蕴与实现路径[J].河海大学学报(哲学社会科学版),2018.
② 申国卿,邓方华.中国武术导论[M].重庆:重庆大学出版社,2016:131.
③ 钱穆.中国文化史导论[M].北京:商务印书馆,1994:50.

共同挑战。① 因此,"天人合一、和谐共生"作为一种时代精神,也能为化解国际纠纷、社会矛盾、文明冲突等提供思路,更能为促使中华文明与世界文明的共通共融和共同发展提供一种中国式的思维方式和价值导向。

以上是从武德思想中析取出来的对新时期思想政治教育有重要参考价值的四个方面的精神品质。在古代,这些精神品质不仅涵养了人们的道德素养,而且引领着整个社会的风气。在新时期,这些精神品质除了能继续发挥以上作用以外,还为思想政治教育提供了更为具体的培育内容,这也是传统武德思想时代价值的重要体现。

6.2 创新思想政治教育的文化载体

民族文化是一个民族在其发展历程中形成的、能够传承的物化和非物化的意识形态的综合体,主要包括思维方式、价值观念、制度体系、道德伦理、生活方式等方面。中国传统文化作为一种精神产品,是在世世代代的生活中所形成的并为所有中华儿女包括海外华人提供精神支柱。在共同文化心理的影响下,无论身处何地,每一个中华儿女都会对中国传统文化产生亲切感和认同感。中国传统文化在一定程度上可以调和民族内部矛盾,形成稳固的民族凝聚力。②

武术文化作为一种民族文化,博大精深,历史悠久,是中国传统文化中的瑰宝。如果把中国文化视为母文化,那么武术文化就是母文化的具体实践和创新。它与中医、戏曲、绘画、书法、杂技等同属于中国的传统民族文化,有着中华民族的气质和风格。③ 武术文化具有的艺术性、表演性、观赏性等特征使武术与舞蹈、书法、诗词等民族文化表现形式有着某种天然的联系。可以说,舞蹈、书法、诗歌等既可以作为武德思想传播的文化载体和表现形态,又可以成为新时期思想政治教育的文化载体和教育方式,而一种思想文化可以有多种表现形态和宣传教育方式。邓小平指出,"思想战线上的战士……应当高举马克思主义的、社会主义的旗帜,用自己的文章、作品、教学、讲演、表演,教育和引导人民正确地对待历史,认识现实,坚信社会主义和党的领导"④。江泽民指出,"理论、新闻、出版、报刊、小说、诗歌、音乐、绘画、舞蹈、戏剧、电影、电视、广播、网络等,都应该成

---

① 习近平.决胜全面建成小康社会 夺取新时代中国特色社会主义伟大胜利:在中国共产党第十九次全国代表大会上的报告[N].人民日报,2017-10-28(1-5).
② 徐永春.中国传统文化与思想政治教育[M].北京:光明日报出版社,2016:60.
③ 栗胜夫.中华武术演进论[M].北京:人民出版社,2017:28.
④ 邓小平.邓小平文选:第三卷[M].北京:人民出版社,1993:40.

为我们宣传科学理论、传播先进文化、塑造美好心灵的阵地"[1]。对于传播中国文化、中国精神,习近平指出,"一部小说,一篇散文,一首诗,一幅画,一张照片,一部电影,一部电视剧,一曲音乐,都能给外国人了解中国提供一个独特的视角"[2]。中国传统武德思想以其丰富生动的文化实践方式和表现形态,激发教育对象对文化实践活动的热情和参与度。尤其是对这些具有中华民族精神标识的文化载体的发掘与认同,有利于武德思想的弘扬与传播,也有利于当前的育人和思政工作,能更好地丰富和拓宽思想政治教育的实践方式和路径。

6.2.1 武舞同源,发挥以舞演武的亲和力

中国传统武术与舞蹈一脉相通、相互滋长、同根连理。许多武术与舞蹈动作都取材于生活,都是通过动作节奏、形体变化和眼神意识等来展现人类蓬勃的生命活力,使人获得视觉上的愉悦,最终达到一种精神上的震撼和鼓舞。

古老的武术文化与舞蹈文化自古以来就是相通的,在很长一段时间里,中国武、舞并没有明确的界限,以舞习武是图腾文化时代的共同特征。武术和舞蹈都来自人类的原始生活,如劳动生产、起居、狩猎、游乐、民俗、战争等。原始先民们打猎归来,常常会一边烧炙猎物,一边敲打石器,模仿着各种野兽的动作,或表演自己在打猎中的巧妙动作,或重复自己在战斗中敏捷的拳脚,手舞足蹈地跳起来、舞起来。这种原始的舞蹈,人们在高兴的时候跳,悲伤的时候跳,宗教祭祀的时候更要跳。用舞蹈纪念祖先,取悦鬼神,禳灾祈福。但这些原始的舞蹈具有浓重的"武"的色彩,融战斗和舞蹈于一体,舞风强悍,气势逼人,常常有震撼人心的作用。[3]

《韩非子·五蠹》中记载:"当舜之时,有苗不服……乃修教三年,执干戚舞,有苗乃服。"这里的干指盾,戚指斧,这种干戚舞既是种军事操练,又是种武力炫耀。"干戚舞"的出现,表明了一种与当时的军事活动有关,但本身又并非军事实战的社会活动的出现。跳舞是原始部落准备战争的一种形式,这种操练式的跳舞类似于当时的军事训练。这种舞又称武舞,它本身是一种战斗场景的模拟再现,后来发展成为一种军事训练的手段,具有代表性的武舞有"大武舞""象舞""万舞"等。周武王为了训练士兵们的击刺能力及鼓舞士气,曾将训练时的攻防动作改编成舞。《礼记·内则》载:"成童(年满 15 岁的少年)舞象。"所谓"象"指

---

[1] 江泽民.江泽民文选:第三卷[M].北京:人民出版社,2006:97.
[2] 习近平.习近平谈治国理政:第二卷[M].北京:外文出版社,2017:315-316.
[3] 周伟良.中国武术史[M].北京:高等教育出版社,2003:11.

"象舞"或"象武",《十三经注疏·毛诗正义·卷十九》疏文写道:"象用兵时刺伐之舞,武王制焉","此乐象于用兵之时刺伐之事为舞,故谓之象舞也"。①

先秦古籍中也常常可见"武"和"舞"字互相通假的情况。《诗经·维清》小序中说:"《维清》,奏《象舞》也。"《礼记·仲尼燕居》中有"揖让而升堂,升堂而乐阕,下管《象武》"。② 这里的《象舞》和《象武》是一个意思,可见武字本身就有舞之意。从鸿门宴中的项庄舞剑到后来诗人们的以舞咏诗,都是以剑或戟等武器作为舞具,来表达或抒发各自的心情和志趣。历史上记载了许多以剑舞抒怀的励志故事,如"霸王别姬"中虞姬的剑舞、晋代祖逖"夜闻荒鸡起鸣"而舞长剑等,都是以剑的刚柔相济、吞吐分明和运转自如来表达复杂的思想感情。正是在传统武术文化与舞蹈艺术互相滋长的影响下,剑舞能够长盛不衰。

古代武舞的结合以及"武舞"场面的演变和发展,也可以从民间舞蹈的兴衰中找出相应的历史轨迹。根据普查结果,许多民间舞蹈的技巧大多来源于传统武术。如山东的"鼓子秧歌""胶州秧歌""柳林秧歌"等都是以武术基本功为基础的,看重的是文武并重、以舞颂武,表达人们对英雄人物的敬仰与崇敬。现代著名的舞剧作品《小刀会》《雷峰塔》《秦岭游击队》等,都从武术中吸取了大量的动作素材来抒情和造型。一些著名的舞蹈家如舒巧、赵青等,都曾潜心学武而终生受用。剑术套路组合也已进入舞蹈学院古典舞教学的课堂。新舞蹈艺术的开拓者吴晓邦先生曾深有体会地说:"中国的舞蹈一半是武术。"③

武与舞的结合,使武术由单一的技击功能衍生出能够表达情感的功能和使人向上的道德功能,并在不断的发展中具有了宣扬武威、抒发感情、寄情尚志的道德教化功能。"武舞结合"的历史展示了武德思想的教育载体可突破武术单一形式的限制,可以从民间舞蹈、现代舞蹈、古典舞蹈等载体和表现形式中挖掘可传播武德思想的路径。

6.2.2 武书同构,利用以笔论武的影响力

武术和书法同源,武道与书道同构。武术与书法同被称为中国传统文化国粹级的艺术瑰宝,两者都追求实用技术的艺术化,注重对力的审美表达。近代武侠小说家从书法笔势中曾悟出武技如"铁笔银钩"般的描述,从这些想象中不难看出武术与书法的异曲同工之妙。书法的一点一画讲究变化,武术的一拳一脚讲究的也是变化,所谓势无定式,变化为上,持之以恒,纯熟为止,勇为义备,而浩

---

① 刘俊骧.武术文化与修身[M].北京:中央编译出版社,2008:6.
② 刘俊骧.武术文化与修身[M].北京:中央编译出版社,2008:99.
③ 刘俊骧.武术文化与修身[M].北京:中央编译出版社,2008:100-109.

然正气为根本。书法和武术都讲究要通会，都要经过初谓未及、中则过之的过程，并做到刚柔相济、恰到火候、触类旁通。书法讲究布局结构，要求平正到位；练拳也讲究布局功夫，要求拳脚到位，力度适中。书法还讲究矛盾的和谐统一，即提按、虚实、方圆、轻重、徐疾、逆顺等要表现出不同的层次；武术同理，也讲究阴阳平衡、和谐统一，如刚柔、进退、快慢、轻重、上下、攻守等要灵活变化。以上都是对武术与书法的生动描述，足以表明在力的使用上书法和武术是一致的。

晋代书圣王羲之曾以武喻书道，认为书法创造如同战争，也讲究军备、力量、将帅谋略的配合和相互较量。他说："夫纸者阵也，笔者刀矟也，墨者鍪甲也，水砚者城池也，心意者将军也，本领者副将也，结构者谋略也，飐笔者吉凶也，出入者号令也，屈折者杀戮也。"（《题卫夫子〈笔阵图〉后》）王羲之研究过《黄庭经》，也曾舞戟耍剑，静坐悟道，他把书法与战阵武学进行比较，道出了两者的精神与血脉相通之处，可谓切中要害。书法家直接从武术雄姿动势中获得艺术灵感的例子还有很多，如清人朱和羹的《临池心解》，也有关于书法运笔用势与武术拳脚步法相类比的妙论。

书法与武术所求"道"同。近代政治家、教育家、书法家康有为曾在《广艺舟双楫·缀法第二十一》中进一步说："书道犹兵也。"清代书法理论家包世臣在《艺舟双楫》中认为，学书如学拳，认为两者都是由形入手，臻于纯熟，最高境界皆是求其中之道也。书道武艺俱精的岳飞可以说是武艺高强、书艺超绝、忠魂雄魄、千古卓荦的人物。岳飞少年时曾拜武术名家周侗为师，学枪舞棒；长大后入军中，又潜心研究兵书战策，他在军事上比王羲之更有实战经验，因此，他的书法渗透着明显武功与忠魂的痕迹。其自抒壮怀的《满江红》，可谓云龙飞舞，忠义满乾坤。古人评论岳飞的书法皆与他的品格修养相联系，这种书艺与人品共论的观点，正是中国武术与书法间的共通之处。"艺无德不立"是武术家遵循的学艺守则，也是书法家信守的修养规范。

颜真卿也是功业、书艺、人品俱全的典范。颜真卿，唐代著名书法家，官至吏部尚书、太子太师，封鲁郡公。德宗时，为国捐躯，谥号文忠。宋欧阳修《六一题跋·唐湖州石记》称："公忠义之节，明若日月，而坚若金石，自可以光后世传无穷，不待其书然后不朽。然公所至，必有遗迹，故今处处有之。唐人笔迹见于今者，惟公为最多，视其钜书深刻，或托于山崖，其用意未尝不为无穷计也，盖亦有趣好所乐尔。"宋代另一位书法家、文学家苏东坡在《东坡题跋·题鲁公帖》中称，"观其书，有以得其为人，则君子小人必见于书。是殆不然。以貌取人，且犹不可，而况书乎？吾观颜公书，未尝不想见其风采，非徒得其为人而已"。颜真卿与岳飞的墨迹中，都不自觉地流露出凛然正气，令人观其书，思其人。学其书，既得书艺之美育,又得精神之熏陶和节操之陶冶,可谓书法艺术史和武德文化史上的佳话。[①]

综上所述,武术与书法虽然有着不同的表现形式,但它们却有着异质同构的文化特征,"书道"与"武道"有着许多精神妙悟相通之处。以武化字,以字显德。高明的拳师和书法家一样,都能通过提升技艺进入仙境,从中获得一种心灵的净化和道德的升华。书法作为中华传统武德思想的又一教育载体,可以通过作品的欣赏和创作,培养和提升人的修养和境界。

6.2.3　文以载道,提升以文会武的传播力

"令之以文,齐之以武"(《孙子兵法·行军篇》),就是说,"武"要得到"文"的号令后才能行动,士兵的行动要用军纪来统一号令,体现了古代文武兼施、德威并重的治军思想和原则。中国历史上非常重视武侠小说的创作和运用,武侠小说中对于主人公高超武艺的描写和完美人格形象的塑造,吸引了不同层次的读者。一文一武在一纸一跃中交会,武的精神通过文的方式得到了传颂。

刻画和描绘武侠人物角色的武侠小说,是武德思想传播的重要途径。对典型人物的描写在现代武侠小说中屡见不鲜。如《射雕英雄传》中的郭靖,善良、正直、质朴、敦厚,是金庸笔下儒侠的典范。他以勤奋、刻苦、坚持战胜了自己的天资愚钝,又以仁爱博大的胸怀与坚韧不拔的意志练成了绝世的武功。更可贵的是他能超越一己之私,成为一个"侠之大者、国勇当先"的民族英雄。从他的身上,我们可以看到从武之人以勤为径、用心专一、循序渐进、持之以恒的坚毅武德品格和大智若愚、大爱无疆、大道无痕的武学境界。金庸另一部武侠力作《天龙八部》中的男主角之一虚竹,本是少林寺内的无名小僧,性格木讷老实,但为人忠厚善良,待人诚恳。他不强求、不贪恋、不为世俗名利所扰,最后尽得绝世武功而成为武林高手。正是由于这些文学作品对武功盖世、品行高尚之人角色的刻画与宣扬,才使人们得以深入地了解和认识武侠、武林、武术等思想、行为、精神。这些作品为中国武术文化的传播开辟了一条通俗化的途径。

通过"诗词"等文字的传颂,也能起到"以文会武"、传播武德思想的作用。历史上有许多"以诗颂侠""以诗吟侠""以词颂剑"的豪迈诗篇,如李白的《侠客行》、杜甫的《观公孙大娘弟子舞剑器行》等。当代,也有许多诗词爱好者崇武尚德,作诗颂武,以诗词颂扬优秀体育健儿为国争光的体育精神。如田麦久先生发起的"浣花诗社",由热衷于传统诗词研习的体育界知名学者组成,自 2013 年成立以

[①] 刘俊骧.武术文化与修身[M].北京:中央编译出版社,2008:154-155.

来，创作了以奥运冠军风采为主题的诗词作品236首，并专门印成了集诗词、书法、冠军素描、赞语篆刻、冠军简介等诗书画文印为一体的诗词集，实现了传统文化元素与体育精神的完美结合。1984年美国洛杉矶第23届奥林匹克运动会上，许海峰获得了男子自选手枪60发慢射冠军，为中国摘得历史上第一枚夏季奥运会金牌，实现了中国奥运史上金牌零的突破，极大地鼓舞了中国的体育健儿和民众。夺冠风采，有词为证：

《风入松》（节选）
六十点射驭风云，
一弹定乾坤。
激昂义勇今初奏，
零突破、辉耀华春。
骁勇先锋开路，
夺魁浩浩雄军。①

诗词生动形象地描述了中国奥运冠军的英雄事迹，传播了奥林匹克精神，激发了亿万民众的爱国热情，同时激励运动员奋力拼搏、为国争光，展示了竞技体育丰厚的文化内涵。诗词可以表达对传统武德的尊重，因此也成为创新表达现代道德教育的重要方式。

舞蹈、书法、小说、诗词等人们喜闻乐见的文化形态都可以作为古人传颂武德思想的重要方式，这对新时期思想政治教育不无启发。传统思想政治教育的理论说教和灌输方式颇受指责，众多学者和教育者一直在探索更具有说服力、亲和力和影响力的教育方式。新时期思想政治教育应该积极借鉴传统武德思想传承的方式，不断创新思想政治教育的文化载体，推动思想政治工作更加深入人心。

6.3 发挥思想政治教育的道德优势

传统武术讲究克敌制胜，如果不对用武之人进行道德约束，"用武"则可能会对他人和社会造成伤害，影响社会和谐。如20世纪70年代末由传统武术演变而来的散打运动在全国范围内得到推广。但对武德教育的忽视，导致一些习武者思想道德素质低下，时常寻衅滋事、打架斗殴，在社会上产生了较大的负面影

---

① 田麦久,王钰清.中国奥运冠军风采诗词:洛杉矶-悉尼卷[M].北京:北京体育大学出版社,2016.

响。这些人缺乏武德自律,持武为霸,影响了社会和谐。还有人以办武术馆校为名,纠集势力横行一方,成为社会的不稳定因素。[①] 国家要富强,首先要民强。立国先立人,立人先立德。只有对用武者进行武德教育,用礼仪约束和规范其行为,才能塑造其道德人格。当前,在坚持社会主义本质要求和"五位一体"总体布局的基础上,思想政治教育可以借助中国历史上积淀下来的道德修养优势,积极开展"立德树人"的中心工作。

6.3.1 健全人格,提高个体修养

青年是祖国的未来,是民族的希望。当前,对青年的挫折教育、拼搏精神教育严重不足,导致当代青年经受不起挫折、缺乏持之以恒品质。武德思想的教育和培养,一定程度上可以弥补青年成长过程中的一些缺失,有助于磨炼青年的意志品质和提高青年的道德素养。

武德思想包含意志品质、行为规范和精神境界等几个方面的内容,武德思想中的"日常伦理"、"意志品质"和"侠义精神"等都能对习武者的人格塑造产生积极影响。早在20世纪30年代,人们已注意到"学习国术是涵养道德的生活"[②]。武德的修养,可以培养习武者高尚的道德情操和良好的生活作风。同时,由于武德的修养也是一个"内外兼修"的过程,经过"内外兼修"的锻炼,习武之人才有可能具备高尚的意志品质和过硬的武技,才能引发"除暴安良、见义勇为、匡扶正义"的道德行为。因此,武德思想为培育和践行社会主义核心价值观提供了坚实的思想基础和物理条件。武德思想中"厚德载物、贵和尚中""内外兼修、知行合一"等基本精神,要求习武之人不仅要注重道德的理论修养,同时还要注重道德的实际践履,最终实现武德思想的升华。很多武术家都可以成为当代人学习的榜样,如杨氏太极拳创始人杨露禅,"忠义拳术社"创办人佟忠义,自然门武术的一代宗师万籁声等。这些大师用自己的言行宣扬和践行尊师重道、见义勇为、谦虚好学、屈己待人、孝悌正义、助人为乐等道德要求,可以激励当代青年形成良好的道德品质和坚强意志,促进青年道德人格的塑造。同时,通过习武掌握"一技之长",也有助于青年大学生自信心的培养和心理素质的提升。

修禅和养生也是武德文化的重要载体,同样可以发挥育人的作用。在社会价值多元化的时代,青年大学生面临着各种各样的诱惑,直接影响其对社会主义核心价值观的认同。引入约束机制,可以逐渐提升个体抗诱惑的能力。古代武

[①] 周伟良,杨建营. 论武德的历史发展与当代价值[J]. 中华武术(研究),2014,3(2):6-19.
[②] 张长念,晋小洁. 齐鲁文化与中华武德[J]. 中华武术(研究),2015,4(12):6-10.

术中就有"十禁约""八不打"等规定来约束习武者的行为,以塑造其高尚人格。而养生不仅仅是对身体健康的重视,更是对生命的关照。青年大学生正处在人生意气风发阶段,适当掌握一些养生知识,可以调和该年龄阶段所特有的浮躁、脆弱、敏感等心理特点,从而塑造更加成熟、平和的心境。

6.3.2 注重礼仪,增进社会和谐

传统武术非常注重武礼、武德的培养。中国素有礼仪之邦之称,礼仪是人们在长期的社会交往中逐步形成的行为规范和准则。"不学礼,无以立""未曾学艺先学礼,未曾习武先习德",这些古训也是习武做人之道理。中国武术在传统文化的影响下逐步形成了一套十分复杂的礼节,比如无论是以武会友,还是以武相争,比武双方总是先行礼再开拳。因此,拳礼也称请拳。拳礼即在与人交手前所行之礼,表示谦虚礼让及对对手的尊重,这种仪式般的礼仪要求也是武德的重要组成部分。所行的拳礼,依据习武者的身份、习武场合不同而有所不同。如五指礼,伸五指代表五湖、五岳,泛指天下,意为向天下英豪和观众请教,或表示济困扶危、抑强助弱;四指礼,意为四海武林同道,列位观众在上,不才开拳献丑,望海涵赐教;三指礼,一表示儒释道三教九流俊杰,二表示三山五岳协力同心,众志成城,振中华武威等;举手礼,表示打招呼或答谢等;一字礼,表示五湖四海原本一家,摒弃门户之见。常用的礼法有鞠躬礼、点首礼、注目礼、合十礼、举手礼等。还有一些特殊的拳礼,如无为礼,由老子"清静无为"思想衍化而成,象征老子"直而不肆、光而不耀"的道德品质;莲花礼,为明清民间广泛流传的白莲教徒众的拳礼,表示庶众一心,英勇奋战,反抗清朝[1],但仅适用于一些特殊的群体。在这些拳礼中,抱拳礼是最常用的,也是最具民俗特色的,一直沿用至今。传统武术讲求"不为人先、不与人争、以和为贵",这些都与构建社会主义和谐社会所提倡的"文明、和谐、友善"等核心价值观相吻合[2]。因此,通过"礼"的约束和规范可以促进人与人之间的和谐交往,促进人与社会的和谐发展。

6.3.3 传承文明,振奋民族精神

2012年11月,习近平总书记首次提出"中国梦",提纲挈领地将中国梦的实质概括为"国家富强、民族振兴、人民幸福"三个层面,并进一步指出,实现中华民族伟大复兴,是中华民族近代以来最伟大的梦想。中华民族有着五千年的悠久

---

[1] 彭卫国.中华武术谚语[M].北京:电子工业出版社,1988:15-16.
[2] 李语晴.武德对践行社会主义核心价值观的理论与实践研究[D].武汉:武汉体育学院,2016:30.

历史，在人类社会发展史上曾长期处于世界发展的前列，而近代以来，由于清政府夜郎自大、闭关锁国，中国逐渐由强盛走向衰弱。随着鸦片战争的爆发，中国陷入了半殖民地半封建社会，遭受了巨大的民族屈辱。无数革命志士为了国家和民族的独立抛头颅、洒热血[1]，其中不乏"以武保国"、"以武强种"、具有爱国情怀的尚武人士。他们为祖国的独立和自强奔走效劳，如上海精武体育会创建人霍元甲。霍元甲一生都在宣扬和实践中国传统武术精神。他听说俄国人污蔑中国人无能，便主动上台与俄国人进行比试，并当场质责俄国人"为何辱我中华"，要求俄国人公开承认错误。霍元甲应友人邀赴上海与英国大力士约期比武，并在报上发表声明，"世讥我国为病夫国，我即病夫国中一病夫，愿与天下健者一试"[2]。孙中山先生为赞扬霍元甲"欲使国强，非人人习武不可"的信念和将霍家拳公之于世的高风亮节，亲笔书写"尚武精神"惠赠精武体育会，这无疑为当时积贫积弱的旧中国和普通民众注入了一股强大的精神动力。"尚武精神"激起了国民勇于抗争、寻求民族振兴的巨大勇气和力量。又如，被尊称为"大刀王五"的王正谊，是晚清十大武林高手之一。他一生行侠仗义，与燕子李三、霍元甲、黄飞鸿等著名武师齐名，他们的武艺和反帝爱国义举受到人们的广泛传颂。

历史上有关以武救国、以武雪耻的故事还有很多。民国初年著名武术家韩慕侠，精通形意拳和八卦掌，为推广国术还自办武术专馆，义务授徒，并因此与周恩来结下了深厚的师徒情谊。周恩来曾提笔为韩慕侠的武馆写下"韩九师堂"四字。韩慕侠曾感慨说："翔宇（周恩来）年少志高，深谋远虑……我教他怎样强身，他却教我怎样做人。"身怀绝技的他有一颗强烈的报国雄心，终生以尚武救国为志。他认为强国必先强兵，强兵可以借助武术，发挥中国武术的优势，建立一支具有技击格斗之术的军队。他的心愿是成立一所武备学堂。[3] 韩慕侠以武抗日、以武对擂、为国争光的侠骨丹心和凛然正气，受到人们的推崇。1943年，年仅15岁的蔡龙云在一场擂台赛中击败西洋拳师，得到"神拳大龙"的绰号，一时间，"神拳大龙"战胜美国"黑狮"传为武林美谈，著名书法家兼诗人沈尹默作诗盛赞蔡龙云"一洗东亚病夫耻"。[4] 被誉为"中华第一保镖"，世称"南北大侠"的杜心武，从小立志习武，曾在练功房贴有"练成武艺，誓杀洋鬼"字幅，学成后运用自身高超的武艺积极从事抗日救国活动，是一名坚定的革命战士。这些武林精英

---

[1] 赵五一. 回顾与展望："中国梦"研究综述[J]. 湖北经济学院学报（人文社会科学版），2017（12）：71-74.
[2] 栗胜夫. 中华武术之核心理念[M]//中华武术演进论. 北京：人民出版社，2017：84.
[3] 暨南大学《武术》编写组. 武术[M]. 广州：暨南大学出版社，2013：45.
[4] 关永礼. 中国功夫[M]. 南昌：百花洲文艺出版社，2012：49.

以"尚武治国"的政治抱负和"以武救国"的思想情怀开启了近代以来民族自立自强的伟大征程。

武德思想作为一种精神力量,在文明传承、精神塑造等方面发挥了积极的作用。历史上不少习武之人的理想就在于"修身、齐家、治国、平天下"。无论是武功高强的武术名家,还是普通的习武者,都以维护正义、保卫国家为己任。西汉时期的李广,为名将之后,他自小练习骑射之术,在西汉王朝对抗匈奴的战争中立下了汗马功劳,自尽之后,后人给予了"桃李不言,下自成蹊"的评价。[①] 南宋的岳飞,自小便拜师习武并练就一身好武艺,二十岁投军抗辽,"尽忠报国"便是岳飞终生信奉的信条。从高吟"人生自古谁无死,留取丹心照汗青"的文天祥到近代"尚武爱武"的霍元甲,中国历史上绝大多数习武从武之人都有强烈的爱国精神和民族情怀。他们无论身处何时何地,始终将国家利益放在首位,哪怕粉身碎骨也在所不惜。正是在这些民族英雄的引领与坚持下,武术精神不断得到升华,与民族精神产生紧密的联系。应该说,武德精神不但影响着每一个习武者,更抒发了中华儿女最深刻的爱国情怀。

总之,习武不仅可以强身健体,还可以提升青年学生的道德品格和思想政治素养。"动静皆宜""文武双全"等武德思想特征,表明思政教育与习武行为之间可以相互关照,习武能塑造思政教育所希望的个体应具备的道德品质。因此,习武健身、崇尚武德,是加强大学生思想政治教育的一种有效方式,应积极打造中国传统武德思想融入高校思政教育的实践路径。

6.4 构筑思想政治教育的融入路径

中国传统武德思想融入思政教育,应加强顶层设计,全员、全过程、全方位构建武德文化精神育人体系。高校的思政教育应立足教书育人、科研育人、管理育人、服务育人、组织育人等,构建学习和践行传统武德思想的长效机制,营造充满武德思想精神特质的校园环境,探索武德精华融入思政教材的结合形式,创新课堂教学方法和内容,充分利用社会实践各环节,尝试将传统武德思想融入高校思政教育全过程。

---

① 王一楠.武术精神与践行核心价值观互动关系研究[J].武术研究,2016(3):44-45,65.

6.4.1 建立践行传统武德思想的长效机制

"办好思想政治理论课关键在教师"[①],思政教育者素质的高低直接影响教育效果的好坏,因此思政教育者首先要接受教育。在高校思政教育过程中,能够对教育对象施加影响的并不限于思政课教师。因此,提升高校思政教育者自身素养,可以通过构建包括思政课教师、体育教师和其他教职工等在内的学习践行传统武德思想的长效机制,整合和加强全校思想教育力量。首先,思政课教师是直接教育者,高校可以组织专业教师进行有关武德思想的培训和辅导,拓宽专业教师思想政治教育的内容和渠道。其次,体育教师是传授武艺的主体,在传授武艺的同时,也要加强武德理念的表达和分享。高校体育教师首先要加强自身对武德文化的学习和掌握,并在传授武艺的过程中,通过动作、表情、语言等传达武德价值,发挥润物细无声的作用。最后,其他教职工是间接的影响者,要引导他们通过自我学习和积极实践,了解传统武德思想的基本知识和内涵,培养对武德思想的兴趣和爱好,积极配合高校思政课专业教师和其他教育工作者做好全员育人工作。通过"思政课程"和"课程思政",形成思想政治教育的强大合力,共同推动建立积极践行传统武德思想教育的长效机制。

6.4.2 营造崇尚传统武德思想的校园环境

"蓬生麻中,不扶自直""入芝兰之室,久而自芳",校园环境在思政教育中的作用不容忽视。充分发挥校园文化资源、硬件设施以及其他特色资源优势,因"校"制宜改善校园环境,才能营造大学生认知、崇尚与传承传统武德文化的校园氛围和环境。首先,充分利用校训、校史等校园文化资源,用真情、真话、真心感染激发学生,努力扩大思想政治教育的实际影响。纵览各大高校的校训校风,"自强""至善""厚德""求实""笃行"等是运用频率较高的一些词汇,而这些词汇与传统武德文化中"积极进取""贵和尚中""知行合一"等价值要素有着很高的重合度。各大高校思政教育可以结合自身校训校风内容,利用研究式的学习方法,开展特色思政教育。如可以通过布置校训溯源、校风对学生人文素养的影响等研究课题来加深大学生对传统武德思想和大学精神的真正认同。其次,充分利用校园的硬件设施,如武德思想长廊、刻有武谚武训的石头、体现武德精神的壁画、武术大家的雕塑等,传达武德内涵,潜移默化地对青年大学生的思想观念、行

---

① 办好思政课关键在教师:论学习贯彻习近平总书记在学校思政课教师座谈会上重要讲话[N].人民日报,2019-03-20(1).

为方式、价值追求等进行熏陶和感染。另外,具有红色血脉与基因的武警、军事等高校应充分发挥红色文化的资源优势,不仅可以通过开设武术、军体拳等课程提升大学生的身体素质,还可以通过开展爱国主义、革命理想等专题教育提升大学生的道德素养。体育、中医等专业院校可以借助弘扬武术文化、中医文化的契机,开展生命观等相应的价值观教育,积极营造崇尚中国传统武德思想的校园氛围和环境。

6.4.3 创编体现传统武德思想的教材体系

思政教育的创新发展离不开思政教材的与时俱进。将中国传统武德思想融入思政教材,就是要将中国传统武德思想精髓进行提炼、概括,分层次、分章节地融入思政教材的内容体系之中。例如,在高校思政教育教材中,《思想道德修养与法律基础》等教材内容与培养学生精神品质联系较为紧密。因此,可以在此类教材中加入蕴含中国传统武德思想精神实质及当代价值的内容,对舍生忘死的爱国精神、自强不息的进取精神等武德思想精神实质的渊源、发展以及当代价值进行阐述,并辐射到理想信念、爱国教育、道德理论学习、社会公德、个人品德等章节。也可以运用武德中"刚健有为、自强不息"的进取精神深化理想信念教育,运用"天人合一、和谐共生"的合作精神强化学生自我修养的意识等。另外,建议在武警、军事和体育类院校中开设武德课程,并专门编写有关武德思想精神特质的思政教育读本,既可以独立成书,也可以汇编成册,关键是要多引用历史典故、传奇逸事等内容,增强读本的吸引力和感染力。总之,可以创编不同层次、不同侧重的武德思想教材,使学生领略到中国传统武德思想的精神内涵,体会到中国传统武德思想与当代思政教育之间的联系,并对武术和武德文化产生兴趣,自觉通过习武来健身,并用武德正其身。

6.4.4 探索融入传统武德思想的课堂实践

就目前而言,高校思政教育教学主要通过课堂这一实践载体,课堂的教育质量直接影响着高校思政教育的效果。而探索融入中国传统武德思想的课堂实践,是提升高校思政教育实效性的有效途径。首先,教师可以通过整合传统武德思想资源,营造积极向上、生动活泼的课堂教学氛围,激发学生的学习热情。传统武德的精神实质很多蕴涵在古代典故或事件之中,充分挖掘并在课堂上讲好这些典故或事件能达到积极的育人效果。如"闻鸡起舞""纪昌学射"等典故就是刚健有为、自强不息精神的光辉写照。这些典故或事件因其故事性、情节性更能吸引学生的注意力,一定程度上能够改善课堂讲授的枯燥性和纯理论性。而在大学生的军事训练和体育类教学训练课堂上,这些典故与事件更能起到事半功倍的教育效果。其次,可以根据大学生群体的心理需求和身心成长规律,在课堂上灵活呈现思政教育内容。中国武德思想的精神内涵与青年大学生的生活实际需求有很高的契合度,如青年大学生都追求良好的人际关系,而传统武德思想中讲求和体现的仁爱之心、贵义轻利、尊师重道、忠诚守信等都是现代处理人际关系的重要原则,通过传授大学生更为关心的人际学问来切入武德思想的精神实质,有助于提升课堂教学的吸引力。最后,结合课程思政与思政课程,发挥协同效应,提高育人效果,即设法通过在不同课程中武德思想的融入,全方位、多渠道加强对大学生积极进取、敢于实践、专业报国等价值内容的思想和价值观引导。

6.5 拓宽思想政治教育的国际视野

中华五千年文明史从未间断且极富生命力的一个重要原因,就是中国文化熔铸在中华民族的生命力之中。中华文化中,儒、道、释等中国传统哲学元素多元并存,彰显了包容和合、兼收并蓄、海纳百川等文化特性。作为一种东方文明,中国传统武德思想依托中国传统武术强大的生命力而万泉竞流、生生不息,其浓重的文化内蕴与思想价值越来越为世界人民所接受,如今正经历一种由不自觉到自觉、由被动到主动、由低效到高效的传播与共享过程。尤其是随着人类社会进入信息时代,各民族的文化交流与传播随着信息技术和人们交往方式的变化而大大加快。在此条件下,文化的多元化成为不可避免的趋势,任何民族想要与世隔绝、阻绝与其他文明的交往都是不切实际的。因此,中华文化现代化的道路不在于"体"与"用"的重新调整,而在于实现文化的多元共存,满足中华民族的文化主体在新时代的多种精神需求,但必须坚持多元并存中的一元主导,即以当代中国的马克思主义为主导。从这个意义上说,坚持一元就是坚持当代中国文化的民族性。"越是民族的才越可能成为世界的"[1],而要提高一个国家的软实力,则需要夯实国家文化软实力这个重要基础,应敢于发声和善于发声,主动传播当代中国的核心价值观念,积极彰显中华文化的独特魅力,不断提高中华文化的对外传播力和国际话语权。[2] 因此,让中华民族特色文化进入世界,拓宽思想政治教育的国际视野,可以积极利用武术、武德思想、传统文化等文化载体,展示中华文化的独特形象,并进一步发挥孔子学院、"一带一路"等平台的优势,彰显中国

---

[1] 刘魁."一国两制"与中国文化的发展战略[J].南京政治学院学报,1999(2):60.
[2] 王永贵.弘扬社会主义核心价值观的战略定位、精神实质及着力点:学习习近平总书记关于社会主义核心价值观的重要论述[J].黑龙江高教研究,2015(6):1.

传统文化的张力和影响力,逐渐增强中国特色社会主义的文化自信。

6.5.1 展示中华优秀文化国际形象

民族文化要走向世界,必须坚持一元主导、多元共存的文化传播模式。民族文化更需要以"国家文化"的身份获得世界的认同。武侠影视作品中侠者形象的塑造和武术文化的舞台展示等,不仅能够积极传播和弘扬中国传统武德思想的精神价值,更能够展示中华优秀文化的国际形象。

(1) 武侠影视作品的传播效应

通过现代影视等媒介,是当前传播中国传统武德思想最快捷的一种方法。中国传统武术具有"表演性""娱乐性""观赏性"等特性,具备艺术化、表演化的优势和先决条件,能够给民众的生活带来与其他艺术同等的快乐与享受。当前,武德思想教育的媒体化趋势加强。如武术表演节目频频登上央视春晚的舞台,由河南少林塔沟武校演出的武术节目《行云流水》,曾以巧妙的编排和精湛的技艺给观众留下了深刻的印象。从此,武术类节目也成了全国观众喜爱的表演节目之一。又如,曾在央视黄金时段播出的《武林大会》,为武林健儿提供了一个展示自己的平台和机会,也向亿万中国观众及海外观众展示了中华武术文化魅力,是弘扬武德精神的一个绝好的窗口。我们应发挥影视媒介的传播效应,展示传统武术中的拳礼拳规等仁礼教化内容,加强公众对中国传统武术及其蕴含的武德思想的关注和认同,进而提升中华文化软实力。

武侠影视作品是宣传中华武德文化的主要国际化平台。武侠影视作品是以武术人物或事件为主要表现题材,借助蒙太奇等制作手法来宣扬武侠精神的一种文化产物。武侠影视作品中通常将武功的至高境界与武德的人格修为合二为一,通过对武德高尚、武功盖世的武林人物的塑造,宣扬武林中人虚怀若谷、德怀天下、济世安民的高尚武德和宏大理想。从更深层次来说,武侠影视作品通过武术与艺术的有机结合,并通过现代媒体的传播,使武德精神和艺术魅力相互辉映,人们在享受武侠影视作品带来的视觉体验的同时,深刻感受到武侠身上散发出来的人格魅力与道德情操。

影视作品的娱乐功能使其更容易扫除各国文化上的隔膜而畅行于全球,因而各个国家都非常重视影视作品的输出。影视文化的"无声渗透"已成为展示和输出各国意识形态的重要途径之一。美国影视娱乐业在这方面的贡献不可谓不大。通过武侠影视作品的传播,特别是其中功夫角色的打造和渲染,西方人认识了中国功夫和中国武侠。文化的输出也是一个国家文化软实力的重要标志。文化软实力相对于军事、经济等硬实力,有着三个方面的特征:一是具有非强制性,它可以通过吸引、感召、同化等获得客体的认同感、亲近感和归属感;二是具有非量化性,软实力是抽象的能力,可以说无处不在;三是非即时性,它可以通过潜移默化、渐进渗透的方式发挥效用。① 因此,提升软实力先要从人们乐于消费、情感上愿意接受、自己信服的传统和产品做起。中国武侠影视作品通过武侠人物的塑造和中国功夫的展示,迎合了大众的娱乐和消费需要,是提升国家文化软实力、传播中国思想和中国价值观念的有效途径之一。

　　武德思想的传播离不开武术文化"使者"的形象打造。有影响力的功夫影星对推广中国武术及其武德思想能起到事半功倍的效果。他们能够超越自身的潜能,释放出很多思想文化传播的能量,是承担民族、国家间文化来往的"使者"。这些文化"使者"都生活在具体的民族和国家中,他们是民族和国家的精英,具有民族和国家的明显标识,这些标识可以是体质方面的,也可以精神方面的。

　　说起中国历史上的英雄形象或武打形象,人们并不陌生,人们在影视作品或小说中看到的关羽、武松、鲁智深甚至吕布等乱世英雄,都有明显的性格特征或缺陷,为了能接近现实中人的形象,对这些英雄形象的塑造并没有达到理想的状态,也没有进行完整的表达。在英雄形象的塑造上一定要对中国文化、中国传统有一个理性的认识,让中国文化与传统渗透到每一个角色中。吴瑛在孔子学院的调查统计中发现,外国人对于中国人知晓度最高的是成龙②。现代功夫明星李小龙、成龙、甄子丹、李连杰等形象的塑造,开启了中国武术传播的一条新路。

　　20世纪70年代功夫巨星、截拳道创始人李小龙主演的《精武门》《猛龙过江》等系列电影让外国人感受到了中国功夫的独特魅力,进而在全世界范围内掀起了一阵中国功夫热;20世纪80年代初由专业武术运动员李连杰主演的《少林寺》凭借精妙绝伦、正宗高超的中国武术,不仅创下了国内票房的新纪录,也再一次掀起了新一轮的中国功夫热,不少外国武术爱好者还慕名来到少林寺学习中国武术。《少林寺》之所以能产生如此大的效应,与少林武术惩恶扬善、伸张正义、弘扬真善美的主流价值思想有莫大的关联。由李安导演的功夫片《卧虎藏龙》,通过对中国功夫的展示和渲染,再现了中国古代英雄超凡的武艺和心忧天下的盖世气魄,将中国传统的武德与武艺很好地展现在世人面前。根据一代宗师叶问生平事迹创作的电影《叶问》《叶问2》《叶问前传》,不仅在国内引起关注,而且掀起海外华人华侨和外国观众学习咏春拳的热潮。这些影视作品让更多的人感受到中国传统武术及其文化内涵的独特魅力。有人曾说,外国人对中国传

---

① 王林.武术传播论纲[M].武汉:湖北人民出版社,2011:91.
② 吴瑛.孔子学院与中国文化的国际传播[M].杭州:浙江大学出版社,2013:2.

统文化的了解主要来源于中国饮食和中国功夫。① 可以说,影视文化的输出是中国文化海外传播的一大主要阵地。

文化"使者"作为一个国家民族文化的推广者和实践者,是民族和国家前行的开拓者,是民族和国家形象的重要表征。这些"使者"可以充当世界公民的角色,将本民族和本国的文化展示在世界面前,这一点在韩国影星身上表现得较为明显。韩国明星裴勇俊由于在推动日韩文化交往方面的突出表现,曾受过日本电视台的感谢和推广。还有一些韩国影星在国家文化传播中作出了突出贡献,使得韩国文化的影响力在国际上持续增大,他们也成为韩国文化兴国战略最得力的实践者。②

(2) 功夫舞台剧的巡演效应

在当今文化多元的国际背景下,功夫舞台剧是"中国武术"的"体"与"现代高科技"的"用"相结合的最好方式。功夫舞台剧,不仅成为满足当代大众艺术审美需求的后现代武术表演新模式,也成为中国传统文化走出去、向世界传播中华文化的新窗口。

功夫舞台剧的形成,得益于现代数字媒体的发展,与传统的武侠影视剧不同,它具有绚丽多姿的舞台艺术效果。更确切地说,功夫舞台剧是以中国功夫为主要题材,将武术动作与音乐、服装诸元素融为一体,在舞台等特定环境下现场表演的武术。③ 一部精美鲜活的功夫舞台剧就是一场传递东方文化魅力的视觉盛宴。20世纪90年代,随着视觉文化的兴起,大众审美情趣也发生了新的变化,对视觉享受的要求更高。在此背景下,一些武术文化爱好者借鉴国外先进的创作理念,大胆创新武术展演方式,以本土武术文化为内容,以数字媒体技术为载体,成功打造了一批既生动又形象的功夫舞台剧。

十多年来,中国在世界巡演了十多部优秀的功夫舞台剧,如《风中少林》《风中菩提》《少林雄风》《功夫传奇》《功夫诗·九卷》《熊猫神游北京》《少林传奇》等。功夫舞台剧的上演,加深了海外民众对中国功夫、中华传统文化及其内含的中国精神、中华武德思想的认知和认同度,提升了国家文化软实力和中华文化的国际影响力。其中,《功夫传奇》、《少林雄风》和《少林武魂》曾作为年度优秀出口文化产品获得嘉奖④。

《少林雄风》是我国第一部少林题材的功夫舞台剧。2000年在北京首演后

---

① 王林.武术传播论纲[M].武汉:湖北人民出版社,2011:89-90.
② 吕乐平.影视跨文化传播导论[M].北京:中国广播影视出版社,2016:170-171.
③ 马文友,邱丕相.论武术的艺术化发展趋势[J].上海:上海体育学院学报,2010,34(5):51-53.
④ 董川,陈玲.文化"走出去"背景下中华武术国际化实践与启示[J].甘肃高师学报,2017,22(9):82-85.

便踏上了赴美国和加拿大的海外巡演之路。全剧通过舞台表现了博大精深的禅宗文化和少林武僧的传奇功夫。该剧禅武结合、刚柔相济,再一次将少林武术的艺术魅力、文化底蕴和精神风范展示在世人面前,令人心向往之。《风中少林》通过精彩的打斗场面和生动的情节设计,为人们讲述了一段传奇故事。该剧运用独具特色的表演艺术阐释了最具东方民族精神特色的武术文化和中国人"邪不压正"的价值观念和审美文化,这部舞台剧曾在澳大利亚演出33场而座无虚席,让外国人直观而深刻地领略到东方文化的神圣和奥秘。《少林武魂》也是一部以舞台表演为创新形式,遵循少林精神、扬善天下,以弘扬中华优秀传统文化为主旋律的文化作品。据报道,《少林武魂》海外旅行足迹已遍布美国、意大利、澳大利亚等国,累计演出500多场。[①]《少林武魂》在美国百老汇演出24场,场场爆满,将中华武术中的武魂、禅意、武德演绎得淋漓尽致。

《功夫传奇》以传统武术为主,融合多种艺术元素,包括杂技、音乐、舞蹈等,也是中国唯一既在国内常演,同时又在国外巡演的商演剧目。该剧通过展示一系列超凡的武功和穿插故事情节,充分显示了传统武术的技术魅力。同时,该剧还展示了古代武僧的英雄气概和大无畏精神。《功夫传奇》广受海内外观众好评,加拿大太阳报记者曾评价《功夫传奇》是"中国文化海啸的第一波"。《风中菩提》是中国少林寺武僧团为弘扬传统少林武术、传播中国文化而制作表演的大型功夫舞台剧。该剧通过悠扬的民族音乐韵律、令人着迷的十八般武艺展示了一台不一样的功夫舞台剧。该剧引导观众带着一颗菩提之心来"参禅悟道",告诉人们只有静下心来方能体会到"一花一世界,一叶一菩提"的和谐与纯净境界,也才能顿悟到一个人只有内心强大才是真正的强大,纵使外界风云变幻,只要拥有那份包容和真善美,就不会迷失自己。在这部舞台剧中,佛家的智慧、大师的风范和武者的神韵一览无余,使观众深刻领略到中华武术的博大精深及武德中所蕴含的丰富哲理,让观众在超然的视觉享受中得到心灵的净化与精神的满足。

功夫舞台剧的成功在于通过肢体语言传达了民族文化的魅力,这种文化打破了语言和国界的限制,并在世界巡演的助攻下被越来越多的人认同和喜爱,开创了中国文化走出去、弘扬中华优秀传统文化、传颂武德精神的海外新篇章。

(3) 大型武艺演出的舞台效应

大型武艺演出的国际化展示也是传播中华文化的有力载体。《禅宗少林·音乐大典》是为传播中岳嵩山少林文化而推出的一部以禅宗和武术为载体的大型山地实景演出。该剧以少林、禅宗文化为背景,以音乐、舞蹈、武术为表现载

[①] 洪伟成. 功夫剧《少林武魂》舞出国门[N]. 中国文化报,2012-11-07(6).

体,运用独到的创意和现代科技手段阐释了博大精深的中原文化。禅宗不立文字,直指心性,讲求顿悟,而音乐是表现禅境的最佳方式。该剧用音乐和武术的形式在嵩山峡谷中奏响了禅乐与大自然的水声、风声、林涛、虫鸣浑然天成般的天籁禅韵。该剧是基于市场需求和文化价值的分析而对少林文化深度开发的产物,也是继电影《少林寺》之后对少林文化旅游业的又一强劲拉动,是对武术文化和禅文化的深度挖掘与全方位打造。《禅宗少林·音乐大典》是目前全球最大的山地实景演出,整个演区面积近7平方公里,由谭盾、梅帅元、释永信、易中天、黄豆豆五位名家联袂打造。中国武术的艺术性、表演性特征使得中国传统文化更具吸引力和影响力[①],吸引了无数外国游客及政要慕名造访观看演出。国际奥委会主席罗格在观看演出结束后曾表示这个项目可以获奥林匹克金牌。可以说,随着文化的打造和多媒体技术的运用,中国传统武德文化也将随着这些现代化产物的出现再一次走向世界。

此外,大型国际体育赛事的开幕式舞台也是展示中国文化、让全世界人民共享古老的武德文化的一个重要载体。2008年北京奥运会开幕式上,气势磅礴的武术表演节目《自然》以太极武术所特有的魅力得到了世人的肯定和认同。在表演中,2 008名太极演员利用多媒体形式的表演,展示了天圆地方的太极方阵造型,体现了传统与未来的交融,表现了人与自然和谐相处,达到天人合一的境界。表演大气浑厚,行云流水,使人领略到太极拳丰富的文化内涵。它在向世界宣传太极拳这一优秀的中国传统文化的同时,也巧妙地传达了中国人的和谐世界观。

总之,中国传统武德思想的传播渠道具有多样性,在请进来、走出去的理念下,可以通过武德思想的国际化传播,不断开辟展示中国文化的新渠道和新形式。

6.5.2 连接国际交往的共享通道

随着全球化进程的加快,世界各国交往频繁,经济文化之间的影响更为密切。中国传统武德思想在国际交流中散发着华夏礼仪之邦的当代软实力,连通着中国与世界的文化共享通道。"文明是多彩的,人类文明因多样才有交流互鉴的价值。"习近平在巴黎联合国教科文组织总部发表重要演讲,全面深刻阐述了对文明交流互鉴的看法和主张,强调应推动不同文明相互尊重、和谐共处,让文明交流互鉴成为增进各国人民友谊的桥梁、推动人类社会进步的动力、维护世界

---

① 吴松.中国武术艺术论纲[M].北京:北京体育大学出版社,2016:6.

和平的纽带。[①] 在这样的时代潮流面前,中国传统武德思想的国际传播迎来了历史性的机遇和挑战。当前,孔子学院的国际化传播、"一带一路"的文化先行以及中国传统武术"申遗"和"申奥"等,成为中国传统武德思想国际传播和共享的主要途径。而将文化传播提升到国家战略层面,是基于当前全球化形势下跨文化传播的现实考量,也是大国崛起的必由之路。

(1) "孔子学院"的国际化推广

2004年"孔子学院"在海外设立,为推动汉语走向世界、提升中国语言文化影响力迈出重要一步。孔子学院的建设和快速发展,已成为世界各国人民了解中华文化、进行中外文化交流和促进国际交流的重要桥梁和纽带。孔子学院作为中国文化"走出去"的一个重要窗口,在促进中国文化与世界的交流和构建大国形象中起到了积极的作用。孔子学院是一种非营利性教育机构,为"增进世界人民对中国语言和中国文化的了解,发展中国与外国的友好关系,促进世界多元文化发展,为构建和谐世界贡献力量"提供了"中国样本"。可以说,孔子学院已成为中国文化"走出去"和世界文化交流的"中国模式"和"中国方案"。鉴于此,中国文化应该积极通过孔子学院"走出去",不断加强与其他文明的交流、沟通与融合。在这一"走出去"的过程中,中国传统武德思想在传播中国文化、弘扬中国精神方面起到了不可替代的作用。

孔子学院是以教授汉语和传播中国文化为目的的非营利性教育机构,这几年在国外发展迅速。截至2017年12月31日,全球146个国家(地区)共建立了525所孔子学院和1 113个孔子课堂。孔子学院分布在138国(地区),共525所,其中,亚洲33国(地区)118所,非洲39国54所,欧洲41国173所,美洲21国161所,大洋洲4国19所。孔子课堂分布在79国(地区),共1 113个(科摩罗、缅甸、瓦努阿图、格林纳达、莱索托、库克群岛、安道尔、欧盟只有课堂,没有学院),其中,亚洲21国101个,非洲15国30个,欧洲30国307个,美洲9国574个,大洋洲4国101个。[②] 孔子学院的职能包括汉语传授、教师培训、资格认证、信息咨询、中国研究等。

在传统武术的国际推广方面,孔子学院同样做了许多工作。2016年孔子学院总部在昆明召开的中医、太极等中华文化对外交流座谈会上宣布,很多国家的众多所孔子学院已经开设中医、太极拳等中华文化课程,很多人注册和学习相关体验活动,收效显著。随着孔子学院与国家体育总局合作越来越频繁,今后孔子

[①] 李君才,李迅.中国文化年报(2014年版)[M].兰州:兰州大学出版社,2015:104.
[②] 张西平.开创中华文化全球发展的新局面[J].对外传播,2018(4):52.

学院的课堂将开设越来越多关于中华武术文化的教学内容,极大提升中国传统武术以及武术文化在全球的影响力。

在中国文化"走出去"的过程中,孔子学院艺术团的海外武术巡演成为推广武术文化、传播中国文化的一个重要方式。丁传伟等人的调研显示,目前国家汉办以武术为主的巡演单位主要有北京体育大学、首都体育学院及嵩山少林武术职业学院等单位。他们通过表演形式多样、内容丰富的武术项目巡演,加强与海外的文化交流,达到弘扬中国传统文化、传播中华武术精神的目的。除了中国武术"走出去"战略,各孔子学院在海外驻地不遗余力地开展武术文化交流活动,对于传播中国文化、弘扬中国传统武德思想同样起到了积极的推动作用。

2018年在美国圣何塞市举行的第八届国际武术锦标赛上,来自世界各地从6岁到66岁的526名武术运动员及武术爱好者参加了比赛。为大力推广传统武术,一些濒临失传的中国传统武术项目也在比赛中得以展现。作为美国波特兰州立大学孔子学院教学点之一的美国武术中心,秉持"武术源于中国,走向世界"的理念,大力推广和弘扬中国传统武术及其精神。孔子学院也积极加强在非洲的武术文化推广,2018年卢旺达大学孔子学院主办了中国武术国际邀请赛,来自坦桑尼亚、刚果(金)、赞比亚、肯尼亚和卢旺达的近200多名武术选手参赛。比赛吸引了数百名当地民众前来观赛,多家中外媒体对比赛进行了跟踪报道。比赛中,融合各种中国传统拳术的传统武术表演激起了观众对中国传统武术文化的浓厚兴趣。同年,非洲首届武术节在喀麦隆雅温得多功能体育馆举行,包括中国少林武僧团在内的来自世界各地的30多支队伍带来各种精彩的武术表演。雅温得第二大学孔子学院师生在武术开场秀送上对联"中国功夫出少林,世界武术聚非洲",横批为"天下一家"。2018年也是中国与南非建交二十周年,为推动两国民间的文化交流,当地时间1月12日,以"弘扬中华武术文化,促进中南文化交流"为主题的庆祝中南建交20周年武术文化节暨第一届南非孔子学院(孔子课堂)武术邀请赛在南非约翰内斯堡大学举行,开幕式上孔子学院舞狮队和武术队带来了精彩表演。主办方希望通过武术赛事,向南非介绍中华武术文化,加速中国和南非的交流与合作。这些武术比赛和文化交流活动,在加强中非两国人民友好合作的同时,展示了中国传统武术的文化内涵和精神。这些活动通过武术文化这个载体,一方面让当地民众更好地了解了汉语和中华文化,另一方面也向非洲和世界人民传递了"和平与发展"倡议,表达了我们希望人民健康幸福、国家繁荣发展和世界和平稳定的美好愿望。

孔子学院的武术文化在欧洲也得到积极的推广,大大提升了中国文化的海外传播力。2017年1月,白俄罗斯国立体育大学孔子课堂与明斯克州武术协会共同组织了一场具有中国传统特色的武术比赛。来自白俄罗斯明斯克州、维捷布斯克州、布列斯特州的武术队和武术爱好者等300余人参加了活动。在活动中,孔子课堂的志愿者教师讲解了中国传统新春佳节的背景文化知识,中国留学生为选手们表演了太极拳、长拳、自选剑和少林拳等传统武术项目。大家在活动中丰富了业余生活,更感受到了中国传统武术文化的独特魅力。同时,通过中国传统武术与中国传统节日相结合的形式推广中国传统文化,也成为海外孔子学院的传统和特色活动,对于弘扬中国文化、中国精神功不可没。2017年3月,第三届立陶宛武术公开赛在首都维尔纽斯举行,来自6个国家的150余名选手共享了武术盛会。维尔纽斯大学孔子学院教师在开幕式上表演了太极拳、双九节鞭和太极扇等传统武术项目,来自立陶宛及其他国家的运动员表演了集体少林拳、双人八极拳等中国传统武术项目,展现了中国传统武术的魅力。比赛共设套路、散打、太极推手、擒拿和咏春拳实战5个项目,有表演、实战项目,有个人、集体项目,有单练、对练项目,充分体现出武术运动的丰富多彩。以上这些数据和事例表明,越来越多的人喜欢上了武术和中国传统文化,通过孔子学院加大对武术文化的推广是传播中国传统武德思想的有效途径。

除了传统武术项目,舞龙、舞狮及龙舟等中国传统民俗体育项目也是传播中国传统武德思想、弘扬中华文化的重要载体。2017年5月,意大利米兰市郊举行端午节龙舟赛,2018年6月英国曼彻斯特第六届中华端午龙舟赛在索尔福德水上中心举行。端午赛龙舟是海内外中华儿女纪念屈原这一伟大诗人和爱国者的传统民俗,龙舟赛充分体现"活力、友好、竞争、合作"等武德精神,展示了中华儿女不畏风雨、团结合作、顽强拼搏的精神。这类活动,既让当地民众领略了中国传统文化和历史,近距离感受到中国文化所倡导的锲而不舍、和衷共济等精神,也增加了当地民众了解中国绵延数千年的节日文化及中国传统的途径,有效助力了中国文化、中国精神的海外推广。只要有华人在的地方,就有中国文化,只要有中国传统体育,就能向世人展示中国体育文化及其传统武德精神。

为了让更多国外友人更广泛地接触和了解中国传统武术和武术文化,除孔子学院官方网站的宣传报道外,孔子学院还需拓展更多渠道,进一步加大对武术文化活动的传播和推广力度。据宋亚洲对孔子学院武术文化传播的研究分析,目前海外孔子学院的武术文化教学中,大多更重视武术技能和动作套路的教学,而缺乏对武德思想及武礼文化的讲解与传授。[①] 孔子学院的武术文化传授者要

---

① 宋亚洲.孔子学院武术文化传播的路径探析[J].武术研究,2017,2(10):26-27,37.

深刻领会中国传统武德思想的文化内涵,并通过传授抱拳礼、鞠躬礼、持械礼等武礼形式与内容,展示中国传统武德博大精深的思想文化内涵。一方面,每个孔子学院可以建立自己的武术文化网站、武术文化微博、武术文化微信群等,运用新媒体搭建各种交流平台,积极利用当地社会媒体资源进行武术文化的宣传和报道;另一方面,可以通过孔子学院或孔子课堂,以武术文化讲座、武术文化知识竞赛、武术文化专题研究会等形式,加深外国友人对中国传统武术和武礼武德文化等的了解和认知,通过多方面渠道加大对中国武术及中国武德文化的传播力度。

总的来说,近年来中国驻海外孔子学院的武术文化活动举办得越来越频繁,形式也越来越多样化,这些活动很好地展示了中国传统文化、弘扬了中国传统武德精神。孔子学院与当地进行文化交流,开设武术课程、举办武术讲座、进行武术表演、开办武术夏令营等做法,既能吸引外国学者和民众了解中国传统文化,又能不断巩固和弘扬中华武德思想的重要阵地。随着中国对外开放不断深入,对外交流的渠道越来越多,向世人展示中国文化、弘扬中国精神的舞台将越来越宽广。

(2)"一带一路"的文化先行

2013年9—10月中国国家主席习近平在出访中亚和东南亚国家期间,先后提出建设"丝绸之路经济带"和"21世纪海上丝绸之路"的合作倡议,即"一带一路"倡议。2013年11月12日中共十八届三中全会通过的《中共中央关于全面深化改革若干重大问题的决定》中提到"推进丝绸之路经济带、海上丝绸之路建设",首次将"一带一路"写入中央决策文件,成为"形成全方位对外开放新格局"的主要内容。[①]

"一带一路"是为世界发展贡献的中国智慧。随着中国经济的快速发展,积极带动周边国家和地区的发展成为国家发展规划的重要举措,"一带一路"旨在借用古代丝绸之路的历史符号,与沿线国家共同打造政治互信、经济融合、文化包容的利益共同体、命运共同体和责任共同体。2015年3月28日国家发展改革委、外交部、商务部联合发布的《推动共建丝绸之路经济带和21世纪海上丝绸之路的愿景与行动》强调,要遵循求同存异、兼容并蓄、和平共处、共生共荣的原则,以开放包容的理念去加强不同文明之间的对话;以经济合作和人文交流来促进国际间的区域合作,从而实现与沿线国家的共同发展,促进不同文明的共同

[①] 王文.以持久战的心态对外讲好"一带一路"故事[J].对外传播,2018(5):23-25.

繁荣。①

"一带一路"实际上也是文化交流与文明传播之路。在"一带一路"建设进程中,应坚持文化引领的作用,树立文化引领经济的高度自觉,推动中国传统文化走出国门、走向世界,增强中华文化的国际影响力。实施"一带一路"战略意义重大,不仅有利于充分利用人类优秀文化的文明成果,而且能够增强中国文化的国际话语权。"一带一路"的建设与实施,对于中国文化软实力的提升和中华民族的伟大复兴具有深远的历史意义和重要的时代价值。"一带一路"倡议的提出,既为我国的文化传播提供了新引擎,又为提高我国的文化"软实力"、扩大中华文化影响力提出了新命题,也给代表着中华文明的中国传统武德文化的国际化传播带来了新使命。2018 年 9 月 3 日,习近平在中非合作论坛北京峰会开幕式上的主旨讲话中提到,中国始终秉持真实亲诚理念和正确义利观,同非洲各国团结一心、同舟共济、携手前进。面对时代命题,中国愿同国际合作伙伴共建"一带一路",并通过这个国际合作新平台,增添共同发展新动力,把"一带一路"建设成为和平之路、繁荣之路、开放之路、绿色之路、创新之路、文明之路,携手打造文化共兴的中非命运共同体。② 中非合作论坛只是"一带一路"建设途中的一个样本,中国将秉持亲诚惠容理念,加强与"一带一路"沿线国家的经济、文化等的交流,携手推动构建和谐共生的人类命运共同体。习近平总书记提出的打造人类命运共同体的思想,是中国共产党人贡献给当代人类社会的新理念,是中国探寻世界新秩序智慧的鲜明体现,为建立更加合理的世界秩序提供了充满中国智慧的中国方案。③

作为一种智慧方案和文化策略,武德思想的传播和共享将带动"一带一路"沿线的武术经济产业的发展,实现武术的文化和经济价值共享。武术作为一种动态的非物质文化遗产,具有很高的潜在经济和产业价值。"一带一路"倡议勾画出了世界的美好蓝图,将为武术文化及武德思想的传播与共享带来新的历史机遇。武术的经济和产业价值主要包括武术自身的经济、产业价值和延展性经济、产业价值两大方面。前者如武术服饰、武术器械、武术赛事、武术表演、武术教育、武术培训等,后者则指武术通过旅游产业、艺术产业、文化产业、影视产业等纵横交叉而衍生的相关经济和产业价值。④ 通过文化的转化与创新,充分挖

---

① 解乒乒,史帅杰,丁保玉."一带一路"战略下武术文化"走出去"的机遇与策略[J].体育文化导刊,2017(6):1-5.
② 习近平.携手共命运 同心促发展[N].人民日报,2018-9-4(2).
③ 王永贵,黄婷.人类命运共同体为打造世界新秩序提供中国智慧[J].红旗文稿,2019(9):34-35.
④ 申国卿,邓方华.中国武术导论[M].重庆:重庆大学出版社,2016:208.

掘文化中的思想和道德资源，不仅能在多元并存的文化格局中展现自身的价值与魅力，还能够为解决当今世界的各种问题提供思想资源和经济动力。从这个意义上讲，弘扬中国传统武德思想，并非要求人人"知武""懂武""尚武"，更不要求人人"会武""爱武""精武"，它更注重的是社会上所有人都能以高尚的道德品行对待"用武"、"从武"和"尚武"，并通过创新武德思想传承的载体与形式，让武德思想在"一带一路"沿线的物质文明、精神文明和美好生活的开创与发展中得到传承和共享。

然而，"一带一路"的建设经验表明，"一带一路"不可能是一帆风顺的，也不可能一朝一夕就能建成。未来"一带一路"建设面临的困难与挑战，将极大考验中国对外战略的定力与耐力。既然是建设，就没有现成的路可以走，武术文化的传播也是如此。一方面的障碍来自外部的阻力。"一带一路"的建设，使中国武术文化国际化传播的路径由原来的发达国家转向发展中国家，"一带一路"沿线各个国家和地区的政治、经济、文化、宗教和信仰不同，导致武德思想的传播环境发生了根本性的变化。任何一种文化在异域的传播都不是一帆风顺、一蹴而就的，需要经过时间的洗礼和历史的沉淀。一些对我国"一带一路"倡议存在疑虑甚至对中国带有偏见和敌意的国家，会制造言论阻碍"一带一路"建设，并给包括武术在内的中国文化交流与传播带来一定的阻力。因此，在传播中国武术文化及思想的过程中要保持积极、耐心、包容的心态。另一方面的障碍应该是来自传统武术本身。东西方文化的差异导致了各国对待体育运动的价值观和思维方式的不同。极具东方文化特色的中国传统武术追求"天人合一、形神兼备、和谐中正"的境界，而西方体育秉承奥林匹克精神，追求"更快、更高、更强"。中西方文化的差异使武德思想传播具有一定的滞后性。因而，在传播中国武德思想过程中，要坚持求同存异、和而不同、兼容并包的原则，在充分尊重各国历史文化和宗教信仰的情况下，以强大的文化自信与民族自信，使中国传统武德思想在"一带一路"建设中焕发出勃勃生机。

总之，对待各国的政治经济和历史文化，我们应该坚持"美人之美、各美其美"的态度，学会欣赏与互相理解，要在充分了解和尊重他国的历史文化、宗教信仰的基础上，最大限度地减少误解、增加人与人之间的互信，最后达到"美美与共、天下大同"。2018年是"一带一路"倡议提出五周年。"一带一路"从最初的国家倡议到国家规划再到政策行动，直至十九大写进党章，成为党的意志。在这样的历史机遇面前，弘扬中华国粹，振奋民族精神，"一带一路"给传统武术走出国门、弘扬中华文化和中国精神带来了全新的发展机遇。

(3)"中华国粹"的世界征程

传统武术作为中国传统文化中的杰出代表,早已成为一种世界文化而受到世人瞩目。然而,传统武术的"申遗"之路还任重道远。

根据联合国教科文组织于1972年通过的《保护世界文化和自然遗产公约》(The Convention Concerning the Protection of the World Cultural and Natural Heritage),文化遗产指的是历史建筑、历史遗址、有史料和审美价值的人类工程和实物等物质文化遗产,以及人类各个群体世代相传的文化形式,包含礼仪、习俗、节庆、表演艺术、技能等非物质文化遗产。文化遗产是一个国家重要的软实力,是国家的名片,是民族和国家身份的标识[①]。

非物质文化遗产蕴涵着一个民族特有的思维方式、审美观念、文化基因和精神特质,是一个民族文化的"活化石",也是民族文化可持续发展的动力和源泉。在民族间、国家间的人际传播中,不相识的人往往以自己所属民族或国家拥有的文化遗产作为交流和沟通的桥梁。比如,中国人在与外国人交流时,常常会提到"长城"、"故宫"以及"武术"、"太极"、"功夫"等字眼。文化遗产是人类智慧的结晶,它们能超越民族和国家的界限,能超越意识形态和历史造成的障碍,成为人类世界共同享有的财富。

2006年5月,少林功夫、武当武术、太极拳等七个武术流派和拳种项目进入第一批国家级非物质文化遗产名录。2008年6月公布的第二批国家级非物质文化遗产名录中有14项武术项目,包括峨眉武术、八卦掌、形意拳、八极拳、查拳、苌家拳等。这之后,包括"十八般武艺"在内的越来越多的武术项目和拳种被申请成为国家级非物质文化遗产。2014年梁山武术、精武武术、咏春拳等9个武术项目入选第四批国家级非物质文化遗产名录。[②] 国家非物质文化遗产名录的公布和出台,使传统武术的历史文化地位得到了进一步的巩固,并且使传统武术的传承和保护得到了国家层面的高度重视。2005年开始国家先后出台关于保护我国非物质文化遗产的文件,明确提出非物质文化遗产保护的意义、目标和指导方针。这些举措的推出和实施,为传承中华优秀传统文化、提高国家的文化软实力作出了积极贡献。

然而,传统武术中至今未有一项入选世界级非物质文化遗产名录,不能不令人感到遗憾。截至2018年5月,中国世界级非物质文化遗产项目总数位居世界第一,共39项,但中国太极拳5次都未能成功申请世界非物质文化遗产名录。

---

① 吕乐平.影视跨文化传播导论[M].北京:中国广播影视出版社,2016:66.
② 李岩.近代以来中国武术价值观的变迁研究[D].苏州:苏州大学,2016:108.

第1次申报始于2008年,当时中国申报的项目太多,太极拳未能进入联合国评审阶段就落选了。2009年教科文组织再次限制申报数目,每个国家只能报两个,中国最后确定申报京剧和中医针灸,太极拳被搁置。太极拳两次与"非遗"擦肩而过。之后,联合国教科文组织将申报周期恢复到两年一次,且每个国家一次只能申报一个项目。2011年,中国申报了皮影戏;2013年,中国申报了珠算;2014年,由于太极拳的非遗申报多次失败,人们对此已经缺乏热情,导致太极拳的申报文本、视频等没能在申报工作截止日期之前提交,直接宣告了太极拳第5次申遗失败。

太极拳5次申遗未能入围,除了因为申请过程中的技巧与细节问题外,可能还跟中国尚未弄清楚太极拳的发源地等文化根源问题有关。在文化争夺日益激烈的今天,保护本国的优秀传统文化变得非常重要。尤其是面对日本、韩国等国家对民俗节日和武术等项目的"抢注",我们更应该抓紧对优秀传统文化的保护。非物质文化遗产除了需要政府文化部门的积极宣传、保护外,更需要广大人民群众去保护、宣传和传承。最为关键的是,从现在起,我们每个人都要积极做好优秀文化遗产的保护和宣传工作,保护和弘扬中国传统武术,早日让"国粹"在世界璀璨发光。

不仅中国武术的"申遗"艰难,中国武术的"申奥"同样艰难。早在1936年德国柏林奥运会上,中国奥运代表团的武术表演便开启了武术走向世界的征程,也踏上了"入奥"的艰难之旅。1982年全国武术工作会议吹响了中国武术走向世界的号角。[①] 1987年和1990年,亚洲武术联合会、国际武术联合会相继成立,为加深国外对中华武术的认知与了解、促进中华武术走向世界提供了良好的组织保障。直至1998年正式向国际奥委会提出入奥申请[②],中国的武术"申奥"之旅正式拉开序幕。在中国武术"申奥"的旅程中,各级组织通过比赛、交流、表演等形式积极传播和宣传中国武术,使中国武术受到了世界人民的喜爱。2001年7月北京申奥成功。然而2008年北京奥运会,中国武术仅被列为特设项目而没能正式成为奥运会比赛项目,不能不说是一个遗憾。

奥林匹克运动作为现代体育运动的核心,也是体现国家综合实力、展示和提升国家形象的国际舞台。中国武术抓住机遇进入奥运,是国家实现体育战略目标和顺应国际化发展趋势的需要。中国武术无缘进入奥运会,令所有爱好武术并以之为傲的国人痛惜。痛定思痛,中国武术申奥失利的原因除了政治因素,恐

---

① 邱丕相. 中国武术文化散论[M]. 上海:上海人民出版社,2007:92.
② 陈玲. 武术传播研究15年:述评与展望[J]. 兰州文理学院学报(社会科学版),2016,32(1):124-128.

怕还与中国武术在传播过程中过于注重技术的传播而忽略了武术文化及武德思想的传播不无关系。中国传统武术的传播任重道远。亚洲武术联合会技术委员会主任陈国荣认为,中国武术虽然博大精深,文化内涵也吸引外国民众,但真正实现竞技化道路,首先要实现中国武术标准化、简单化操作。曾任国家体育总局武术运动管理中心主任的高小军认为,武术的传播不能仅仅靠竞技,文化内涵也是武术的重要组成部分,抽离文化内涵的武术很难得到推广和发展。因此,武术传播应该进行资源整合"打包"宣传,而在大力推广之前,首先应该完成武术资源的"标准化"工作。①

文化传播与技术传播的脱节或厚此薄彼,客观上造成了中国传统武术未能得到国际奥林匹克组织的承认。学者开始反思已有的武术传播实践,如果说以前的传播主要是技术传播,那么今后的武术国际化传播更多地应转向武术的文化传播。② 由此也开启了中国武术申奥的文化寻根之旅。

奥林匹克精神与传统武术的文化背景有何不同?两者的精神有何共通之处?如何使传统武术运动与竞技运动同场竞技?这些问题引起学者们的思考与关注。东西方文化背景不同,对文化精神的追求也必定不同。奥林匹克运动起源于古希腊,而古希腊人对于"物竞天择,优胜劣汰"的生存法则早有认识。古希腊的地理位置和环境决定此地不适宜农耕,更适合航海。因此,海上贸易和对外交流在古希腊上流社会中占有重要地位。正是环境造就和培养了古希腊人勇于冒险和竞争的性格,竞争精神也成为奥林匹克精神的重要内容之一。而中国属于内陆型国家,自古农业就比较发达,世世代代的人民在这片富饶的土地上耕种,固守本土。特殊的地理环境和历史背景使中国人在 2 000 多年的封建制度下形成了求稳怕乱,不提倡竞争、冒险和开拓的心理。同时,受中国社会"重文轻武"风气和"仁、礼"等儒家传统思想的影响,武术天生具有的外向性竞争精神逐步转向为内敛、含蓄、包容等保守精神。显然,这种精神与奥林匹克追求的"更快、更高、更强"不同。③ 然而,中西方体育精神背后的文化价值其实是相通的,并没有孰优孰劣、孰好孰坏之分。深入挖掘和追寻传统武术的文化之根,探究和传播其中蕴含的丰富的人文精神和思想教育价值,是传统武术走向奥运的必经之旅。

以友谊、团结和公平竞争的体育活动来教育青年,为建立更加和平、更加美好的世界作贡献是奥林匹克运动的宗旨。因此"和平、友谊、进步"是对奥林匹克

---

① 王东.中国武术,如何"武"动世界[N].光明日报,2017-03-26(5).
② 陈玲.武术传播研究 15 年:述评与展望[J].兰州文理学院学报(社会科学版),2016,32(1):124-128.
③ 邱丕相.中国武术文化散论[M].上海:上海人民出版社,2007:93.

运动宗旨的高度概括。奥林匹克运动主要是为了培养"身心健康、文武交融、具有开拓和进取精神、团结务实、爱好和平"的青年,而传统武术讲究"强身健体、修身养性、崇尚武德",要求大家"礼让、仁爱、友善",具有丰富的人文价值和精神内涵。透过现象看本质,传统武术与奥林匹克运动看似风马牛不相及,实际上两者倡导的教育理念和精神实质是一样的。

国家武术运动管理中心2016年公布的《中国武术发展五年规划》中指出,在今后五年里,继续推进武术申奥进程。同时,中国武术的国际化推广渠道将会进一步拓宽,中国武术将广泛进入孔子学院,力争在全球50%以上的孔子学院开展武术教学活动。同时,通过中国文化中心、驻外使领馆等组织机构,推进中国武术事业的发展,让武术成为我国文化交流、对外体育的重要内容。[①] 通过努力,2020年1月8日,武术被列入第四届青年奥林匹克运动会正式比赛项目。

6.5.3　增强中国特色社会主义文化自信

"十八大以来,习近平总书记从中国特色社会主义整体思维出发,加强国际传播能力建设,着力打造具有鲜明中国特色的对外话语体系。习近平对外话语体系在历史思维中明确时代方位,增强中国特色社会主义道路自信,向世界传导中国先进价值理念,其对外话语风格产生了强烈的吸引力和广泛的传播力。"[②]而要加强国际传播能力建设,打造具有鲜明中国特色的对外话语体系,增强中国特色的道路自信、文化自信,就要超越资本主义文化的局限性,打造具有中国烙印和蕴含无限张力的文化体系。因为只有充满活力和蕴含无限张力的文化才能走向世界,这种充满活力的文化是当代人们对中国文化充满自信的现实依据。那么,如何才能更好地发挥中国特色社会主义文化的张力?开展中国特色社会主义意识形态建设,离不开对中国传统文化的清醒认识和理论自觉,离不开从中国传统文化中汲取现代中国文化精神。在走向国际化的征程中,我们应积极发挥中国传统文化的特色和张力,尤其是发挥孔子学院的文化优势、"一带一路"建设机遇以及"申遗""申奥"的影响力,使中国传统武术、中国传统武德思想以及中国传统文化在世界范围内传播,形成强大的文化创造力,增强中国特色社会主义文化自信。

（1）发挥孔子学院的优势

孔子学院在增进世界人民对中国语言和文化的了解、构建中国良好的国家

---

① 王东.中国武术,如何"武"动世界[N].光明日报,2017-03-26(5).
② 王永贵,刘泰来.打造中国特色的对外话语体系:学习习近平关于构建中国特色对外话语体系的重要论述[J].马克思主义研究,2015(11):5.

形象和提升中华文化的影响力方面起到了积极的作用。借助于孔子学院这个平台,越来越多的外国学者和民众了解到中国文化和中国传统。中国传统武德思想就是孔子学院大力弘扬和传播的重要内容之一。孔子学院立足于中国传统文化,借助于武术这个文化载体,充分展示文化的共享性和扩散性,在促进不同文明的交流互鉴、构建和谐世界方面具有独特的优势。

① 价值观传播上的优势。通过孔子学院让中国文化"走出去"为世界共享,是我国经济"走出去"在文化产业发展领域的延伸,也是我国文化市场对外开放的必然结果,更是让世界了解中国文化和中国传统价值观念的有力途径。中国社会科学院世界传媒研究中心冷淞认为,孔子学院的初级目标是让外国人学会中国的语言;二级目标是让外国人了解中国人的生活方式,即衣、食、住、行、购物、娱乐;三级目标是让外国人了解中国的传统价值观,即仁、义、礼、智、信、忠、孝、廉、耻、勇。因此,孔子学院致力于传播中国文化。而根据文化的界定,它包括物质、精神、语言符号、风俗习惯、艺术、社会关系等六大子系统,也可以简单区分为有形文化和无形文化。电影、翻译作品、演出、文化服务活动等有形文化产品的传播相对容易,而要在境外传播和展现中国文化的核心价值及当今中国社会的主流文化价值,即我们社会主义的核心价值体系等无形文化价值则相对较难。作为一种特殊的文化形式,武术是全世界人民都能看懂的"肢体语言",较少受到诸如国家大小、意识形态、社会制度、文化传统及宗教信仰等因素的影响,在传播过程中也就较少受到语言和文化差异的影响。

知名学者汤一介先生曾说过:孔子学院主要教语言,而教文化的比较少。他指出目前孔子学院过于强调传授汉语,而忽略对汉语背后深层次的中国文化的传播。而传统武术在孔子学院的传播,恰恰可以弥补这方面的不足。孔子学院借助中国传统武术这一文化载体,能使外国学者通过传统武术的外在形式而感受到传统武术深厚的文化内涵和精神实质,包括其中的思想道德和价值观念。武术中的武礼是武德思想的重要内容,武礼的展示可以将中国传统文化中的"仁、义、礼、智、信"等传统道德传播于世。在传授中国传统武术的过程中,以"武"的形式展示中国传统思想和价值观念,体现中国人对和谐、和平、包容等价值的追求,这与孔子学院的发展宗旨是高度一致的。将武术文化中的思维方式、价值观念等文化内涵通过技术的形式展示出来,是武术在海外传播的天然优势。

② 非言语传播的优势。武术传播作为非言语传播的重要形式,将中国文化的丰富内容蕴含在武技动作的腾挪展闪之间,不需要通过语言交流就能向世人展现中国文化的博大精深,在跨文化交流方面具有独特优势。然而,不用言语并不表明不要交流,武术传播通过推、捋、挤等特有的肢体语言,在一动一静、一进

一退、一张一弛中让外国学者和民众轻松解读到形体武术背后深厚的中正、和合、和谐等传统文化思想内涵。

从非言语传播的角度来看，武术在孔子学院推广具有无与伦比的优势。孔子学院历来遭遇的困境表面上看是师资不足、教材短缺和教学方法不当等问题造成的，实际上则是由中外言语体系和文化传统的差异所致。作为一种承载着中华优秀传统文化基因的身体文化，传统武术以身体为符号进行文化推广与传播，这是国际文化传播中不可或缺的一种方式。中国传统武术的非言语传播优势为中国文化影响力开通了"绿色通道"，可谓无声胜有声。然而，武术的非言语传播优势在积极推动中国文化传播的同时，也对武术传播提出更高的技术要求。由于孔子学院的办学目标之一是推广汉语，对于孔子学院的外国学生来说，中国文字与语言虽然博大精深、令人着迷，但学起来非常枯燥和不易。因此，中国传统武术的海外传播可以先不用或少用语言与文字，尽量通过简单的示范与练习、不停地重复与演练，达到学习的目的。同时，在紧张单一的汉语学习之余，穿插生动有趣的武术肢体动作，可以提高学生学习中国文化的兴趣与热情。然而，由于传统武术传播上的直观性、重复性及立体性，中国传统武术在传播的过程中要做到精益求精、形神兼备。可以说，中国传统武术的传播过程也是"道器并用""德技双修"的文化凝练过程。

③ 中国元素的传播优势。中华传统武术源于博大精深的传统文化，具有明显的民族特性和中国文化特色。作为中国元素的文化符号，其内蕴的思想价值越来越受到重视和关注。少林功夫和太极拳等传统武术最先是作为一种符号出现在人们脑海中，许多外国人对于中国文化的了解和喜爱也是最初从中国武术开始的，中国传统武术作为国粹具有明显的中国元素标识，是中国文化和中国精神的象征。传统武术中的中国元素也可以体现在传统武术的服饰文化上。传统武术的服饰独具中国风格，蕴涵着丰富的中国传统文化元素。如传统武术服饰中华丽的丝绸面料、中式的盘丝纽扣、对襟的立领和袍衫等，将中国武术服饰独特的中国风格和民俗特色展示得淋漓尽致。除外表上带有明显的中国风格，服饰内涵上更能体现中国传统文化的风格和特色。就拿服饰面料来说，中式的丝绸面料飘逸、柔和、顺滑，既与传统武术追求和顺、自如、流畅的技术要求一脉相承，又与传统文化包容、阴阳、含蓄、和合等文化内涵相一致。传统文化中的中国元素通过传统武术服饰进行传递，也是武德思想传播的基础。作为一种中国元素和文化符号，中国武术服饰具有鲜明的中国风格和民俗特色，展示着独特的中国文化魅力，在孔子学院的对外文化交流与传播中具有得天独厚的优势。

传统武术注重的"武礼"也是具有中国元素的一种文化传统。中国传统武术中的抱拳礼、持械礼和鞠躬礼等传统礼节和行为都是传统武德思想的具体表现，这些蕴含中国传统文化特色的武术武礼能够积极推动中国道德礼仪文化的传播，是行不言之教的有力载体。在孔子学院的武术传播过程中，让这些中国元素的武礼武德与武技武艺共同分享与传播，才能使中国传统武术在海外保持强劲的生命力。

(2) 抓住"一带一路"建设的机遇

文化的影响力超越时空、跨越国界，在"一带一路"倡议下，世界开始了解中国，中国开始影响世界，中国传统文化的传承与中国文化的传播迎来了难得的发展机遇。在"一带一路"倡议的推进中，各种形式的体育文化交流活动成为有效的载体，实现了从政府间体育交流的单一"平面"到政府、民间、企业相互合作的"立体"格局的转变。其中"中国武术丝路行"赛事登陆"一带一路"沿线国家，同其他赛事如丝绸之路国际汽车拉力赛、中俄青少年运动会及"一带一路"国际马拉松系列赛等一起，成为"一带一路"具有一定影响力的品牌赛事。中国在体育外交上的文化推进，必将助推中国传统武德思想的弘扬与传播，为中国特色社会主义文化自信的建立和提升带来新的历史发展机遇。

一是空间优势。中国传统武德文化与思想传播是"一带一路"建设中不同国家、不同文明交流互鉴、相互了解、促进共同发展的黏合剂，具有空间上的独特优势。中国传统武德思想通过"一带一路"走向世界，是中国文化走出去、展示中国文化软实力的一个重要载体。深入开展与沿线国家在文化、艺术、科学、教育、体育、旅游等方面的友好交往与合作，在充分发掘沿线国家历史文化底蕴的同时，借助中国传统武术这一具有广泛亲和力和感召力的中国文化符号，弘扬和传播中国传统武德思想，有助于促进不同文明的交融和中国文化的传播。

二是人文优势。"武因文存，文以武显。"中国传统武术承载着中华民族的优秀传统文化基因，传统武术中表现出来的"和谐、包容、含蓄、礼让"等和合思想和"勇武、自强、奋发、阳刚"等进取精神是中国传统文化的核心价值思想与理念。传统武术的传播，使"一带一路"沿线民众容易从情感上接受这种具有明显中国元素标识的文化，有利于中国传统文化的传播。特别是中国传统武术讲究的"点到为止""以柔克刚""包容兼蓄"等思想，与中国传统文化中的"崇尚和善""以和为贵""以德服人"等中和思想及中庸之道一脉相承，是中国对外开放倡导的"亲、诚、惠、容"文化战略的一个重要载体。

三是地缘优势。"一带一路"涵盖了中亚、南亚和东南亚大部分地区，也向西亚、欧洲和非洲延伸，其中许多是发展中国家。因地缘关系，它们与中国文化有着天然的联系，客观上为中国传统武术的"走出去"创造了良好的条件。中国武术以往主要在欧美和日韩等发达国家传播。然而,由于这些国家在文化海外传播方面的强劲势力及这些国家在文化追求方面的偏好,中国文化的海外传播效果并不理想。中国传统武术以"一带一路"沿线众多发展中国家为新的突破口,利用地缘上的优势和文化上的相近之处,积极推动中国文化的海外传播。

国家对"一带一路"沿线孔子学院的关注也极大地促进了中国武德思想的传播。孔子学院扎根本土,因地制宜,积极开展语言教学和文化交流活动,为中国传统文化的推广提供了有力载体,也为中国传统武术的传播提供了良好的契机。随着国家对"一带一路"沿线孔子学院的重视,中国文化也越来越受到各国民众的热烈欢迎。截至2016年底,沿线已有51个国家建立134所孔子学院和127个中小学孔子课堂,注册学员达到46万人,开展各类文化活动近8 000场,受众270万人,2017年实现全覆盖的目标。依托"一带一路"沿线孔子学院,助推中华文化走向世界,给传统武德的传播打开了一个全新通道。

(3) 利用"申遗""申奥"平台提升中国特色社会主义文化影响力

中国传统武德思想有着深厚的传统文化积淀,中国传统武术作为中国先人的一种技击之道,在长期的发展中融入了中国古代哲学、兵学、中医学及养生导引等理论,成为一种极富文化内涵的传统文化,并凭借独特的文化魅力成为深受人们喜爱的"国粹"。对于我们的国粹,每一个中国人都应不遗余力地传承和弘扬。政府应通过积极申报传统武术为世界级非物质文化遗产、积极争取中国武术项目被列入国际奥林匹克运动会正式比赛项目等措施提高中国传统武术的国际话语权与中国文化的影响力。从申报的进程来看,中华"国粹"走向世界的征程还远没有结束。为了传承和弘扬中国传统文化,让世界更多更好地共享国粹中的思想精华,中华国粹的世界征程永远在路上。

人类文明的多样化是人类社会的客观事实,也是人类社会得以不断进步的内在动力。由于自然环境、历史条件、民族特征、社会结构等方面的差异性,国与国、民族与民族之间的文明样式自然不同,这是历史发展的必然结果。然而,不同文明之间的关系不是非此即彼,也不是水火不相容的,各种文明的发展可以并行不悖,甚至可以通过交流、影响、吸收、融合,都得到更好的发展。因此,尊重各国的历史、文化、制度、发展模式,承认多样性的存在和重要性,是每个国家应有的态度,也是每个人的生活态度。在这一方面,中国作出了积极的响应。中国传统武术加入世界级非物质文化遗产名录和国际奥林匹克运动会正式比赛项目的申请虽然暂时都没能实现,但中国会尊重各国文化和社会制度的发展模式,在保护好民族文化的同时,积极与其他文明进行交流与互鉴。

武术源于中国,属于世界。中国传统武德源于中国传统武术,属于世界道德文化。中国传统武术作为国粹,是传播中国形象、增强中华民族文化认同和文化自觉的重要载体,与中国武术的"申遗""申奥"同步,在追求实现中华民族伟大复兴中国梦的今天,武德思想的弘扬和传播能提升中国人的文化自尊、文化自信和文化自觉。因此,积极传播中国传统武德思想,让中华文化在世界范围内得到传播和共享,是增强中国特色社会主义文化自信的重要途径。正如习近平总书记所提出的,推动构建新型国际关系,就是要秉持相互尊重、公平正义、合作共赢原则,走出一条对话而不对抗、结伴而不结盟的国与国交往新路。中国传统武德思想的传播和弘扬,可以为维护世界和平、推动构建新型国际关系和推动构建人类命运共同体打开一条中国特色的共享通道。

结　论

　　中国传统武德思想是中国传统文化的瑰宝,传统武德思想中的处世哲学和生存哲学闪耀着传统文化的智慧和光芒,不仅对本国人民有着重要的思想指导价值,而且对世界人民也有十分重要的指导意义。当今世界面临着诸多不稳定性和不确定性问题,非传统安全威胁持续蔓延,人类面临许多共同挑战,迫切需要一种以和谐文化为基础的人类文明来指导精神世界。中华优秀传统文化的世界价值与世界文明相融通,并具有普遍的文化特质与文化价值。作为中华文明的杰出代表,中国传统武德思想的弘扬与共享,为促进世界上不同国家、不同文化间的共通共融,为推动构建人类命运共同体、促进世界和谐提供中国方案和中国智慧。

　　然而,随着全球化、现代化和竞技化趋势的加剧,中国传统武德思想所追崇的"阴阳互根、天人合一、中庸之法、和谐之道"等传统价值观与现代体育价值观发生了一些冲突,给传统武德思想的传播带来一定的阻碍。可以肯定的是,中国传统武德思想中体现出的中国民众的生活方式和价值观念,必将会以独有的方式在世界弘扬。本书希冀在弘扬中华优秀传统文化过程中起到抛砖引玉的作用,期待更多学者能从传统文化中挖掘优秀的思想道德资源,让全世界共享中华民族优秀的灿烂文明。

　　毋庸置疑,本书也存在一些不足之处。首先,为达到论述的明晰化,本书对传统哲学思想进行了简单化处理,因此可能会忽视对一些重要问题的辨析;其次,武术文化与传统哲学之间的关系错综复杂,然本人理论水平有限,对一些理论问题的分析深度还不够,可能得不到理想的研究结果;再次,就相关支撑数据而言,由于本书所使用的数据几乎都分享了前人的调查统计所得,在实证研究方面有所欠缺,包括对孔子学院武术文化推广的现状分析,稍感底气不足;最后,由于本人知识面的广度不够,在分析传统武德的文化流派时,仅以民众津津乐道的少林功夫和武当武术为例,不能够做到面面俱到,在总结归纳的时候难免会失之偏颇。这些不足和欠缺,将在今后的研究中加以改进和完善。本书的写作初衷是为了在自己相对熟悉的专业领域获取思想政治教育的资源与渠道,虽然本人并非是一位专业武术教员或运动员,但曾经学习和领略过中国传统武术的技术和文化魅力,在当今大力弘扬中华优秀传统文化的时代背景下,以中国传统武德思想为研究视角,也算是为中华优秀传统文化的弘扬与传播尽一份绵薄之力。

参考文献

著作类：

［1］马克思恩格斯选集：第一卷［M］.北京：人民出版社，2012.
［2］马克思恩格斯选集：第二卷［M］.北京：人民出版社，2012.
［3］马克思恩格斯文集：第一卷［M］.北京：人民出版社，2009.
［4］毛泽东选集：第二卷［M］.北京：人民出版社，1991.
［5］邓小平文选：第三卷［M］.北京：人民出版社，1993.
［6］江泽民文选：第三卷［M］.北京：人民出版社，2006.
［7］习近平谈治国理政：第一卷［M］.2版.北京：外文出版社，2018.
［8］习近平谈治国理政：第二卷［M］.北京：外文出版社，2017.
［9］习近平总书记系列重要讲话读本［M］.学习出版社，人民出版社，2016.
［10］习近平.决胜全面建成小康社会 夺取新时代中国特色社会主义伟大胜利：在中国共产党第十九次全国代表大会上的报告［M］.北京：人民出版社，2017.
［11］朱熹.四书集注［M］.王华宝，整理.南京：凤凰出版社，2016.
［12］程树德.论语集释（上）［M］.程俊英，蒋见元，点校.北京：中华书局，2013.
［13］程树德.论语集释（下）［M］.程俊英，蒋见元，点校.北京：中华书局，2013.
［14］李民，王健.尚书译注［M］.上海：上海古籍出版社，2016.
［15］王先慎.韩非子［M］.姜俊俊，校点.上海：上海古籍出版社，2015.
［16］陈明，王青.韩非子全译［M］.成都：巴蜀书社，2008.
［17］陈引驰.庄子一百句［M］.上海：复旦大学出版社，2007.
［18］陈宁宁，等.庄子十讲［M］.上海：上海人民出版社，2009.
［19］李小龙.墨子［M］.北京：中华书局，2007.
［20］王国轩.大学·中庸［M］.北京：中华书局，2006.
［21］傅佩荣.止于至善：傅佩荣谈大学中庸［M］.北京：东方出版社，2012.
［22］顾晓鸣.二十四史鉴赏辞典（上）［M］.上海：上海辞书出版社，2017.
［23］顾晓鸣.二十四史鉴赏辞典（下）［M］.上海：上海辞书出版社，2017.
［24］司马光.资治通鉴（一、二、三、四）［M］.长沙：岳麓书社，1990.
［25］张双棣，张万彬，殷国光，等.吕氏春秋［M］.北京：中华书局，2007.
［26］司马迁.史记（一、二、三、四）［M］.韩兆琦，主译.北京：中华书局，2008.

［27］胡平生,张萌. 礼记(上)[M]. 北京:中华书局,2017.

［28］胡平生,张萌. 礼记(下)[M]. 北京:中华书局,2017.

［29］许慎. 说文解字(一、二、三、四、五)[M]. 汤可敬,译注. 北京:中华书局,2018.

［30］戚继光. 纪效新书[M]. 葛业文,译注. 北京:中华书局,2017.

［31］盛广智. 诗经[M]. 长春:吉林文史出版社,2009.

［32］冯友兰. 中国哲学简史[M]. 北京:新世界出版社,2004.

［33］胡适. 中国哲学史大纲[M]. 北京:东方出版社,2012.

［34］胡适. 胡适演讲集:容忍与自由[M]. 沈阳:万卷出版公司,2014.

［35］李泽厚. 中国古代思想史论[M]. 北京:人民出版社,1986.

［36］梁启超. 中国之武士道[M]. 北京:中国档案出版社,2006.

［37］梁漱溟. 中国文化要义[M]. 上海:上海人民出版社,2005.

［38］钱穆. 中国文化史导论:修订本[M]. 北京:商务印书馆,1994.

［39］张岱年. 中国哲学大纲[M]. 北京:中国社会科学出版社,1982.

［40］张岱年. 中国国学传统[M]. 北京:北京大学出版社,2016.

［41］张岱年,程宜山. 中国文化精神[M]. 北京:北京大学出版社,2015.

［42］楼宇烈. 中国文化的根本精神[M]. 北京:中华书局,2016.

［43］戴熙宁. 中国引领世界:文明优势、历史演进与未来方略(上)[M]. 北京:中央编译出版社,2017.

［44］刘明武. 寻找元文化[M]. 成都:四川人民出版社,2012.

［45］吕思勉. 中国大历史[M]. 北京:民主与建设出版社,2015.

［46］徐永春. 中国传统文化与思想政治教育[M]. 北京:光明日报出版社,2016.

［47］金元浦,等. 文化复兴:传统文化的现代价值[M]. 北京:中国人民大学出版社,2014.

［48］龚耘,杨玉荣,等. 中华民族优良传统及其现代价值[M]. 武汉:湖北人民出版社,2011.

［49］黄钊. 中国古代德育思想史论(上)[M]. 北京:中国社会科学出版社,2011.

［50］崔华前. 先秦诸子德育方法思想研究[M]. 北京:中国社会科学出版社,2008.

［51］徐克谦. 先秦诸子精华[M]. 北京:高等教育出版社,2016.

［52］余仕麟. 伦理学要义[M]. 成都:巴蜀书社,2010.

［53］何怀宏. 伦理学是什么[M]. 北京:北京大学出版社,2015.

［54］张康之. 行政伦理学[M]. 北京:中央广播电视大学出版社,2004.

［55］华洪兴. 体育伦理学[M]. 南京:河海大学出版社,1999.

［56］赵立军. 体育伦理学[M]. 北京:北京体育大学出版社,2007.

［57］郝心莲. 中华武术实用百科[M]. 北京:北京体育大学出版社,1990.

［58］王联斌. 中华武德通史[M]. 北京:解放军出版社,1998.

［59］朱少华,等. 中华武德名论[M]. 北京:解放军出版社,1998.

［60］李宗坤. 中华武术[M]. 开封:河南大学出版社,2001.

［61］赵国庆. 中华武术文化解读[M]. 武汉:湖北人民出版社,2004.

[62] 刘秉果,纪金芳. 中华武术[M]. 上海:上海古籍出版社,1997.
[63] 刘芳,徐德清. 中华武德镜鉴[M]. 北京:解放军出版社,1999.
[64] 包伟民,吴铮强. 宋朝简史[M]. 福州:福建人民出版社,2006.
[65] 游彪. 宋史十五讲[M]. 南京:凤凰出版社,2011.
[66] 郝勤. 体育史[M]. 北京:人民体育出版社,2006.
[67] 杨桦. 体育史[M]. 北京:北京体育大学出版社,2014.
[68] 《中华文明史话》编委会编译. 体育史话[M]. 北京:中国大百科全书出版社,2008.
[69] 周伟良. 中国武术史[M]. 北京:高等教育出版社,2003.
[70] 余水清. 中国武术史概要[M]. 武汉:湖北科学技术出版社,2006.
[71] 全国体育院校教材委员会. 武术理论基础[M]. 北京:人民体育出版社,1997.
[72] 于志钧. 中国传统武术史[M]. 北京:中国人民大学出版社,2006.
[73] 于志钧. 中国太极拳史[M]. 北京:中国人民大学出版社,2012.
[74] 刘峻骧. 中国武术文化与艺术[M]. 北京:新华出版社,1991.
[75] 刘俊骧. 武术文化与修身[M]. 北京:中央编译出版社,2008.
[76] 华博. 中国世界武术文化[M]. 北京:时事出版社,2007.
[77] 任海. 中国古代武术[M]. 北京:中国国际广播出版社,2011.
[78] 黄益苏,史绍蓉. 中国传统体育[M]. 长沙:中南工业大学出版社,2000.
[79] 蔡丰明. 游戏史[M]. 上海:上海文艺出版社,2007.
[80] 温力. 武术与武术文化[M]. 北京:人民体育出版社,2009.
[81] 邱丕相,等. 武术文化传承与教育研究[M]. 北京:高等教育出版社,2011.
[82] 邱丕相. 中国武术文化散论[M]. 上海:上海人民出版社,2007.
[83] 虞定海,牛爱军. 中国武术传承研究[M]. 北京:人民体育出版社,2010.
[84] 戴国斌. 中国武术的文化生产[M]. 上海:上海人民出版社,2015.
[85] 陈姗. 传统武术文化传承与发展研究[M]. 北京:人民日报出版社,2016.
[86] 乔凤杰. 武术哲学[M]. 北京:社会科学文献出版社,2007.
[87] 乔凤杰. 文化符号:武术[M]. 北京:社会科学文献出版社,2014.
[88] 李龙. 历史学视野下的中国武术教育[M]. 北京:北京体育大学出版社,2011.
[89] 李龙. 深层断裂与视域融合:中国传统武术进入现代视域的文化阐释[M]. 北京:北京体育大学出版社,2014.
[90] 李印东. 武术释义:武术本质及功能价值体系阐释[M]. 北京:北京体育大学出版社,2006.
[91] 刘明亮,高静. 武道纵横[M]. 北京:人民体育出版社,2012.
[92] 钟海明,马若愚. 中华武道概论[M]. 北京:中国民主法制出版社,2009.
[93] 杨其虎. 追寻竞技正义:竞技体育伦理批判[M]. 长沙:中南大学出版社,2015.
[94] 王林. 武术传播论纲[M]. 武汉:湖北人民出版社,2011.
[95] 郭玉成. 中国武术传播论[M]. 上海:复旦大学出版社,2008.

[96] 郭玉成,等.中国武术与国家形象[M].北京:高等教育出版社,2015.

[97] 吴松.中国武术艺术论纲[M].北京:北京体育大学出版社,2016.

[98] 蔡宝忠.武术与文化:中国武术文化基因的构成[M].太原:山西科学技术出版社,2015.

[99] 彭卫国.中华武术谚语[M].北京:电子工业出版社,1988.

[100] 马文友.中国武术审美文化[M].北京:中国大百科全书出版社,2016.

[101] 李德祥.大学武术[M].北京:北京师范大学出版社,2012.

[102] 王华锋.中国短兵教程[M].北京:北京体育大学出版社,2007.

[103] 徐光兴.国术魂:中国武术的精神世界[M].合肥:安徽人民出版社,2015.

[104] 吴兆基.周易[M].长春:时代文艺出版社,2005.

[105] 王宗岳,等.太极拳谱[M].沈寿,点校考释.北京:人民体育出版社,1991.

[106] 杨成寅.太极哲学[M].上海:学林出版社,2003.

[107] 阮纪正.拳以合道:太极拳的道家文化探究[M].上海:上海人民出版社,2009.

[108] 张云风.太极道德[M].成都:四川大学出版社,2013.

[109] 牛贵琥.老子通释[M].北京:商务印书馆,2016.

[110] 张大为.武林丛谈[M].北京:当代中国出版社,2013.

[111] 张大为.武林掌故[M].北京:当代中国出版社,2013.

[112] 王立.武侠:文化通论[M].北京:人民出版社,2005.

[113] 程大力.少林武术史考略[M].北京:宗教文化出版社,2016.

[114] 戴成松.中国功夫(下):少林传奇[M].郑州:河南大学出版社,2012.

[115] 吕宏军,滕磊.少林功夫[M].杭州:浙江人民出版社,2005.

[116] 王广西.中国功夫[M].北京:五洲传播出版社,2008.

[117] 夏维明.少林寺:历史、宗教与武术[M].赵殿红,译.北京:宗教文化出版社,2016.

[118] 曹流.山水有道:武当太极文化产业发展研究[M].武汉:华中科技大学出版社,2014.

[119] 杨立志.武当文化概论[M].北京:科学社会文献出版社,2008.

[120] 杨立志.自然·历史·道教:武当山研究论文集[M].北京:社会科学文献出版社,2006.

[121] 游玄德.秘传武当太极拳[M].北京:人民体育出版社,2009.

[122] 吕乐平.影视跨文化传播导论[M].北京:中国广播影视出版社,2016.

[123] 李君才,李迅.中国文化年报:2014年版[M].兰州:兰州大学出版社,2015.

[124] 王彩霞.中国学校校训研究:20世纪中国校训历史演进的教育考察[M].太原:山西教育出版社,2012.

[125] 邓广铭.岳飞传[M].西安:陕西师范大学出版社,2009.

[126] 龙行年.神秘与科学:武当武术的文化探源与展望[M].北京:北京体育大学出版社,2017.

[127] 栗胜夫.中华武术演进论[M].北京:人民出版社,2017.

[128] 万籁声.武术汇宗[M].万士震,整编.北京:北京体育大学出版社,2013.

[129] 韩金龙.万籁声武言录[M].北京:北京体育大学出版社,2013:25.

[130] 关永礼.中国功夫[M].南昌:百花洲文艺出版社,2012.

[131] 黄莉.中华体育精神研究[M].北京:北京体育大学出版社,2008.

[132] 高正.诸子百家研究[M].北京:中国社会科学出版社,2011.

[133] 刘国祥.中国古代战略家及其著作解读[M].成都:巴蜀书社,2009.

[134] 钮先钟.中国古代战略思想新论[M].合肥:安徽教育出版社,2005.

[135] 李桂生.诸子文化与先秦兵家[M].长沙:岳麓书社,2009.

[136] 许建良.先秦儒家的道德世界[M].北京:中国社会科学出版社,2008.

[137] 李新芬,李韧.老子《道德经》初解[M].北京:中央编译出版社,2015.

[138] 刘湘溶,刘雪丰.体育伦理:理论视域与价值范导[M].长沙:湖南师范大学出版社,2008.

[139] 申国卿,邓方华.中国武术导论[M].重庆:重庆大学出版社,2016.

[140] 李翠霞.解构武术[M].北京:经济日报出版社,2017.

[141] 朱小云.中国武术发展研究[M].北京:光明日报出版社,2017.

[142] 暨南大学《武术》编写组.武术[M].广州:暨南大学出版社,2013.

[143] 刘承华.守承文化之脉:非物质文化遗产保护特殊性研究[M].南京:南京大学出版社,2015.

[144] 王文章.非物质文化遗产保护研究[M].北京:文化艺术出版社,2013.

[145] 刘锡诚.非物质文化遗产:理论与实践[M].北京:学苑出版社,2009.

[146] 龚建新.太极正道[M].北京:人民体育出版社,2012.

[147] 向开明.太极文化与东亚舞蹈文化[M].北京:民族出版社,2006.

[148] 龚正伟,王根,刘庆伟.我们需要什么样的体育:中国体育改革伦理理路与实践[M].长沙:湖南师范大学出版社,2011.

[149] 龚正伟.当代中国体育伦理建构研究[M].北京:北京体育大学出版社,2009.

[150] 罗国杰.中国传统道德:理论卷[M].北京:中国人民大学出版社,1995.

[151] 李亚彬.道德哲学之维:孟子荀子人性论比较研究[M].北京:人民出版社,2007.

[152] 周建波.鉴知集:传统文化与现代价值[M].北京:北京大学出版社,2015.

[153] 殷昷.中和之道:与易学专家对话"和谐"[M].北京:当代世界出版社,2006.

[154] 刘魁,等.从富强到正义:现代性重建与中国现代化的价值取向[M].南京:江苏人民出版社,2015.

[155] 田麦久,王钰清.中国奥运冠军风采诗词:洛杉矶-悉尼卷[M].北京:北京体育大学出版社,2016.

[156] 闫民.武术·身体·思维[M].济南:山东大学出版社,2015.

[157] 吴瑛.孔子学院与中国文化的国际传播[M].杭州:浙江大学出版社,2013.

[158] 郑旭旭,袁镇澜.从术至道:近现代日本武术发展轨迹[M].厦门:厦门大学出版

社,2011.

[159] 滕军.中日文化交流史[M].北京:北京大学出版社,2011.

中文期刊:

[1] 左亚文.习近平对中国传统文化的新认知新境界[J].山东社会科学,2018(1):5-11.

[2] 李孝纯.谈谈中华文化的精神特质与时代价值:学习习近平总书记关于中华优秀传统文化的重要论述[J].江淮论坛,2014(6):25-30.

[3] 刘魁.全球风险、伦理智慧与当代信仰的伦理化转向[J].伦理学刊,2012(3):25-29.

[4] 刘魁.当代中国文化的困境与发展道路[J].江苏社会科学,1998(2):85-90.

[5] 刘魁."一国两制"与中国文化的发展战略[J].南京政治学院学报,1999(2):57-60.

[6] 许洁,刘魁.全球化时代爱国主义的理性反思[J].南京政治学院学报,2013,29(1):64-68.

[7] 刘魁,张苏强.有机马克思主义"中国引领论"的哲学反思[J].南京师范大学学报(哲学社会科学版),2016(5):5-11.

[8] 王永贵.弘扬社会主义核心价值观的战略定位、精神实质及着力点:学习习近平总书记关于社会主义核心价值观的重要论述[J].黑龙江高教研究,2015(6):1-5,117.

[9] 王永贵,黄婷.人类命运共同体为打造世界新秩序提供中国智慧[J].红旗文稿,2019(9):34-35.

[10] 朱艳红,王雁.高校师生对中华优秀传统文化认知状况的调查与分析[J].领导科学论坛,2018(11):63-65.

[11] 沈自友.大学生的国学认知及融入高校思想政治工作的策略[J].当代青年研究,2018(1):46-53.

[12] 林毅,王哲,陈晓曼."90后"大学生对中国传统文化的认知研究[J].高教学刊,2018(17):63-65.

[13] 张立.中华传统武德的历史考辨与复兴传承[J].西安政治学院学报,2015,28(5):96-99.

[14] 乔凤杰.对儒道释思想的武术人文考察[J].上海体育学院学报,2003(3):69-74.

[15] 王联斌.中华武德通史导论[J].军事历史研究,1998(4):152-165.

[16] 万瑜.对传统武德的批判与创新[J].广州体育学院学报,2011(6):44-47.

[17] 费孝通.中华文化在新世纪面临的挑战[J].文艺研究,1999(1):4-7.

[18] 马文友,邱丕相.论武术的艺术化发展趋势[J].上海体育学院学报,2010,34(5):51-53.

[19] 宋亚洲.孔子学院武术文化传播的路径探析[J].武术研究,2017,2(10):26-27,37.

[20] 王文.以持久战的心态对外讲好"一带一路"故事[J].对外传播,2018(5):23-25.

[21] 张开娟,马晟,毛旺."一带一路"背景下武术对外传播途径研究[J].浙江体育科学,2017(1):86-89.

[22] 解乒乒,史帅杰,丁保玉."一带一路"战略下武术文化"走出去"的机遇与策略[J].体育

文化导刊,2017(6):1-5.
[23] 王宏涛."一带一路"战略下我国体育非物质文化遗产国际传播研究[J].广州体育学院学报,2018,38(3):36-39.
[24] 龚正伟,石华毕.中华武术武德的源起及基本精神[J].伦理学研究,2013(6):120-124.
[25] 马永通.梁山武术及其文化特征[J].吉林体育学院学报,2016(6):125-126.
[26] 张长念,晋小洁.齐鲁文化与中华武德[J].中华武术,2015,4(12):6-10.
[27] 陈晓兵,李伟.中华传统武德文化及其现代价值[J].伦理学研究,2013(6):23-26.
[28] 谢刚.中国武术中的"武德"培养与提升[J].经济视角,2013(2):141-142,155.
[29] 赵钟晖.武术文化中武德的继承和发展[J].武术科学(学术版),2004(1):27-30.
[30] 吴洁.武德对我国当代大学生德育之影响[J]搏击(武术科学),2008(4):28-30.
[31] 周伟良,杨建营.论武德的历史发展与当代价值[J]中华武术(研究),2014,3(2):6-19.
[32] 李俊峰.传统武德的现代内涵[J].吉林体育学院学报,2009,25(2):123-124.
[33] 尹碧昌,郑锋.论儒家思想对传统武德的影响[J].河北体育学院学报,2012,26(6):82-85.
[34] 冯鑫,尹碧昌.传统武德的人性基础及其伦理意蕴[J].武汉体育学院学报,2013,47(9):50-53.
[35] 王占涛.承继与规训:论传统武德的二元构架[J].管子学刊,2016(1):75-80.
[36] 李庆新,张国栋.传统武德的现代教育价值[J].中华武术(研究),2016,5(10):70-72.
[37] 董川,陈玲.文化"走出去"背景下中华武术国际化实践与启示[J].甘肃高师学报,2017,22(9):82-85.
[38] 丁传伟,张宁,梅汉超.论"文化走出去"的重要途径:以孔子学院武术项目巡演为例[J].首都体育学院学报,2017,29(5):421-424.
[39] 陈玲.武术传播研究15年:述评与展望[J].兰州文理学院学报(社会科学版),2016,32(1):124-128.
[40] 孙刚.基于"和合"理念的武德审美文化研究[J].山东体育学院学报,2013,29(6):37-41.
[41] 汪燕,马宇洁,竹荷.中国传统文化与武德相同之处研究[J].当代体育科技,2016,6(31):171-173,175.
[42] 罗小玲.中华传统武德的历史内涵及其现代认知[J].搏击(武术科学),2010(7):25-27.
[43] 欧阳富莉.武术精神与践行核心价值观的互动关系[J].中华武术(研究),2016,5(3):11-13.
[44] 孙传晨.社会主义核心价值观与武德教育研究[J].搏击(武术科学),2014,11(8):24-26.
[45] 李龙.武德:矢志不渝的武术教育思想[J].搏击(武术科学),2008(9):20-21.
[46] 李龙.论传统武术与武术传统[J].南京体育学院学报,2013(6):14-17.

[47] 冉学东.传统文化视野下高校武德教育的传承与推广[J].中华武术(研究),2011,1(1):72-74.

[48] 陈红梅.传统武德传承对大学生社会主义核心价值观培育的价值[J].湖北科技学院学报,2017,37(3):132-135.

[49] 彭南京,张羽佳.传统武德文化中的伦理观念及其现代回响[J].体育与科学,2017,38(2):72-77.

[50] 张强强,胡平清."尚武精神"概念的内涵探析[J].体育文化导刊,2017(6):177-180.

[51] 黄海锋.习近平的传统文化观及其时代价值[J].重庆理工大学学报(社会科学),2017,31(1):120-127.

[52] 何英,李英奎.传统武术申请人类非物质文化遗产代表作名录研究[J].体育文化导刊,2016(5):92-96.

[53] 郑勤,吴志远.武德表现形式之历史流变搏击[J].搏击(武术科学),2011(11):21-23.

[54] 张其海.孙子武德思想的内涵及传承路径研究[J].孙子研究,2018(2):96-103.

[55] 茜广孝,丁保玉.试论新时期学校武德教育对青少年的重要性[J].中华武术(研究),2016,5(5):54-58.

[56] 辛双双.武德与高校思想道德教育的融合[J].中华武术研究,2011,1(1):86-87.

[57] 朱晓东,安汝杰.中华武德的思想基础及其伦理意蕴探微[J].少林与太极(中州体育),2015(1):11-13.

[58] 梁冲焱,王攀峰,刘定一,等.王阳明心学知行合一观对明清武术理论的影响[J].首都体育学院学报,2016,28(3):235-239.

[59] 王柏利.禅"悟"与武"悟":论少林武术的拳禅合一[J].山东体育学院学报,2011(11):44-47.

[60] 朱耀先,周海涛.试论中原文化的传承与创新:以"少林文化"为例[J].学习论坛,2013,29(3):62-65.

[61] 韩雪,郭志禹.少林武术的文化特色[J].广州体育学院学报,2006(4):85-87,93.

[62] 刘旭东.禅宗语境下的少林武术表现形式[J].武汉体育学院学报,2012(2):44-46.

[63] 周伟良.武当武术的历史梳理:道教影响下的一个文化案例[J].学术界,2013(10):198-207.

[64] 栗胜夫,马文海,刘会宾.传承武术文化精华与批判封建糟粕,体育学刊,2002,9(6):63-65.

[65] 于均刚,徐伟军.论武德重塑之急需以及对当今社会道德建设的意义[J].北京体育大学学报,2009,32(2):51-53.

[66] 虞定海,刘靖.批判与重建:武术国际化传播反思[J].上海体育学院学报,2014,38(4):80-84.

[67] 刘启超,戴国斌,段丽梅.近代中国"武侠"再造与"武德"型塑之研究[J].体育科学,2018,38(5):80-87.

[68] 赵岷,李翠霞.现代语境下对传统武术中"传统"的解读与思考[J].山东体育学院学报,2009(2):20-23.

[69] 朱耀先.试论中国传统文化的传承与发展[J].中共郑州市委党校学报,2017(6):103-108.

[70] 祁述裕,陈蕾.坚定文化自信推动社会主义文化繁荣兴盛[J].湖南社会科学,2018(3):1-6.

[71] 叶战备.坚定文化自信是创新社会治理的本源[J].江苏社会科学,2018(1):18-23.

[72] 郑承军.新时代坚持和发展中国特色社会主义的文化维度[J].广西社会科学,2017(11):7-11.

[73] 王文承.坚定文化自信,弘扬核心价值观:学习党的十九大报告的体会[J].文史杂志,2018(1):4-8.

[74] 钱耕森.王阳明的"人伦"道德教育与社会主义核心价值观的培育和践行[J].周口师范学院学报,2018,35(1):9-12.

[75] 杨明.高校武术教学与传统文化的传承[J].学术论坛,2010,33(9):178-182.

[76] 李龙,虞定海.全球化时代中国武术教育发展的思考[J].上海体育学院学报,2009,33(4):81-84.

[77] 王联斌.华夏民族的崛起与中华武德的初萌[J].军事历史研究,1997(1):164-169.

[78] 蔡宝忠.小议侠客的基本特征[J].体育文史,1998(5):36-37.

[79] 刘学谦.先秦文学中的武与侠[J].西南师范大学学报(哲学社会科学版),1995(1):117-126.

[80] 杨砚光,孟进蓬.冷兵器时期军事武术发展历程研究[J].搏击(武术科学),2011,8(2):15-17.

[81] 蔡宝忠.明代中日武术文化渗透带来的武道变革[J].沈阳体育学院学报,2004(4):498-500.

[82] 路云亭.论义和团仪式的民间杂艺元素[J].民俗研究,2009(1):72-85.

[83] 宿继光,张艳婷.清代秘密结社对山西武术发展的影响初探[J].山西师大体育学院学报,2009,24(2):62-64.

[84] 程啸斌,盛敏.传统武德与人文精神[J].江西社会科学,2005(2):135-137.

[85] 林志刚.儒家"仁礼"思想对武术的影响及其现实价值[J].山东师范大学学报(自然科学版),2006(2):159-160.

[86] 陆草.论中原武术文化[J].中州学刊,2007(1):154-160.

[87] 万瑜,蔡宝忠.少林武术"拳禅合一"的结合点[J].山东体育学院学报,2009,25(1):45-47.

[88] 黄钊.隋唐佛学思潮泛论[J].湘潭大学学报(哲学社会科学版),2009,33(1):77-85.

[89] 朱永光,林群勋,蔡宝忠.少林武术起源五种"创拳说"评述[J].北京体育大学学报,2004(12):1628-1630.

[90] 谢永广,牛英群.少林功夫"禅武合一"思想的价值初探[J].中华武术(研究),2012,1(Z1):155-159.
[91] 永信法师,阿德.禅武合一:少林功夫(连载二)[J].佛教文化,2008(4):25-39.
[92] 魏真,周伟良.论明清少林武术文献[J].中华武术(研究),2018,7(4):6-19.
[93] 支川.论太极拳与中国传统文化的融合与发展[J].南京体育学院学报(社会科学版),2008(5):47-49.
[94] 蒋庆.儒学的真精神与真价值:在厦门大学的演讲[J].理论参考,2007(7):21-26.
[95] 栗胜夫,栗晓文.论中华武术之核心理念[J].体育科学,2014,34(11):27-35.
[96] 李龙.中国古代学校武术教育回眸[J].山东体育学院学报,2008(6):24-26.
[97] 张西平.开创中华文化全球发展的新局面[J].对外传播,2018(4):52-54.
[98] 漆振光,赵光圣,郭玉成,等.学校武术教育中的武德传承内容及对策:基于武术家口述史的研究[J].西安体育学院学报,2019,36(6):718-723.

学位论文:

[1] 陆小黑.中国武术精神要义研究[D].苏州:苏州大学,2015.
[2] 李守培.中国传统武术伦理研究:人人、身心、天人的视野[D].上海:上海体育学院,2016.
[3] 刘数军.传统武德及其价值重建[D].上海:上海体育学院,2001.
[4] 胡平清.武术教育在学校体育教育中的功能研究[D].北京:北京体育大学,2013.
[5] 徐春毅.中国武术跨文化交流之研究[D].上海:上海体育学院,2011.
[6] 王涛.中国武术的传承研究[D].北京:北京体育大学,2009.
[7] 孙刚.中国武术的美学思想研究[D].北京:北京体育大学,2009.
[8] 宋巍.中国古典武侠小说史论[D].西安:陕西师范大学,2006.
[9] 贾磊磊.武舞神话:中国武侠电影及其文化精神[D].南京:南京师范大学,2007.
[10] 马文友.中国武术的审美文化研究[D].上海:上海体育学院,2012.
[11] 杜杰.中国武术与日本武道之比较研究[D].北京:北京体育大学,2013.
[12] 张煜.武德的发展与演变[D].北京:北京体育大学,2008.
[13] 李岩.近代以来中国武术价值观的变迁研究[D].苏州:苏州大学,2016.
[14] 高尚.论金庸武侠文化学对现代大学生武术观念的影响[D].太原:中北大学,2013.
[15] 李语晴.武德对践行社会主义核心价值观的理论与实践研究[D].武汉:武汉体育学院,2016.
[16] 耿洪涛.在青少年中加强中华优秀传统文化教育研究[D].长春:长春理工大学,2011.
[17] 王震.传统武术的国际化推广研究[D].曲阜:曲阜师范大学,2013.
[18] 姜惠.关于武术流派形成因素的研究[D].济南:山东师范大学,2006.
[19] 吴志远.武德及其现代价值研究[D].武汉:华中师范大学,2011.
[20] 杜舒书.武术人文精神论绎:中国当代武德的失范与构建研究[D].兰州:西北师范大学,2004.

［21］陈明.先秦散文"武德"思想研究［D］.长春：东北师范大学，2013.

［22］王献斐.侠的精神与武德［D］.郑州：河南大学，2006.

［23］库培华.佛教对少林武术的影响因素研究［D］.兰州：西北民族大学，2014.

［24］丁锟.道家文化对中华武术发展的影响研究［D］.北京：北京体育大学，2015.

［25］魏雷."天人合一"思想的当代价值［D］.长春：长春理工大学，2008.

［26］刘广凯.论少林"禅武合一"的文化渊源［D］.北京：北京体育大学，2013.

［27］孙阳.武德对大学生行为规范的影响研究［D］.长春：东北师范大学，2008.

［28］马玉龙.儒家思想对我国古代传统武德影响的研究［D］.桂林：广西师范大学，2007.

［29］张旋.对中国传统武德的诠释及其当代价值研究［D］.武汉：武汉体育学院，2017.

［30］封又民.中国传统武术伦理精神研究［D］.长沙：湖南师范大学，2019.

［31］周颜玲.我国主流意识形态建设视域下传承弘扬中华优秀传统文化研究［D］.济南：山东大学，2019.

［32］丁玉峰.思想政治教育文化形态研究［D］.重庆：西南大学，2019.

报告报纸：

［1］习近平.携手共命运同心促发展：在二〇一八年中非合作论坛北京峰会开幕式上的主旨讲话［R］.国务院公报，2018(26).

［2］洪伟成.功夫剧《少林武魂》舞出国门［N］.中国文化报，2012-11-07(6).

［3］王东.中国武术，如何"武"动世界［N］.光明日报，2017-03-26(5).

［4］许嘉璐.传统文化与时代精神：在北师大人文宗教高等研究院揭牌典礼上的致辞（摘要）［N］.光明日报，2011-01-10(15).

［5］牟钟鉴.以时代精神弘扬优秀传统文化［N］.人民日报，2016-04-25(14).

［6］古琳晖.武德文化的"智勇兼备"之功［N］.解放军报，2013-04-12(8).

［7］李宗桂.创造性继承优秀传统文化［N］.南方日报，2014-09-29(2).

［8］胡锦涛.在庆祝中国共产党成立90周年大会上的讲话［N］.人民日报，2011-07-02(2).

［9］习近平.认真贯彻党的十八届三中全会精神 汇聚起全面深化改革的强大正能量［N］.人民日报，2013-11-29(1).

［10］习近平.在纪念孔子诞辰2565周年国际学术研讨会暨国际儒学联合会第五届会员大会开幕会上的讲话［N］.人民日报，2014-09-25(1).

［11］习近平.建设社会主义文化强国 着力提高国家文化软实力［N］.人民日报，2014-01-01(1).

［12］办好思政课关键在教师：论学习贯彻习近平总书记在学校思政课教师座谈会上重要讲话［N］.人民日报，2019-03-20(1).

英文期刊：

［1］THEEBOOM M, DE KNOP P. An analysis of the development of Wushu［J］. International Review for the Sociology of Sport, 1997,32(3)：267-282.

［2］ALLEN B. Daoism and Chinese martial arts［J］. Dao, 2014,13：256-266.

[3] LANTZ J. Family development and the martial arts: A phenomenological study[J]. Contemporary Family Therapy, 2002,24:565-580.

[4] KUAN G, ROY, J. Goal profiles, mental toughness and its influence on performance outcomes among Wushu athletes[J]. Journal of Sports Science and Medicine,2007,6: 28-33.

[5] GUO Y C, QIU P X, LIU T G. Tai Ji Quan:An overview of its history, health benefits, and cultural value[J]. Journal of Sports and Health Science, 2014,3(1):3-8.

[6] HIRAMOTO, MIE. Don't think, feel: Mediatization of Chinese masculinities through martial arts films[J]. Language & Communication, 2012, 32(4):386-399.

[7] BERGIER J, PANASIUK R, BERGIER M. The meaning of taijiquan from the Chen family in physical activity of Poles[J]. Archives of Budo, 2014,10(1):11-16.

[8] THEEBOOM M, DONG Z, VERTONGHEN J. Traditional Asian martial arts and youth:Experiences of young Chinese Wushu athletes[J]. Archives of Budo, 2012,8 (1):27-35.

[9] ATAEE J, KOOZEHCHIAN M S, KREIDER R B, et al. Effectiveness of accommodation and constant resistance training on maximal strength and power in trained athletes[J]. PEERJ, 2014,2(1):e441.

后 记

　　1985年,我从无锡一个农村初级中学考入江苏省洛社师范学校体育班,这成为我步入师范和体育职业生涯的开端。三年的中师体育教育打下的扎实基础,让我在1988年毕业那年幸运地被保送至南京师范大学体育系学习。这份意外的惊喜和来之不易的机会,让我在南师四年的大学时光里,时时保持低调与清醒,常常不忘感恩与奋进。在老师们的精心培育和长期指导下,我迅速成长为一名品学兼优的高校师范毕业生,并在原来的中师和现在所在的高校执教体育多年,专业素质得到全面提升。

　　来了又去,去了又回。在故乡和第二故乡间来回切换,南京终究成了我理想中的归宿地。成家、生子、学习、工作、深造,回宁后,我马不停蹄地穿梭在时光里,没有虚度。经过近10年挥汗操场、教书育人的总结与思考,我的职业生涯出现了一次重大转变:从一位"武"人学着去做一位"文"人。这对于当时的我来说,可谓无知者无畏,但最终结果又印证了梦想总能成真。

　　新的起点,让我有幸接触到体育之外更广阔的舞台,让我能够跳出体育看体育,也更加意识到需要在理论上不断积累与全面提升,于是,我毅然开启了读博生涯。几年读博时光,虽令人唏嘘,但毕生难忘。恩师刘魁教授,师兄徐俊教授,以及南京理工大学马克思主义学院的各位老师和同门,都给予了我无私的帮助和不断向前的勇气及动力,对此,我将永远铭记于心。

　　本著作是在我的博士论文基础上修改而成。因此,首先要衷心感谢我的恩师刘魁教授对我从事学术研究期间的谆谆教诲和悉心关怀。导师的学术造诣和治学态度一直是我从事科学研究的灯塔,指引着我不断突破和超越。同时,衷心感谢在我博士学习期间给予我论文指导和帮助的各位专家和老师。本著作的出版,也要感谢我的工作单位南京师范大学,以及我的母院南京师范大学体育科学学院的大力支持。感谢与我并肩战斗的同事,给予本著作出版的精心指导与无私帮助。

　　在此书即将付梓之际,衷心感谢所有关心、帮助过我的老师、同学和朋友,衷心祝愿你们在今后的日子里万事顺心、一切如愿! 也希望自己在未来的事业道路上,能够不辜负导师和各位同行的支持与帮助,再攀高峰、再露锋芒!